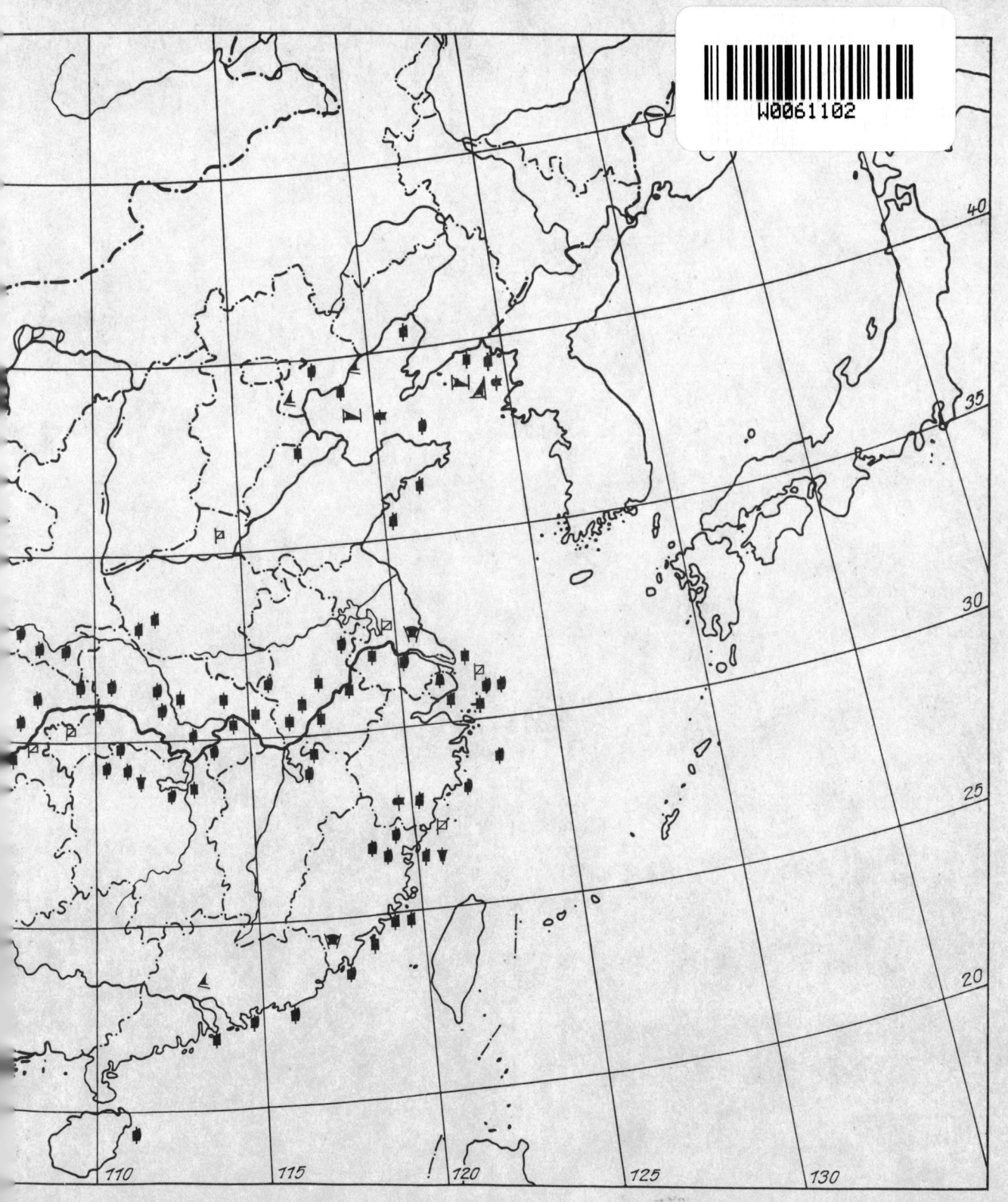

Chinesische Dschunken

Bibliothek der Schiffstypen

Peter Wieg

Chinesische Dschunken

Der Autor dankt folgenden Museen und Institutionen,
die zum Gelingen des Buches beitrugen:

Musée de la Merine Paris
Museum für Völkerkunde Leipzig
National Maritim Museum Greenwich/London
National Scheepvaartmuseum Antwerpen
Naprstkovo muzeum asijskych, africkych a americkych Kultur Prag
Schiffahrtsmuseum der oldenburgischen Weserhäfen, Brake
Schiffahrtsmuseum Rostock
Spielzeugmuseum Sonneberg, Ausstellungszentrum Bertholdsburg Schleusingen
Staatliche Museen zu Berlin, Kupferstichkabinett
und Sammlung der Zeichnungen
Verkehrsmuseum Dresden

Frontispiz: Chêchiang-(Zhejiang-) Dschunke unter Segeln.   Foto: Kiesling
Abb. S. 6: Ein Drachenboot.   Quelle: China im Bild

ISBN 3-344-00485-9

1. Auflage
© 1990 by transpress
1086 Berlin, Französische Str. 13/14
VLN 162 – 925/152/90
Printed in the German Democratic Republic
Gesamtherstellung: IV/10/5 VEB Mitteldeutsches Druckhaus Halle
Verlagslektor: Ulrich Leopoldi
Typografie und Gestaltung: Günter Nitzsche/Regine Bach
Zeichnungen: Werner Ruhner
Karten: Christa Kunz
LSV 3896
Best.-Nr.: 5675386

Inhaltsverzeichnis

Vorwort

Für den vorliegenden Band der »Bibliothek der Schiffstypen« wurden 70 in der Mehrzahl historische chinesische Dschunken und andere Wasserfahrzeuge Chinas ausgewählt, die der Motorisierung am Anfang des 20. Jahrhunderts weichen mußten und heute zum größten Teil nur noch als Modelle vorhanden sind oder von denen lediglich Beschreibungen vorliegen. Die ausgewählten Fluß-, Küsten- und See-Dschunken sowie weitere kleine Wasserfahrzeuge werden entlang der Küstenlinie von Nord- nach Südchina vorgestellt. Dabei sind aus den Fahrtgebieten der Wasserfahrzeuge die Städte, Flüsse, Seen und geographischen Besonderheiten mit einbezogen worden, so daß der Leser sich an den vorhandenen Landkarten der chinesischen Provinzen und regierungsunmittelbaren Städte orientieren kann. Die gewählte Reihenfolge möchte auch das Überschauen zusammengehöriger Bauformen in abgegrenzten Gebieten unterstützen. Beispielsweise ändert sich die Segelform bei den See-Dschunken entlang der Küste von rechteckig hochkant im Norden zur geneigten Rahe im Süden.

Zum besseren Vergleich der Wasserfahrzeuge untereinander wurde versucht, technische Daten und Angaben zur Besatzung den einzelnen Beschreibungen voranzustellen. Nicht immer waren konkrete Angaben vorhanden. Sie mußten zum Teil aus Abbildungen rekonstruiert oder geschätzt werden. Dabei wurde versucht, dem Anliegen des Titels, den Leser an die ostasiatische Schiffahrtsgeschichte heranzuführen und sein Interesse für Wasserfahrzeuge zu wecken, die mit zu den ältesten der Erde gehören, gerecht zu werden.

Die deutschsprachige Literatur verwendet, wie auch die internationale Literatur, unterschiedliche Transkriptionen, so daß das Auffinden von geographischen Namen, Dschunkentypen und Personennamen erschwert wird. Sämtliche chinesischen Wörter folgen deshalb der englischen Transkription von Wade/Giles. Diese Umschrift ist heute an wissenschaftlichen Instituten gebräuchlich. Zur Zeit wird in der VR China der Versuch unternommen, eine neue amtliche Umschrift zu entwickeln. Diese Umschrift wird im Text generell an zweiter Stelle in Klammern genannt. Ist kein Klammerausdruck vorhanden, so stimmen beide Transkriptionen überein. Zur besseren Übersicht sind die verwendeten Umschriften in der folgenden Tabelle zusammengefaßt:

Englische Transkription nach Wade/Giles	Neue amtliche chinesische Transkription	Aussprache
ch	zh	dsch
ch'	ch	tsch
ch (i, ü)	j (i, u)	dj
ch' (i, ü)	q (i, u)	tj
h	h	ach-Laut
hs (i, ü)	x (i, u)	ich-Laut
j	r	engl. l
k	g	g
k'	k	k
p	b	b
p'	p	p
sh	sh	sch
t	d	d
t'	t	t
ts	z	ds
ts'	c	ts
tzû	zi	dsê
y	y	j
ê, o	e	ö
ei	ei	e-i
ieh	ie	iä
ien	ian	iän
ui	ui	u-e-i
ung	ong	ung
ü	(j, q, x) u	ü

Die übrigen Laute werden wie im Deutschen ausgesprochen.

Beladene Küsten-Dschunken aus der Provinz Chêchiang (Zhejiang).   Quelle: Sammlung Autor

Die Dschunken und andere Wasserfahrzeuge Chinas stellen auf Grund ihrer langen Geschichte und ihrer unverwechselbaren Bauformen eine in sich geschlossene, interessante und betrachtungswürdige Gruppe dar. Wegen der großen Vielfalt der Haupt- und Mischtypen auf den kaum überschaubaren Flußsystemen und den ausgedehnten Küstenbereichen sind der übersichtlichen Darstellung jedoch Grenzen gesetzt, für die der Leser um Verständnis gebeten wird.

Ohne die Sichtung der verfügbaren internationalen Literatur, die Einsichtnahme in die Bestände der Museen, die enge Bindung des Autors zur Seefahrt und nicht zuletzt die fachliche Unterstützung durch kompetente Persönlichkeiten hätte dieses Buch nicht geschrieben werden können. Der Autor möchte sich an dieser Stelle vor allem bei Herrn Rolf Schwarzer, Leipzig, für die Unterstützung bei der Transkription chinesischer Namen und Begriffe sowie bei den Herren Johannes Freyer, Leipzig, und Dr. Rolf Hentschel, Waren, für ihre fachliche Beratung bedanken.

Dschunke vor dem Wind in den Gewässern von Hongkong.   Quelle: Sammlung Autor

Zur Geschichte und kulturellen Bedeutung Chinas

Die chinesische Kultur ist eine der ältesten der Erde. Archäologische Funde der Kunst und Architektur gehen auf das 4. bis 3. Jahrtausend v. u. Z. zurück. Mit dem Übergang zu einer seßhaften Lebensweise und der Entwicklung des Ackerbaus entstanden in den fruchtbaren Tälern der großen Flüsse die ersten neolithischen Siedlungen. Gleichzeitig entwickelte sich der Ackerbau. Nachdem sich das erste Staatsgefüge Chinas, das unter dem Namen Shang bekannt geworden ist, in der Mitte des 2. Jahrtausends v. u. Z. in der Umgebung des Flusses Huangho (Huanghe) herausgebildet hatte, weitete es sich in späterer Zeit nach Mittel- und Südchina aus. Es umfaßte die heutigen fünf Provinzen Shantung (Shandong), Hepei (Hebei), Honan (Henan), Shanhsi (Shanxi) und Shenhsi (Shaanxi). Der Staat Shang entwickelte sich relativ eigenständig und nahm für den ostasiatischen Raum im 16. bis 11. Jahrhundert v. u. Z. eine zentrale Stellung ein. Aus dieser Zeit sind Schriftzeichen von Wasserfahrzeugen auf Knochen bekannt. Das Staatsgefüge Shang

Innerhalb dieser fünf Provinzen bildete sich das erste Staatsgefüge Chinas.

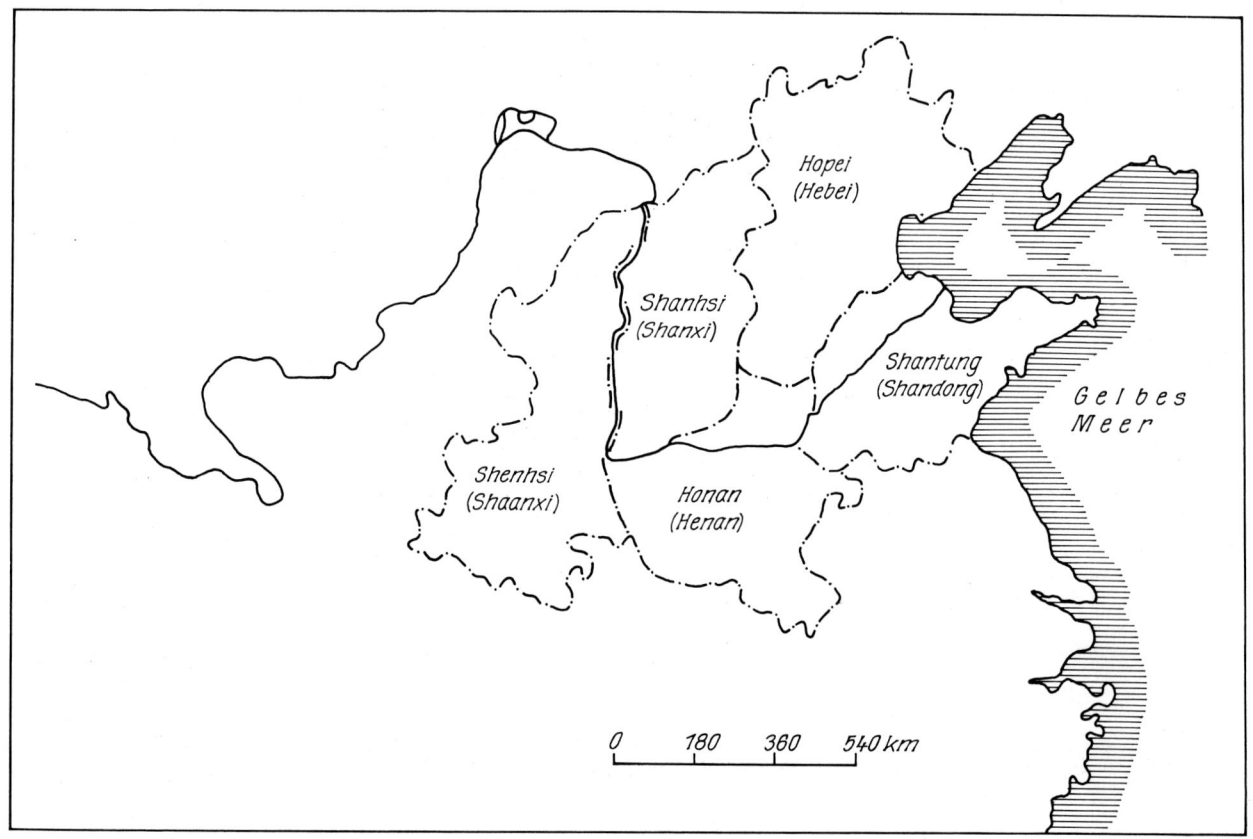

beeinflußte vor allem die koreanischen und südostasiatischen Gebiete.

Gegen Ende des 2. Jahrtausends v. u. Z. entstand der Staat der Chou (Zhou). Das Siedlungsgebiet lag laut Erkes im Nordwesten Chinas, der heutigen Provinz Shenhsi (Shaanxi). Augenscheinlich handelte es sich um Türken, deren Herrscher aus einer aus China ausgewanderten und barbarisierten Familie entstammten. Bekannt ist auch, daß sie vor der Machtergreifung Vasallen der Shang waren. Ihre Herrschaft dauerte knappe 650 Jahre. Bei Bauarbeiten in der südchinesischen Stadt Kuangchou (Guangzhou) stieß man Ende 1970 auf Reste einer Werft aus der Zeit der Chou- (Zhou-) Dynastie. Es wurden Helgen, Werkzeuge und Einrichtungen zum Verformen von Holz freigelegt. Vermutet wird, daß auf dem einen Helgen Wasserfahrzeuge bis zu 30 und auf dem zweiten bis zu 60 Tonnen gebaut wurden. Die mögliche Länge der Wasserfahrzeuge wird zwischen 20 bis 30 Meter gelegen haben. Anscheinend hat diese Werft unterschiedliche Fahrzeuge in größerer Anzahl gebaut. Sie lag im damaligen Gebiet der »Südbarbaren«. In dieser Epoche regierte ein König das nördlich gelegene, gut entwickelte Staatsgefüge der Chou (Zhou). Seine Macht wurde im Laufe der Regierungszeit durch Lehnsträger unterlaufen und endete 475 v. u. Z. Das Reich zerfiel in eine Vielzahl von Staaten. Zu diesen Staaten gehörte auch Lu – im Südwesten der heutigen Provinz Shantung (Shandong) gelegen –, wo der große Philosoph Konfuzius (Kongzi) im Jahre 551 v. u. Z. geboren wurde.

Konfuzius (Kongzi) Wirkungen reichen über eine Zeitspanne von mehr als zwei Jahrtausende. Sein Name war ein Symbol für die kulturelle Einheit Chinas. Seine Philosophie bestimmte lange Zeit die Herrschaftsmechanismen im traditionellen Riesenreich, die Art sozialer Beziehungen und gesellschaftlichen Umgangs. Die einzelnen Staaten begannen ein wechselseitiges politisches und militärisches Kräftemessen, in dessen Verlauf sich wechselhafte machtpolitische Konstellationen herausbildeten. Aus dieser sogenannten Zeit der Streitenden Reiche (475 bis 221 v. u. Z.) sind umfangreiche Höhlenmalereien von Booten und auch der Baubeginn der Großen Mauer überliefert worden. Aus dem jahrhundertelangen Kampf ging der Staat Ch'in (Qin) 221 v. u. Z. siegreich hervor. Die Ch'in-(Qin-)Dynastie (221 bis 206 v. u. Z.) schaffte das Lehnswesen ab und baute das noch heute längste Bauwerk der Erde, die Große Chinesische Mauer, weiter aus. Das gewaltigste Bauwerk des alten China verkörpert die Macht der sich konsolidierenden Zentralgewalt. Sie sollte den Norden des Landes vor den Einfällen der Nomaden schützen. In den folgenden Dynastien wurde das Bauwerk in unterschiedlichem Umfang erweitert. Heute sind noch große Teile mit den respektablen Abmessungen von 6 ½ Metern Breite an der Basis und 8 Metern Höhe zu be-

wundern. Wie lang das Befestigungsbauwerk in seiner größten Ausbauphase wirklich war, kann heute nicht mit Bestimmtheit gesagt werden. Schätzungen gehen von 4800 Kilometern alter Verteidigungsanlagen aus. In der neueren Zeit wurde sie mit 6450 Kilometer vermessen. Als obere Grenze mit allen Verzweigungen wird auch die legendäre Länge von 100 000 Li genannt, was etwa 57 600 Kilometer wären.

Heute sind uns noch Ruderbootmodelle, die aus der Han-Dynastie (Westliche Han-Dynastie 206 v. u. Z. bis 9 u. Z.; Östliche Han-Dynastie 25 bis 220 u. Z.) stammen, erhalten. Diese Bootsmodelle waren Grabbeigaben und weisen auf die Verbundenheit der Bevölkerung mit dem Wasser hin. Von 9 bis 24 u. Z. war zwischen der Westlichen und der Östlichen Han-Dynastie ein wirtschaftliches Chaos unter dem Usurpator Wang Mang entstanden, der vor dem Machtantritt die Regentschaft über den minderjährigen Thronfolger hatte. In der Zeit der Drei Reiche (220 bis 280 u. Z.) wurden im Roten Becken der Provinz Szech'uan (Sichuan) künstliche Wasserstraßennetze, Kanäle, Schleusenwerke und Staudämme angelegt. Nach der Chin-(Jin-) Dynastie (265 bis 420 u. Z.) folgte eine Zeit der Zersplitterung. Die Sui-Dynastie (581 bis 618 u. Z.) stellte 580 die Reichseinheit wieder her.

Zur besseren Versorgung des Nordens, vorrangig mit Reis, wurde Ostchina wassertechnisch gut erschlossen und zum überwiegenden Teil der Große Kanal gebaut. Der Ausbau des Kanalnetzes hatte große Bedeutung, diente er doch der Gesundung der Volkswirtschaft. Der Kaiser, der nicht nur die Einigung des Reiches erreichte, setzte sich auch für den besseren Schutz und die bessere Versorgung des Chinesischen Reiches ein. Hierauf aufbauend entwickelte die T'ang- (Tang-) Dynastie den Seehandel. Innere Machtkämpfe schwächten jedoch dieses Reich, das von 618 bis 907 bestand. Die bestehenden krassen sozialen Gegensätze im Lande faßte einer der größten chinesischen Dichter, Du Fu (712 bis 770), in den folgenden Worten zusammen:

»Der Duft von Wein und Fleisch
weht aus Palastes Toren.
Am Wege fault Gebein von Männern,
die erfroren.«

Ein zehnjähriger Bauernaufstand, der weite Gebiete Chinas erfaßte, beendete die T'ang- (Tang-) Dynastie 907. 879 wurde bereits Kanton von den Aufständischen erobert. Dabei kamen 120 000 Ausländer um. Dieses Ereignis, das in der mohammedanischen Welt Schrecken hervorrief, warf den Seehandel um Jahrzehnte zurück. Diese Epoche ist als Zeit der Fünf-Teilstaaten (907 bis 960) in die Geschichte Chinas eingegangen. In der nachfolgenden Nördlichen und Südlichen Sung- (Song-) Dynastie (960 bis 1279) gab es bereits erste Radschiffe. In diese Zeit fällt auch die Erfindung des Typendrucks.

Im 13. Jahrhundert eroberten und besetzten die Mongolen China. Es kam zur Herausbildung der Yüan-(Yuan-) Dynastie (1271 bis 1368). Der Widerspruch zwischen der mongolischen Aristokratie und den erbarmungslos ausgebeuteten Bauern führte jedoch zu Unruhen, letztlich zur Befreiung vom Mongolenjoch und 1368 zur Vereinigung des Landes unter der Ming-Dynastie (1368 bis 1644). Unter dieser Herrschaft erlangte China seine frühere Größe der Han- und T'ang-(Tang-) Zeit nicht wieder, baute jedoch große Wasserfahrzeuge und rüstete, was bis dahin nicht typisch war, Expeditionen zur See aus. Das einheitliche Staatsgefüge, verbunden mit der Festigung der Feudaleinrichtungen, existierte fast 300 Jahre. 1644 setzten die mandschurischen Eroberer der Dynastie ein Ende. Sie errichteten die Ch'ing-(Qing-) Dynastie (1644 bis 1911), die bei Erhaltung der Feudalverhältnisse eine Politik der Isolierung des Landes betrieb. Am Ende des 18. Jahrhunderts geriet das Reich in eine tiefe Krise. Durch das Eindringen fremder Mächte konnte China um die Mitte des 19. Jahrhunderts in eine Halbkolonie verwandelt werden. Die traditionelle chinesische Kultur, die sehr tief im Volke verwurzelt war und ist, setzte sich gegenüber den Eindringlingen durch. Sie ist bis zum heutigen Tage lebendig geblieben.

Der sprachliche Zusammenhalt der sehr weit auseinanderliegenden Gebiete Chinas mit den unterschiedlichen Volksgruppen beruht auf der ideographischen und nicht lautgebundenen Schrift. Durch die Vielfalt der Dialekte hat ein Nordchinese Schwierigkeiten, seinen Landsmann aus dem Süden zu verstehen. Da sie aber dieselben Schriftzeichen verwenden, ist eine Verständigung möglich. China als multinationaler Staat mit einer Bevölkerung von über 1,072 Milliarden Menschen setzt sich aus 56 Volksgruppen zusammen. Mit 94 Prozent bilden die Han den größten Teil der Bevölkerung. Die chinesische Sprache, das Han-Chinesisch, ist eine sino-tibetische Sprache und mit den Sprachen Hinterindiens verwandt.

Als eine der ältesten Kulturen der Erde hat die chinesische Nation hervorragende Entdeckungen und Erfindungen aufzuweisen. In China entwickelte sich die Seidengewinnung bereits 2 700 v. u. Z. Auch gilt China als Ursprungsland des Porzellans. Funde lassen auf eine frühe Entstehung von gebrannten Tonwaren schließen, wobei das weiße Prozellan ab 400 u. Z. laut Böttger bekannt ist. Die Papierverwendung läßt sich auf Grund von Ausgrabungen in die Zeit von 71 v. u. Z. zurückverfolgen. Das älteste erhaltene Buch stammt aus der T'ang-(Tang-) Dynastie. Die Erfindung des Schießpulvers ist zeitlich nicht genau überliefert, wobei Böttger die Östliche Han-Dynastie (25 bis 220 u. Z.) angibt. Die Chine-

sen hatten seit 600 v. u. Z. Kenntnisse über die Ausgangsstoffe für Schießpulver. Der erste Kompaß ist aus dem 3. Jahrhundert v. u. Z. bekannt. »Der Griff dieses aus Magneteisenstein hergestellten Löffel-Kompaß zeigt nach Süden«, wie es in der Literatur heißt. Zwischen 960 und 1279 entwickelte man künstliche Kompaßnadeln. Aus der Sung-(Song-) Dynastie ist die Beschreibung des künstlichen Magnetismus und der magnetischen Abweichung überliefert. Spätestens Anfang des 11. Jahrhunderts wurde der Kompaß in der Seefahrt verwendet. Eine Darstellung aus dem Jahre 132 u. Z. zeigt das erste in China entwickelte Seismoskop. In der Mathematik kannte man die Null seit dem 4. Jahrhundert v. u. Z. Ein eigenes Zahlensystem hatten die Chinesen bis zur Zahl 10 000, und es existieren Abbildungen des Zahlendreiecks aus dem Jahre 1353, wobei das »Pascal«sche Dreieck laut chinesischer Quellen bereits zur Zeit der Nördlichen Sung-(Song-) Dynastie (960 bis 1127) aufgestellt wurde. Die Chinesen verwendeten den Mondkalender. Durch ein kompliziertes System und der Hinzunahme von Schaltmonaten wurde laut Böttger das Angleichen an das Sonnenjahr vorgenommen. Auch kannten sie seit dem 1. Jahrtausend v. u. Z. Sternbilder, die nicht zuletzt für die Schiffsnavigation im offenen Seegebiet von Wichtigkeit waren.

Die ökonomische Basis bildete im alten China die Landwirtschaft. Zum Bestellen der Felder verwendete man seit frühester Zeit den Trittspaten, die Hacke sowie Pflug-, Eggen- und Walzenformen. Der Drusch der Ähren wurde mit der Hand vorgenommen. Unter Zuhilfenahme von Kornmühlen erhielt man Mehl. Die Chinesen kannten den Tier- und Wasserantrieb zum Mahlen. Windmühlen wurden weniger verwendet. Bei der Wichtigkeit der Landwirtschaft waren Be- und Entwässerungsanlagen von großer Bedeutung. Vor allem deichte man die Flüsse ein, um die alljährlichen Überschwemmungen in Grenzen zu halten. Die Erprobung derartiger Wasserbauten, die seit frühester Zeit bekannt waren, nahm man überwiegend an kleineren Flüssen vor, bevor sie als für große Flüsse verwendbar eingeschätzt und übernommen wurden. Die vielerorts errichteten Deiche konnten jedoch nicht verhindern, daß gewaltige Wassermassen der großen Flüsse in den letzten 4 000 Jahren etwa 1 600mal die Schutzanlagen durchbrachen und damit katastrophale Überschwemmungen und Laufveränderungen hervorriefen. 1949 bis 1955 mußten insgesamt 4 820 Kilometer Deichanlagen befestigt oder neu gebaut werden, um die Überschwemmungsgefahr weiter zu mindern. Der Huangho (Huanghe) in Nordchina hat in der uns bekannten Geschichte 26mal seinen Lauf verändert, indem der Fluß zur Hochwasserzeit über die Ufer trat und im Küstenbereich von 800 Kilometern ein neues Flußbett suchte.

Viele Landstriche liegen für eine natürliche Bewässerung ungünstig, so daß es sehr früh im alten China Überlegungen zur künstlichen Bewässerung der landwirtschaftlichen Nutzflächen gab. Bereits im 3. Jahrhundert v. u. Z. wurden durch Li Ping (Li Bing) Bewässerungsanlagen im Roten Bekken gebaut, die heute noch funktionstüchtig sind. Aus dem 7. Jahrhundert ist der Bau des 200 Kilometer langen Dammes im Mündungsgebiet des Ch'ient'ang (Qiantang) zum Schutz der Stadt Hangchou (Hangzhou) bekannt, durch den gleichzeitig Ackerland im Flußdelta nutzbar gemacht wurde, da die regelmäßig auftretende Flutwelle danach in Grenzen gehalten werden konnte. Waren keine Flußläufe zur Bewässerung der landwirtschaftlichen Nutzflächen in der Nähe, so legte der Chinese Brunnen an. Derartige Bauten wurden bereits vor mehr als 4 000 Jahren errichtet.

Erste Beziehungen zwischen China und Europa

Bereits 27 v. u. Z. soll, nach der einschlägigen Literatur zur Folge, der erste bekannte Besuch einer chinesischen Gesandtschaft in Rom stattgefunden haben. Chinesische Funde von römischen Münzen und Gemmen und bei Ausgrabungen in Rom und Canterbury gefundene chinesische Bronzegefäße sind Zeugen der frühen Beziehungen beider Staaten. Die erhaltene Keramik, die an griechische Vorbilder erinnert, stammt aus der Han-Zeit und läßt ebenfalls auf den Handel Chinas mit dem Westen schließen. 166 und 266 u. Z. wird von römischen Gesandten berichtet, die China aufsuchten. Offensichtlich waren es Kaufleute, die ihren Geschäften einen offiziellen Charakter geben wollten. Die Beziehungen zwischen Europa und China waren in den folgenden Jahrhunderten Schwankungen unterworfen, Kenntnisse gingen verloren, und neue Erkundungen zu Land und zur See mußten von Europa zur Kontaktaufnahme mit China unternommen werden. Die wesentlichste Verbindung zwischen den Völkern war wohl die Seidenstraße, die vom mittleren Abschnitt des Huangho (Huanghe) bei der heutigen nordchinesischen Stadt Hsian (Xian) bis zum östlichen Mittelmeer verlief. Tyrus, Antiochia und Palmyra waren die Zielpunkte am Mittelmeer. In Zentralasien verzweigte sich die Seidenstraße entsprechend den Handelszentren, um sich dann in Nordchina wieder zu vereinen. Diese transasiatische Handelsroute erlebte ihre Blüte in der T'ang- (Tang-) Dynastie (618 bis 907). Etwa 300 Jahre später versuchten die Franziskaner Piano de Carpini (1245 bis 1247), Wilhelm von Rubruk (1253) und Johann von Montecorvino (etwa 1292), den Kontakt mit China herzustellen. Auch Marco Polo, angeregt durch die Reisen seines Vaters und seines Onkels, fuhr auf dem Landweg nach China und blieb von 1275 bis 1292 am Hofe des Großchans Chubilai (Kubiai). Auf dem

Seeweg kehrte er zurück und erzählte seine Reiseerlebnisse dem Schriftsteller Rustighello. In den überlieferten Schilderungen beschreibt er die gesehenen chinesischen Wasserfahrzeuge sehr genau.

Darstellung einer Dschunke im Atlas Catalan, die vermutlich nach Angaben von Marco Polo entstand.

Im »Atlas Catalan« von 1357 ist ein Segelschiff dargestellt, das auf die Schilderungen von Marco Polo zurückgehen soll. Jedoch erinnern nur die Mattensegel und die fünf Masten an ein chinesisches Wasserfahrzeug jener Zeit. Auch Jan Huyghen van Linschoten verdanken wir eine zeitgenössische Darstellung eines Schiffes aus Kanton. Bei dieser Wiedergabe ist ebenfalls der europäische Einfluß erkennbar. Wiederum weisen in erster Linie die Segel auf ein chinesisches Wasserfahrzeug hin. Der Rumpf und die an Bord befindlichen Seeleute sind dagegen für die damalige Zeit typisch europäisch und vergleichbar mit der Darstellung im »Atlas Catalan«. Bei beiden Fahrzeugen fehlt beispielsweise das in China zu dieser Zeit bekannte Heckruder, das sich in Europa erst langsam durchsetzte. Im »Atlas Catalan« finden wir die Masten ohne Stagen, wie es in China üblich war. Wie auf der Zeichnung von Jan Huyghen van Linschoten ersichtlich, wird das Abspannen der Masten wie in Europa gehandhabt. Der europäische Einfluß in den Darstellungen kommt nocb deutlicher zum Ausdruck, wenn man sie mit einer Abbildung eines im 12. Jahrhundert in China gezeichneten Wasserfahrzeuges gegenüberstellt.

Für die damaligen europäischen Kartographen endete die Erde immer noch hinter Indien. Östlich von Indien begann das »Mare Indicum«, das Indische Meer. Aus der einschlägigen Literatur ist bekannt, daß der Chinese es sehr gut verstand, Bewegungsarten und -formen aus der Natur in Konstruktionen umzusetzen. Eigenständig entstanden so vor den ersten seeseitigen Kontakten mit Europäern Wasser-

Darstellung einer
Dschunke durch Jan
Huyghen van Lin-
schoten nach Angaben
von Reisenden.

Darstellung eines im
12. Jahrhundert in
China gezeichneten
Wasserfahrzeuges.

fahrzeuge, die für den ostasiatischen Raum typisch waren und entscheidende boots- und schiffbauliche Details aufwiesen, bevor diese in Europa bekannt wurden. Dazu zählen u. a. das Heckruder, das wasserdichte Querschott und die Beseglung mehrerer Masten.

Nachdem 1448 der Seeweg nach Indien durch Vasco da Gama, der den Hafen Calicut erreichte, gefunden wurde, kam es 1511 auf Malakka zu ersten Kontakten zwischen Portugiesen und Chinesen. 1517 landeten die Portugiesen in der südchinesischen Hafenstadt Kanton. 1520 besuchte die erste portugiesische Gesandtschaft Peking (Beijing), und 1557 wurde Macao/Aomên (Aomen) für die portugiesischen Kaufleute als Handelsniederlassung freigegeben. 1582 erkannten die Chinesen die Handelsniederlassung als Dauereinrichtung an. Im 19. Jahrhundert ging sie in portugiesischen Besitz über. Im Gefolge erschienen auch katholische Missionare in China, da der Vatikan Verluste an katholisch Gläubigen in Europa ausgleichen wollte, die durch die Reformation zum protestantischen Glauben konvertiert waren. Nach Franziskanern und Dominikanern kam 1591 der italienische Jesuit Matteo Ricci, der wahrscheinlich als erster Europäer Chinesisch lernte und ein bedeutender Sinologe wurde. Matteo Ricci starb 1613. Er und seine Nachfolger trugen wesentlich dazu bei, daß wissenschaftliche Erkenntnisse zwischen Europa und China ausgetauscht wurden.

In der Zeit von 1622 bis 1665 in der Ming- und Ch'ing- (Qing-) Dynastie kam u. a. Adam Schall aus Köln in China zu hohen Ehren. Er war 1635 Direktor der Sternwarte in Peking (Beijing). Auch Peter der Große erkannte die Wichtigkeit guter Beziehungen und schickte 1692 eine Gesandtschaft, die drei Jahre in Peking (Beijing) blieb, aber keine ständige Handelsvertretung errichten konnte. Eine solche entstand erst 1728. Ab 1792 gab es Anstrengungen seitens der Engländer, den Absatzmarkt von Indien nach China zu erweitern. Gesandtschaften erschienen, eine kurzzeitige Besetzung der portugiesischen Niederlassung Macao/Aomên (Aomen) fand statt, bis es 1807 zum ständigen Aufenthalt der Briten im Lande kam. Zuerst betrieben nur Missionare in Kanton gewinnbringenden Handel mit China, der zuletzt sogar bewaffnet erzwungen wurde. An der Erschließung des chinesischen Marktes beteiligte sich die Mehrzahl der europäischen Länder, oftmals auch mit Gewalt.

Der chinesische Boots- und Schiffbau

China hat ein Territorium von etwa 9,6 Millionen Quadratkilometern. Diese Fläche entspricht fast einem Fünfzehntel der Landfläche der Erde. China, das vom Pamir bis zum Stillen Ozean und vom Amur bis zu den Inseln des Südchinesischen Meeres reicht, ist damit das zweitgrößte Land der Erde. Die größte Ausdehnung von Norden nach Süden beträgt rund 5 500 Kilometer.

Betrachtet man die Landkarte von China, so erkennt man drei große Flußsysteme, die von West nach Ost fließen: Im Norden Chinas ist es der Huangho (Huanghe), in Zentralchina der Ch'angchiang (Changjiang) und im Süden der Hsichiang (Xijiang), der den Hauptlauf des Chuchiang (Zhujiang) bildet. Die drei Hauptflüsse des Landes haben zusammen eine Länge von fast 14 000 Kilometern und verfügen über ein umfangreiches System von Nebenflüssen und Kanälen, die die drei Flußsysteme miteinander verbinden. Allein in den Ch'angchiang (Changjiang) münden mehr als 700 Nebenflüsse. Die Gesamtlänge aller Flüsse des Landes beträgt 226 800 Kilometer mit einer kaum vorstellbaren Wassermenge von 2 600 000 Millionen Kubikmetern. Zusätzlich ist China reich an Seen. Es gibt über 2 800 Seen, die größer als ein Quadratkilometer sind und eine Gesamtfläche von 80 000 Quadratkilometern aufweisen, Tausende von künstlichen Seen und ein umfangreiches Kanalnetz von über 100 000 Kilometern, das überwiegend in Nordsüdrichtung die Flüsse miteinander verbindet. Schließt man die 11 000 Kilometer lange Küste von der koreanischen Grenze im Norden bis zur vietnamesischen Grenze im Süden sowie die 3 400 vorgelagerten Inseln in die Betrachtung mit ein – neuere chinesische Quellen sprechen von 18 000 Kilometern Küstenlinie und mehr als 5 000 Inseln –, so ist der gesamte Umfang der natürlichen und künstlichen Schiffahrtswege dieses ostasiatischen Landes nur grob schätzbar.

Man kann etwa davon ausgehen, daß auf den chinesischen Flüssen, Seen, Kanälen und im Küstenbereich vor der Motorisierung einige hundert unterschiedliche Dschunkentypen und andere Wasserfahrzeuge beheimatet waren. Sie lassen sich in Haupt- und Mischtypen gliedern. Letztere vereinen in sich die Merkmale zweier oder mehrerer Wasserfahrzeuge. Generell bietet sich eine Untergliederung der Dschunken entsprechend ihrer Fahrtgebiete in Fluß-, Kü-

sten- und Seefahrzeuge an. Geht man von der Aufgabenstellung der Dschunken aus, lassen sie sich in Handels-, Fischerei-, Reise-, Polizei- und Kriegs-Dschunken unterteilen. Dazu kommt eine Vielzahl von spezialisierten Wasserfahrzeugen. Aus der Größe, Bauweise und anderen Merkmalen ist in der Regel eine Einordnung nach Fahrtgebiet, Verwendung und Heimatgewässer möglich.

Mit dem Wort Dschunke wird ein chinesisches Wasserfahrzeug mit Segel und Deck bezeichnet. Es wurde wahrscheinlich erst nach Marco Polo (1254 bis 1324) von Europäern, die den ostasiatischen Raum aufsuchten, von dem djawanischen Wort »Dschong« abgeleitet. Der Chinese verwendet die Bezeichnung ch'uan (chuan) als Sammelbegriff für Segelboote, Dampf- und Motorschiffe. Die meisten Dschunken besitzen einen Fock-, einen Groß- und oftmals

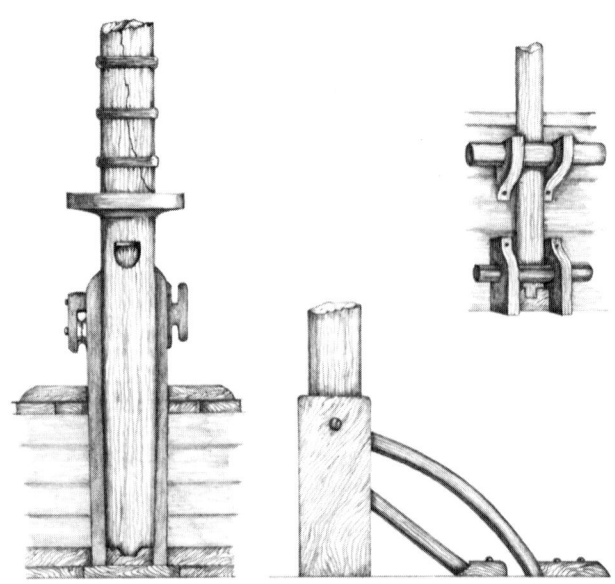

Eingesetzter Großmast mit Mastfuß, Fischung und Teil des Untermastes.
Kniehölzer zur Abstützung des Mastes.
Mobil angebrachter Besanmast am Schanzkleid.

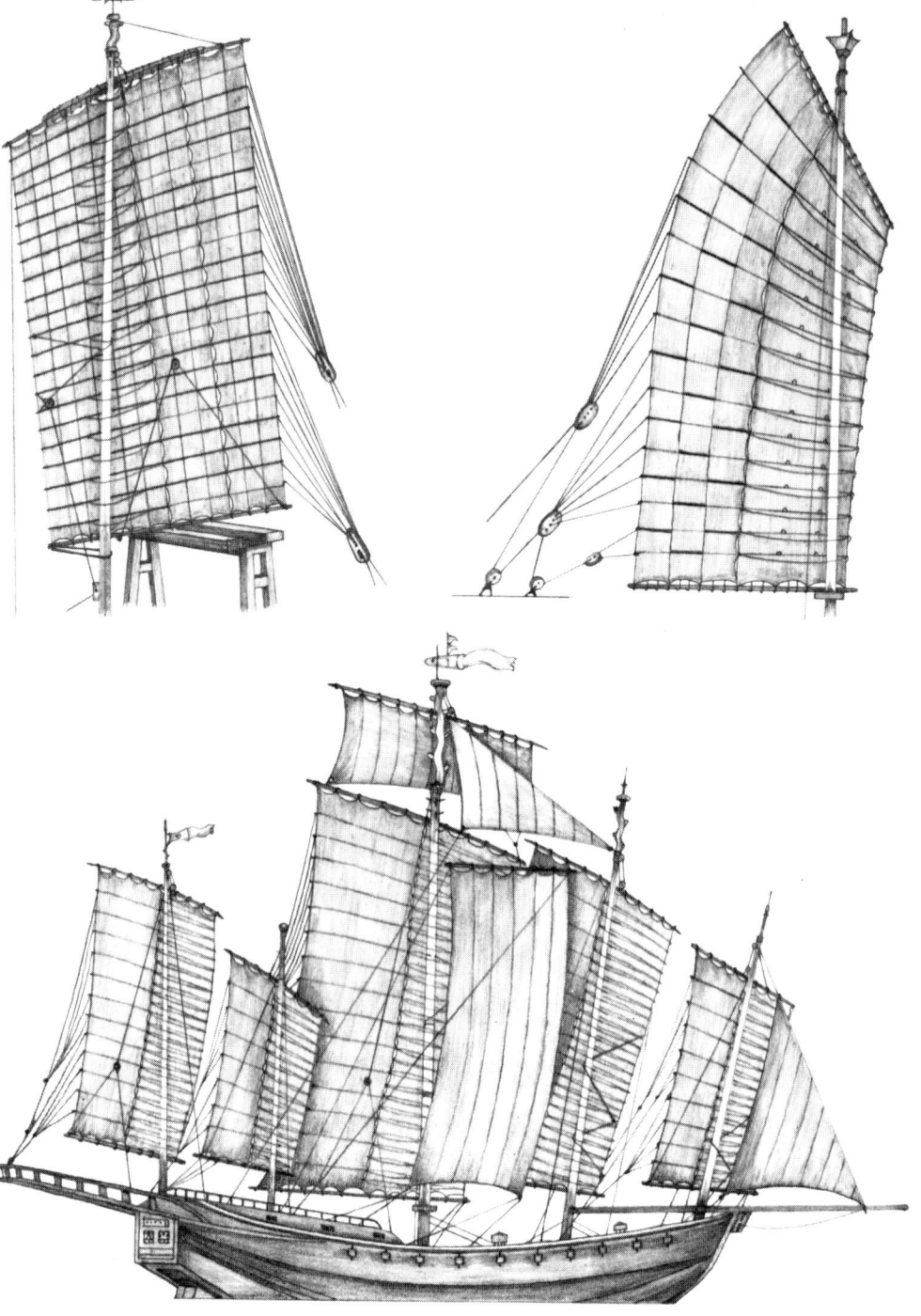

Dschunkengroßsegel
mit gerader Rahe von
der Küste des Pohai-
(Bohai-) Meeres und ein
Segel mit geneigter
Rahe von einer Fluß-
Dschunke.

Eine fünfmastige Pei-
chihli-(Beizhili-)
Dschunke mit Zusatz-
segeln (Klüver-, Lee-
und Toppsegel).

17

einen mit Klampen, das heißt einen mit Riegel und Querholz an der Bordwand befestigten Besanmast. Dschunken können bis fünf Masten besitzen, wobei historische Darstellungen sogar bis zu zehn Masten aufweisen. Der Fock- und Großmast ist einsteckbar bzw. kippbar mit einem Knieholz gehaltert. Die Masten sind außer in Südchina nicht durch Stage oder Wanten abgespannt, da die meisten chinesischen Luggersegel durch Balancier- oder ähnliche Leinen und Racks am Mast gehalten werden und so eine gleichmäßige Windbelastung des Mastes ergeben. Mit der Balancierleine, die vom Vorderliek um den Mast herumläuft, kann man den Segelschwerpunkt verändern, so daß 15 bis 30 Prozent der Segelfläche vor dem Mast gesegelt werden. Die Racks verlaufen von der Segellatte um den Mast zur selben Segellatte. Sie

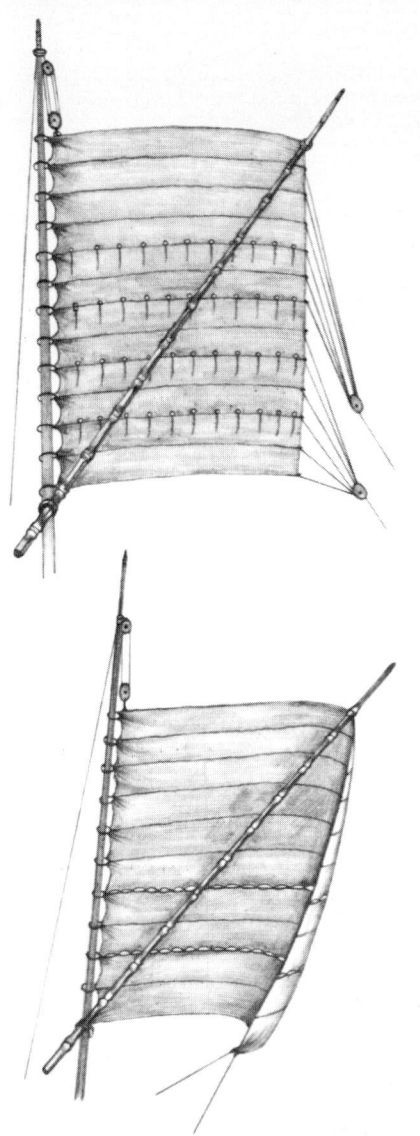

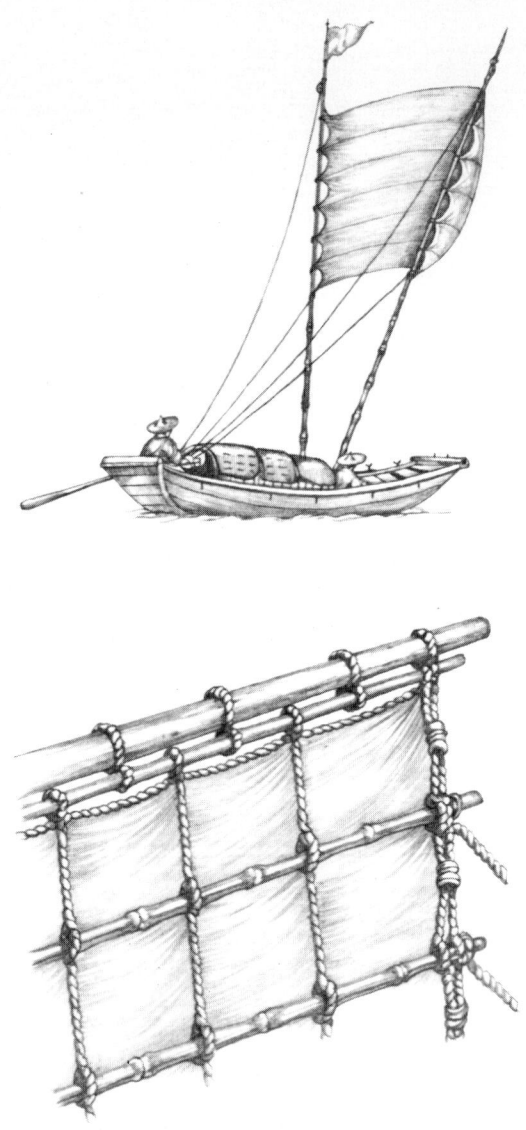

Zwei Sprietsegel mit unterschiedlichen Schotensystemen, wie sie von See-Dschunken der Provinz Fuchien (Fujian) verwendet wurden.

Anbringung und Machart eines Spreizsegels mit zwei Gaffeln auf dem Ch'angchiang (Changjiang).

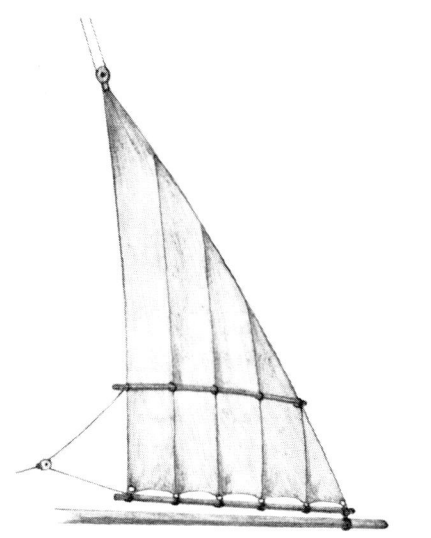

In Südchina auf den Gewässern um Kanton benutztes Klüversegel mit Klüverbaum.

können auch zur Mastbesteigung verwendet werden. Die Rahe wird über eine Talje geheißt oder gefiert, und das Segel nach unten gerefft. Es legt sich zieharmonikaartig von Segellatte zu Segellatte auf einen Auflagerahmen oder in Fangleinen oberhalb des Decks zusammen. Jede Segellatte kann über ein Schot und alle zusammen über ein Schotensystem, das in der Ausführung sehr unterschiedlich sein kann, mit der Segelfläche an den Wind gelegt werden. Vereinzelt treffen wir in China auch Sprietsegel mit und ohne Schotensystem, Toppsegel, rechteckige und dreieckige Leesegel, dreieckige Focksegel mit Bugspiere, Spreizsegel mit zwei Gaffeln und Rahsegel an.

Bei der kompliziert anmutenden Takelage kommt eine große Auswahl von Rollen- und Führungsblöcken, wie beispielsweise Spinnenjuffer, Distanzhölzer, ein- und zweischeibige Blöcke, dreischeibige Violinblöcke sowie lose Scheiben an Schanzkleid und Mast zum Einsatz. Zur Handhabung des laufenden Guts, der Anker sowie zur Höhenverstellbarkeit des Ruders verwendet der Chinese Spills. Im Gegensatz zu den Fluß-Dschunken überwiegen auf den See-Dschunken die waagerechten Anordnungen. Die Spillwalzen sind rund, sechs- oder achteckig. Neben mobilen Gangspills sind die Spills, die durch Handspaken betätigt werden,

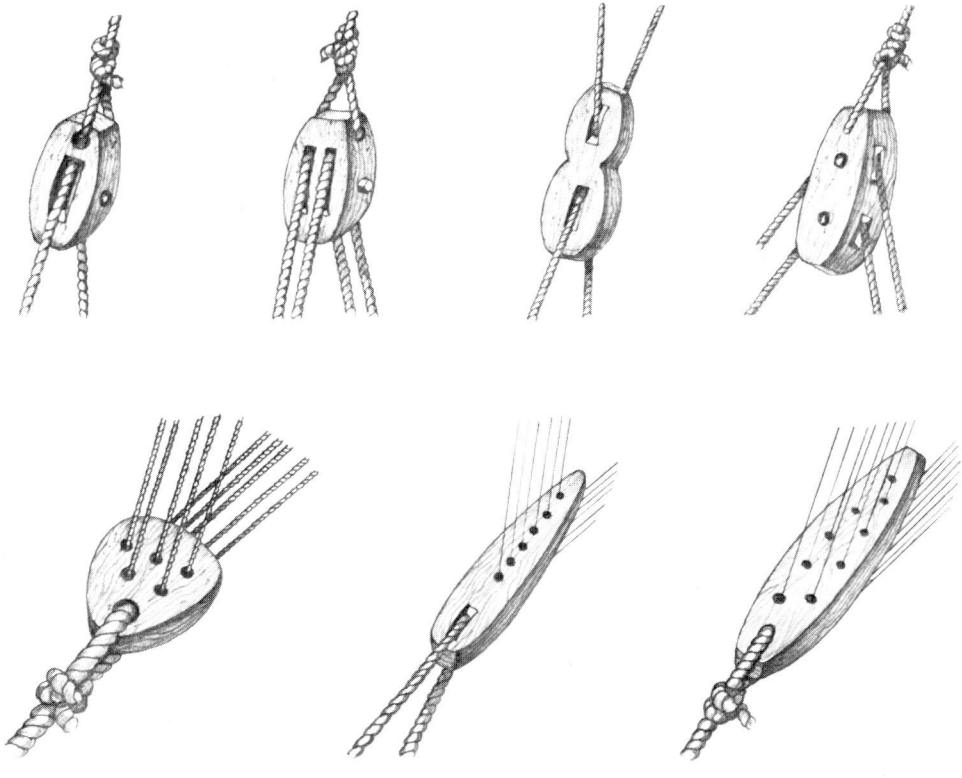

Unterschiedliche Blöcke, Spinnenjuffern sowie Spinnenjuffer mit einscheibigem Block.

am Bug, Heck, beidseitig des Großmastes und auf dem freien Deck angeordnet. Das laufende Gut ist aus Hanf oder geschälten Bambusstreifen gefertigt. Die Balance- und Normalruder, wobei letztere vorrangig bei See-Dschunken zum Einsatz kommen und in der Höhe verstellbar sind, werden sehr stabil aus Holz mit wenig Eisen gebaut. Die Führungshalterungen für den Ruderbaum sind aus Holz und zur Höhenverstellbarkeit des Ruders zum Ruderblatt hin offen. Zur Verstellbarkeit in der Höhe dient ein waagerechtes Heckspill. Die Talje ist am Ruderblatt befestigt. Zur Anpassung für den Steuermann ist die Ruderpinne in der Höhe im Ruderbaum umsteckbar. Hierzu befinden sich im oberen Teil des Ruderbaumes mehrere übereinanderliegende Aussparungen. Bei Tiefwasserpassagen kann das Ruder weit gefiert werden und wirkt zusätzlich als Schwert. In Südchina kommen zusätzlich mehrere Mittel- und Seitenschwerter zur Anwendung. Bei einigen Dschunken werden von einem waagerechten Bugspill zwei Taue am Boden beziehungsweise am Kiel entlang zum Ruderblatt gespannt. Durch Festziehen erhält das gesamte Ruder in gefierter Stellung mehr Festigkeit. Zur weiteren Ausrüstung gehören die eisernen Draggen mit drei oder vier Armen ohne Flunken. Bei den Fluß-Dschunken sind die Anker kleiner als bei den See-Dschunken. Steine und später Holzanker mit Steinen be-

schwert waren die Vorgänger der Draggen. Die Anker liegen an Deck oder hängen an der Bordwand bzw. an Kranbalken, deren Anzahl bis vier betragen kann. Bei See-Dschunken findet man meistens nur Führungsschienen, die nicht über die Bordwand hinausragen und mit einer Rolle am Ende versehen sind.

Die Länge der See-Dschunken beträgt bis zu etwa 50 Meter. Sie erreichen Tragfähigkeiten bis zu 800 Tonnen. Archäologische Ausgrabungen lassen die Annahme zu, daß

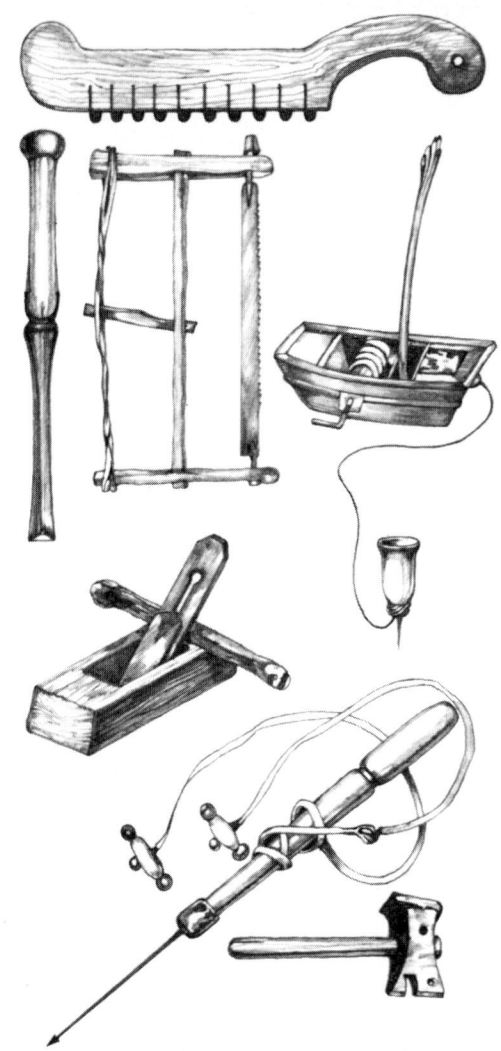

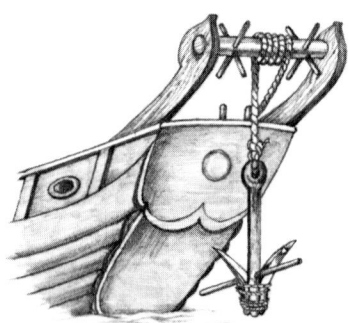

Chinesischer Stockanker mit waagerechtem Spill am Bug. In Deckshöhe zwei Zapfen zur Halterung bei der Ankerablage an Deck.

Senkrechtes Spill mit Handspaken (Gangspill).

Werkzeuge, wie sie beim Dschunkenbau verwendet werden: Hobel mit Stahlblättern; Stemmeisen; Säge; Anzeichengerät in Dschunkenform; Hobel mit Handgriff; Drillbohrer für zwei Mann und Axt, die auch als Hammer und zum Nägelziehen verwendet wird.

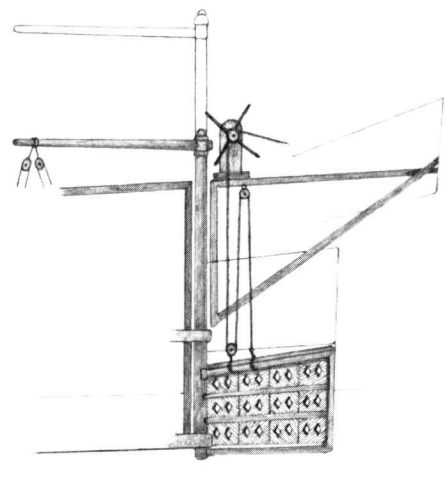

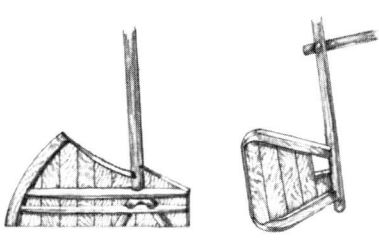

Ruderanlage einer Hongkong-Dschunke. Die Höhenverstellbarkeit erfolgt mit einem waagerechten Spill (Bratspill). Die beiden Ruderformen sind Balance- und Normalruder.

Typischer chinesischer Draggen um 1900.   Foto: Hommel

Hölzerner chinesischer Stockanker aus dem 19. Jahrhundert.
Quelle: Nationaal Scheepvaartmuseum Antwerpen

es auch Dschunken von 180 Metern Länge gegeben hat. Diese großen Wasserfahrzeuge sollen bis zu 600 Passagiere befördert haben. Der kraweelbeplankte Rumpf der Dschunken besteht aus Schotten mit oder ohne Rahmen und besitzt in Nordchina im Gegensatz zum Süden keinen Kiel. Dschunken mit geklinkertem Rumpf sind die Ausnahme. Die Beplankung erfolgt in umgekehrter Reihenfolge wie in Europa; von der oberen Seitenplanke mit nach unten angesetzten Planken. In Nordchina ist der Rumpf kastenförmig. Im zentralen sowie im südlichen China überwiegen die Dschunken mit einem spitzen Bug. Den Rumpfabschluß oberhalb der Wasserlinie bildet an Bug und Heck ein Schott. Der seitliche Abschluß des Rumpfes besteht aus ein bis mehreren Barkhölzern, die aus halbierten Baumstämmen stammen. Die Barkhölzer, die Anzahl der Schotten und Rahmen, die Decksbalken und zum Teil auch die Querhölzer, die oberhalb des Decks verlaufen, tragen wesentlich zur Festigkeit des Rumpfes bei.

Da nur wenige Dschunken Speigatten haben, kann das

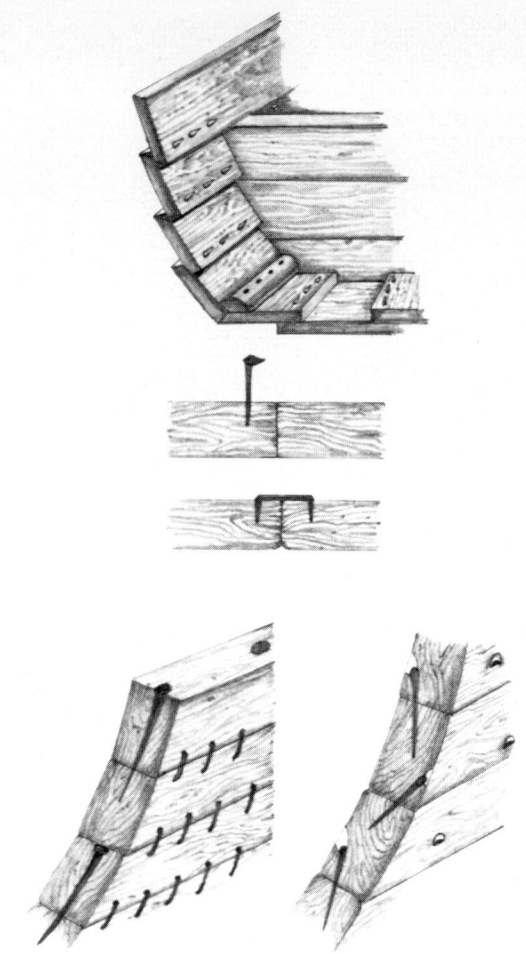

Die Art und Weise der Plankenverbindungen bei geklinkerter Bauweise und Kraweelbauweise. Die Krampe wird erst in die eine Planke geschlagen und dann über den Stoß in die zweite Planke umgeschlagen.

Spritz- und Regenwasser an Deck schlecht ablaufen. Es nimmt den gleichen Weg wie das Leckwasser, indem es nur über den Ruderschacht oder den Brunnen – wenn vorhanden – abfließt. Der Brunnen ist ein nach oben offener Raum, der am Boden Löcher hat und ständig voll Wasser steht. Da die Schotten dicht sind, läuft das Leckwasser infolge einer undichten Stelle nur in die beschädigte Abteilung. Die Fracht muß dann hier herausgenommen und das Wasser ausgeschöpft werden, da es bis zur Gegenwart keine Pumpen gibt und das Leck gedichtet wird. Es gibt auch Schotten mit Speigatten, bei denen das Wasser an der tiefsten Stelle zusammenläuft. Hier bleibt ein Schacht leer, aus dem das Was-

ser abgeschöpft werden kann. Bei diesem System baut der Chinese einen Doppelboden oder einen Lattenrost ein, auf welchem die Fracht gelagert wird. Das eingedrungene Wasser läuft zwischen Außenhaut und Frachtauflage. Der Ruderschacht ist in der unteren Hälfte relativ schmal gehalten, so daß in der Hecklage abfließendes Wasser, wenn eine gewisse Menge erreicht ist, sich kurzzeitig staut und beim Austauchen im Seegang die Stampfbewegungen dämpft. Vereinzelt finden wir auch einen innen abgeschlossenen Bugraum, der nach außen zwei Speigatten aufweist. Im Seegang stampft die Dschunke, taucht mit dem Bug ein, und der Bugraum läuft voll Wasser. Beim Austauchen läuft der Bugraum je nach Speigattgröße langsam leer und dämpft die Austauchbewegung, so daß das Schiff weniger stampft.

Kalfatert wird beim Dschunkenbau mit einem hellen Kalkkitt, den man aus in Erdöfen gebranntem Muschelkalk und Öl der Früchte des T'ung-(Tong-) Baumes herstellt. Als Beimengung kommt kleingeschnittener Hanf oder geschabte Bambushaut zur Anwendung. Die Planken werden bereits beim Bau in Kittmasse verlegt. Die mit Hanf zugeschlagenen Fugen bilden die Ausnahme und werden mit dem Kalkkitt anschließend verschmiert. Größere Unebenheiten der Plankenstöße gleichen die Chinesen ebenfalls mit Kalkkitt aus. Den Rumpf tränkt man zwei- bis dreimal im Jahr mit T'ung (Tong-) Öl.

Die Besatzung einer Fluß-Dschunke besteht aus der ganzen Familie. Treidler oder Ruderer werden flußauf- bzw. flußabwärts gemietet sowie zusätzliche Besatzungsmitglieder entsprechend der Notwendigkeit. Bei größeren Fahrzeugen wird oft ein Dschunkenmeister, Laota (Laoda) genannt, gechartert. Er ist der erste Mann an Bord und für die Sicherheit, Fahrtroute und für die Ladung im Interesse der Kaufleute verantwortlich. Er und einige Besatzungsmitglieder besitzen nicht selten Anteile an der Ladung, was ihnen ein gewisses Mitspracherecht neben den Kaufleuten und Eignern gibt. Das Besitzgefühl einiger Besatzungsmitglieder hat bei der Ladungswartung, Ladungspflege und beim Schutz gegen Piraten Vorteile, da sie sonst sehr schnell ihr Guthaben einbüßen können. Der zweite Mann an Bord ist der Steuermann. Dann kommen die Voll- und Leichtmatrosen. Ein Warenbegleiter oder Verwalter, der auch den Köchen vorsteht und für den Lebensmittelankauf verantwortlich zeichnet, ist von Handels- und Reise-Dschunken her bekannt. Die Anzahl der Besatzungsmitglieder mag für europäische Verhältnisse umfangreich erscheinen. Die Mannschaft schläft unter Deck, oftmals im Vorschiff. Ist die Hitze unerträglich, wird auf dem freien Deck geschlafen. Eine Kopfrolle ist oft das einzige Schlafutensil auf den harten Planken. Die Schiffsleitung wohnt und schläft im Deckshaus. Hier befinden sich auch eine kleine Kombüse und Aufbewahrungkammer für Lebensmittel. Dreimal täglich gibt es

Leben an Bord einer Dschunke im Jahre 1956.

Foto: Kiesling

Fisch oder Fleisch mit Reis und Gemüse. Die Mahlzeiten werden gemeinsam auf dem Achterdeck eingenommen.

Durch die relative Eigenständigkeit der chinesischen Bootsbauer entstanden Schiffstypen, die von europäischen Vorstellungen abweichende Formen aufweisen. Der spätere Einfluß von Ländern, die mit China Handel trieben oder andersartige Beziehungen aufbauten, ist in begrenztem Umfang an Motiven der Bemalung der Schiffe und an bootsbaulichen Details nachweisbar. Dazu zählen das augenförmige Motiv am Bug, der Kiel der südchinesischen Dschunken, das Totholz im Bug- und Heckbereich, die Spantenbauweise der Hongkong/Hsiangkang-(Xianggang-)Dschunke, die Nutzung der Fallreeps bei Dschunken im Küstenbereich von Ningpo (Ningbo) statt einer üblichen Laufplanke zum Land und andere Details, wie der von den Portugiesen gebaute Rumpf der Lorcha, eines Antipiratenfahrzeuges um Macao/Aomên (Aomen) mit chinesischer Besegelung.

Die im Vergleich zu den See-Dschunken kleineren Fluß-Dschunken sind schmaler gebaut und weisen eine Tragfähigkeit bis zu 300 Tonnen auf. Die Küsten-Dschunken, als Übergangsform zu den See-Dschunken, besitzen Tragfähigkeiten zwischen 300 und 500 Tonnen, wobei aber auch kleinere Fahrzeuge für die Küsten- und Seefischerei im Einsatz sind.

Neben den Dschunken gibt es eine stattliche Anzahl kleinerer Wasserfahrzeuge. Die bekanntesten sind der Sampan und der Wupan. Diese Bezeichnungen beziehen sich auf den Baumumfang und bedeuten »drei Bretter« bzw. »fünf Bretter«. Der Sampan weist eine Länge von 3 bis 10 Metern auf, der Wupan hat eine Länge bis zu 21 Metern. Diese einfachen Plankenboote mit flachen Böden, einer geringen Anzahl von Schotten und spitzem Bug werden überwiegend mit einem Segel, aber auch nur mit Riemen angetrieben.

Heute haben überwiegend neuere und schnellere Umschlag- und Transporttechnologien in der Binnen- und Seeschiffahrt Einzug gehalten. China begann 1865 mit der Herstellung von Schiffen aus Stahl, baute bis 1949 jedoch lediglich eine Tonnage von 500 000 Tonnen. Bis Ende der 70er Jahre kaufte China vorrangig gebrauchte Schiffe auf dem internationalen Markt. Ab 1980 wurden und werden auf den gegenwärtig 523 größeren und kleineren chinesischen Stahlschiffswerften steigende Neubauaufträge realisiert. Die fünf größten chinesischen Werften befinden sich in Shanghai, Wuhan, T'ienchin (Tianjin), Kuangchou (Guangzhou) und Talien (Dalian).

Der Huangho (Huanghe) mit der Küstenlinie des Pohai-(Bohai-) und des Gelben Meeres

Mit seinen 5 464 Kilometern ist der Huangho (Huanghe) der zweitlängste Fluß in China und die wichtigste natürliche Wasserstraße im Norden des Landes. Der Gelbe Fluß, wie er im Deutschen heißt, hat ein Einzugsgebiet von etwa 750 000 Quadratkilometern. Er entspringt in der nordchinesischen Provinz Ch'inghai (Qinghai), durchbricht in vielfach gewundenem Lauf mehrere Gebirge, führt aus dem Lößplateau im Mittellauf bis zu 1 600 Millionen Tonnen Schlamm pro Jahr mit und mündet in einem weit gefächerten Delta südlich der Pohai-(Bohai-) Bucht ins gleichnamige Meer. 400 Millionen Tonnen der mitgeführten Schlammassen lagern sich jährlich im Flußbett des Huangho (Huanghe) ab. Durch die stetigen Ablagerungen sowie die notwendig gewordenen und vorgenommenen Eindeichungen ist das Flußbett im Durchschnitt 3 bis 4 Meter und stellenweise mehr als 10 Meter gegenüber der umliegenden Landschaft überhöht. Die jährliche Erhöhung um etwa 10 Zentimeter kann nur gemindert werden, wenn das Ödland im Lößplateau weiter bepflanzt wird und die Bodenerosion allmählich zurückgeht. Vor allem die sommerlichen Hochwasser von Juli bis September und die Eismassen, die im Januar und Februar den Ablauf behindern, sind häufig die Ursachen von Überschwemmungen. Umfangreiche Regulierungsmaßnahmen waren deshalb notwendig, die nicht nur dem Hochwasserschutz dienten und dienen, sondern auch der Bewässerung des Ackerlandes, der Trinkwasserversorgung und der besseren Realisierung von Transportaufgaben der Binnenschiffahrt. Unter Nutzung von Seen und Kanälen wurden in den letzten Jahren großflächige Veränderungen des Flusses Luanhe in der Provinz Hepei (Hebei) vorgenommen, die notwendig waren, da der akute Wassermangel von T'ienchin (Tianjin), der drittgrößten Stadt Chinas nach Shanghai und Peking (Beijing), behoben werden mußte. Eine zusätzliche zweijährige Dürre in diesem Gebiet machte das Bauvorhaben besonders dringlich. Der Fluß bekam auf einer Gesamtlänge von 1 150 Kilometern ein zusätzliches Bett. Dafür mußten 33 Millionen Kubikmeter Erde bewegt und 241 Aquädukte und Brücken errichtet werden. Heute zählt die Stadt T'ienchin (Tianjin) , deren Besiedlung seit dem 4. Jahrhundert v. u. Z. nachweisbar ist, 7,5 Millionen Einwohner.

Im Norden Chinas beginnt auch der Große Kanal, der von Peking (Beijing) bis nach Hangchou (Hangzhou) in der Provinz Chêchiang (Zhejiang) führt. Der Große – oder auch Kaiserkanal ist mit 1 794 Kilometern die längste künstliche Wasserstraße des Landes. Sie ist eine der bedeutendsten

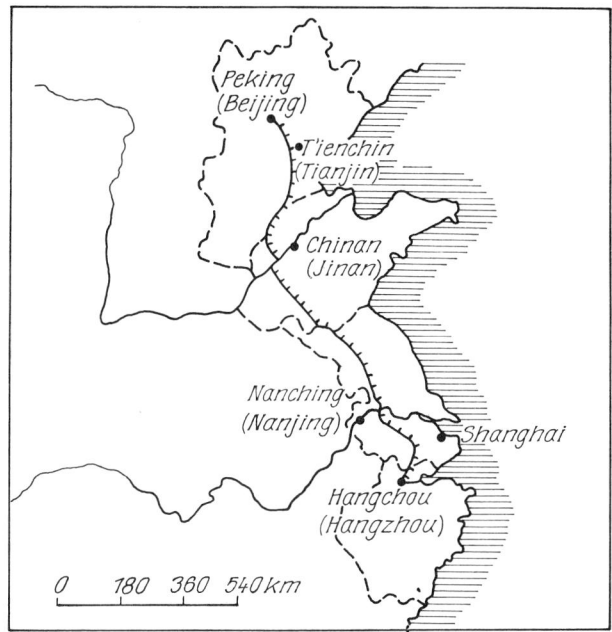

Der Verlauf des Großen Kanals (Kaiserkanal) von Peking (Beijing) bis Hangchou (Hangzhou):

1. Provinz Hepei (Hebei)
Peking (Beijing) – T'ienchin (Tianjin) – Ts'angchou (Cangzhou) – Provinzgrenze überquert
2. Provinz Shantung (Shandong)
Têchou (Dezhou) – Provinzgrenze als Verlauf – Linch'ing (Lin- ·qing) – Liaoch'êng (Liaocheng), – Huangho (Huangho (Huanghe) Chining (Jining) – Weishang-See mit einbezogen – Provinzgrenze überquert
3. Provinz Chiangsu (Jiangsu)

Wasserprojekte in der Geschichte Chinas. Bei einem Alter von mehr als 2400 Jahren liegt der Baubeginn im 5. Jahrhundert v. u. Z. Damals leitete man durch einen Kanal bereits Wasser des Ch'angchiang (Changjiang) in Richtung Norden. Im 7. und im 13. Jahrhundert wurde der Große Kanal im wesentlichen gebaut und verlängert, um die Flüsse Huangho (Huanghe) und Ch'angchiang (Chanjiang) miteinander zu verbinden. Beim Bau des Kanals bezog man die natürlichen Wasserläufe und Seen mit ein. Es war die wichtigste Verbindung von Norden nach Süden über viele Jahrhunderte hinweg. Ab Mitte des 19. Jahrhunderts, als der See- und Eisenbahntransport ausgebaut wurde, verringerte sich die Bedeutung des Großen Kanals für den wirtschaftlichen und auch kulturellen Austausch zwischen Nord- und Südchina. Heute ist die Nutzung großer Teilstrecken wieder möglich. Es ist vorgesehen, die Gesamtstrecke auszubauen bzw. zu rekonstruieren.

Das Pohai-(Bohai-) Meer besteht im wesentlichen aus der gleichnamigen Bucht, der Liaotung-(Liaodong-) Bucht und der Pohai-(Bohai-) Straße, die die Verbindung zum Gelben Meer darstellt. Früher hieß das Pohai-(Bohai-) Meer Golf von Peichihli (Beizhili). Mit einer Fläche von 77000 Quadratkilometern ist es das kleinste Meer Chinas. Es hat eine durchschnittliche Tiefe von 18 Metern und ist damit das flachste der 4 Meere an Chinas Küste. Die tiefste Stelle, in der Liaotung-(Liaodong-) Bucht gelegen, beträgt 78 Meter. Das Pohai-(Bohai-) Meer ist der Meereszugang für die Hauptstadt Chinas, und die Fischgründe sind wegen ihrer Garnelen, Krebse und Gelbfische berühmt.

Das Gelbe Meer, chinesisch Huanghai, ist ein Nebenmeer des Stillen Ozeans und liegt zwischen dem nordchinesischen Festland und der koreanischen Halbinsel. Im Durchschnitt ist es 44 Meter tief, hat seine tiefste Stelle mit 140 Metern an der nördlichen Seite der koreanischen Halbinsel, ist buchtenreich und stark salzhaltig. Mit einer Fläche von etwa 380000 Quadratkilometern ist es mit der Größe der europäischen Ostsee vergleichbar. Die mitgeführten gelbbraunen Schlammassen trägt der Huangho (Huanghe) weit ins Meer hinaus, worauf der Name des Meeres, wie auch der des Flusses, zurückzuführen ist. Der Nordwestteil des Meeres sowie die einmündenden Flüsse sind von November bis März zugefroren. Wichtige Städte an der nordchinesischen Küste sind Lüta (Lüda), Ch'inhuangtao (Qinhuangdao), T'ienchin (Tianjin), Yent'ai (Yantai) und Ch'ingtao (Qingdao).

Aus dieser Region Nordchinas sollen 11 Dschunken, der Küstenlinie folgend, vorgestellt werden, wobei der Huangho (Huanghe) einbezogen wird.

ANTUNG-(ANDONG-) DSCHUNKE

Länge: 30,5 bis 33,5 m
Breite: 7,80 bis 9,50 m
Tragfähigkeit: 50 bis 250 t
Anzahl der Segel/Masten: bis 6/3 bis 4
Segelform: Fock-, Groß- und Besansegel hochkant,

rechteckig; Zusatzsegel vier- und dreieckig
Besatzung: etwa 20

Antung (Andong), nach der Umbenennung heißt die Stadt Tantung (Dandong), liegt an der koreanischen Grenze und

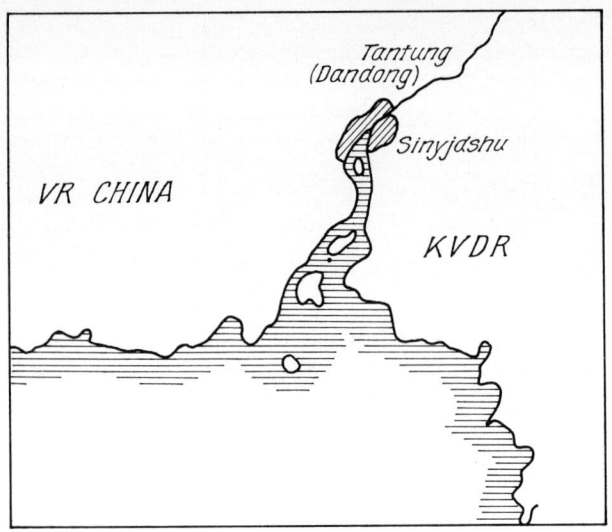

Die Stadt Tantung (Dandong) an der chinesisch-koreanischen Grenze am Pohai-(Bohai-) Meer.

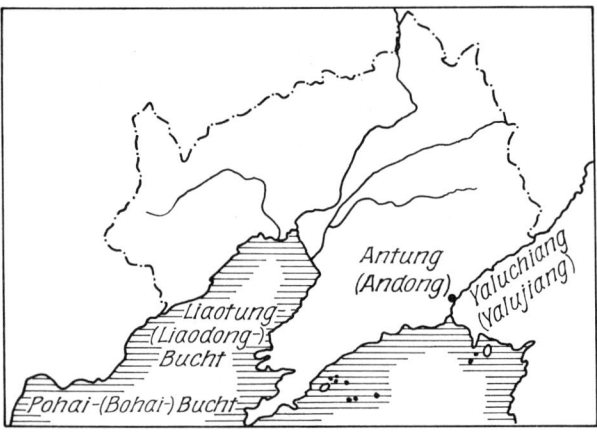

Die Provinz Liaoning mit einer buchtenreichen Küstenlinie, einer Vielzahl vorgelagerter Inseln und der Stadt mit alter Bezeichnung.

ist eine der nördlichsten Hafenstädte Chinas. Etwa 50 Kilometer landeinwärts am Yaluchiang (Yalujiang) gelegen, ist sie von einer Gebirgslandschaft umgeben. Der Fluß ist 795 Kilometer lang und entspringt in den bis zu 2 700 Metern hohen Gebirgsmassiven, die sich über die Halbinsel bis zur Küste des Japanischen Meeres hinziehen. Die Küstenlinie der Provinz Liaoning, in der die mittelgroße Stadt Tantung (Dandong) liegt, ist 2 187 Kilometer lang. In dieser Region herrscht ein extremes Klima. Die Winter sind sehr kalt, und im Sommer steigen die Temperaturen bis auf

40°Celcius an. In der Zeit von November bis März, wenn die Dschunken und Transportfahrzeuge im Eis oder an Land festliegen, werden die im Sommerhalbjahr gesammelten Waren auf Eisschlitten in das Landesinnere befördert. Der Waldreichtum dieser Provinz sowie die Kupfer-, Eisenerz-, Kohle- und anderen Vorkommen, bilden die Grundlage für eine umfangreiche Industrie, darunter Boots- und Schiffbau, da sich für diese Art von Transportmitteln vielfältige Aufgabenstellungen ergeben.

Der Yaluchiang (Yalujiang), nur im Unterlauf schiffbar, mündet in das Pohai-(Bohai-) Meer mit einer Breite von etwa 5 Kilometern. Hier entwickelte sich früh der Bootsbau.

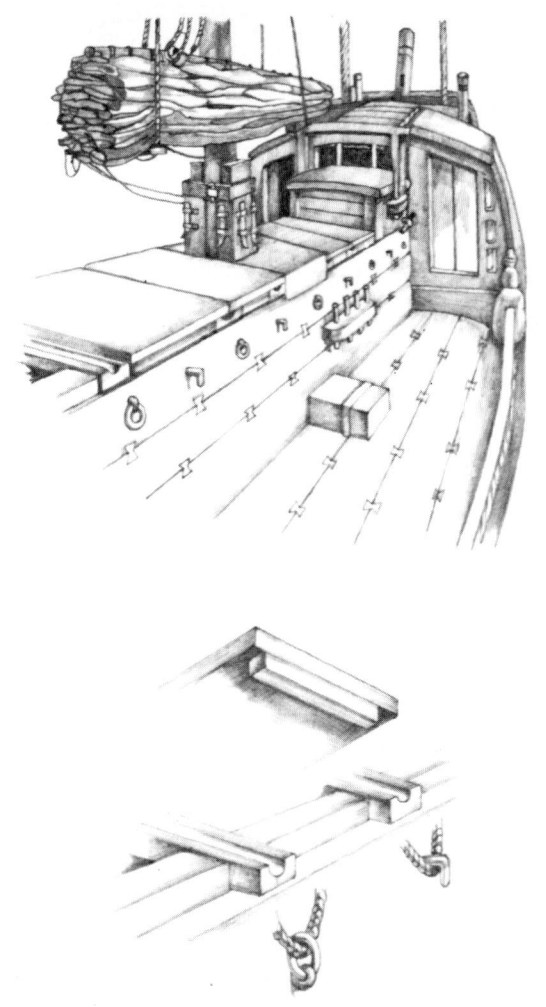

Plankenverbindung und Lukenabdeckung der Antung-(Andong-) Dschunke.

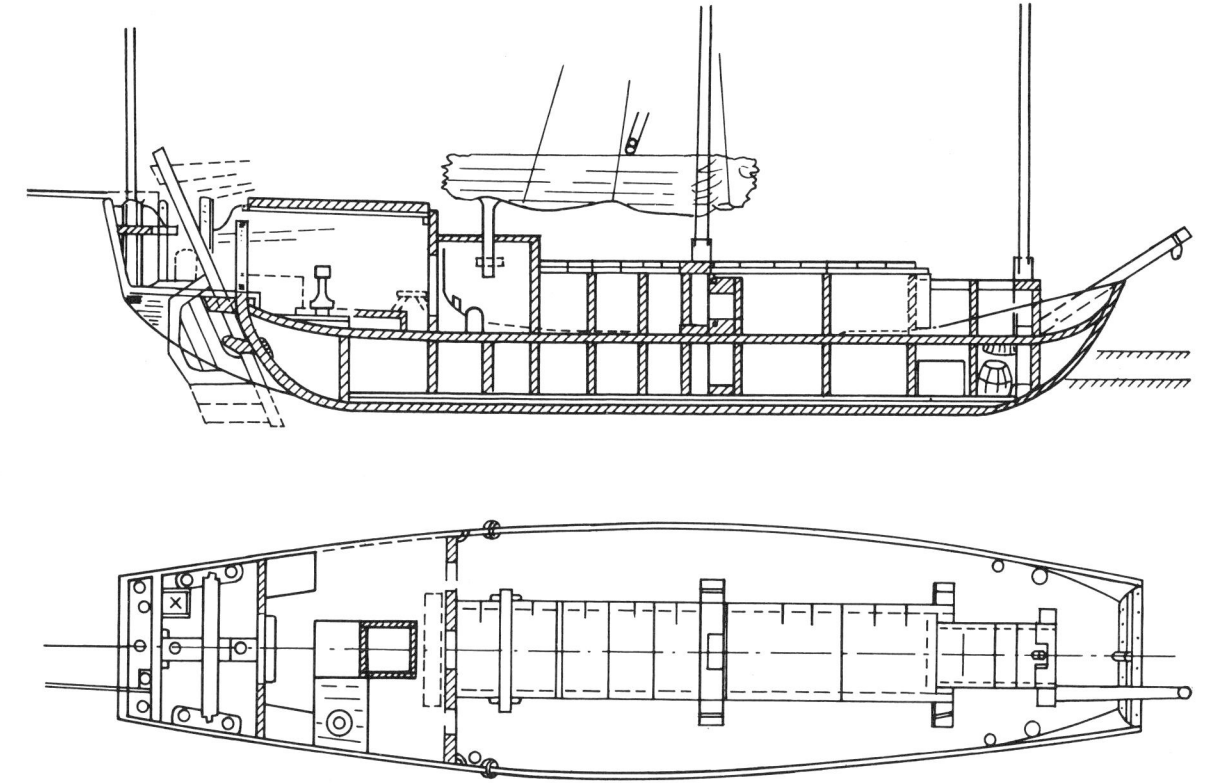

Seitenansicht und Draufsicht der Antung-(Andong-) Dschunke.

Der Fund einer Tonscherbe 1986 auf der japanischen Insel Honshu mit Bildteilen eines über 20 Meter langen Schiffes mit Segelmast und Ruderer wird als Bestätigung angesehen, daß es bereits zur Zeit der östlichen Han-Dynastie zwischen Korea und Japan Schiffsverkehr gab.

Der nordchinesische Bootstyp unterscheidet sich vor allem in seiner Bauweise von den Wasserfahrzeugen in Südchina. Die Antung-(Andong-) Dschunke entwickelte sich, wie aus den Zeichnungen erkennbar ist, aus einer Fluß-Dschunke. Der geringe Tiefgang und wenig Freibord sind u. a. die äußeren Kennzeichen dafür. Sie ist eine große Dschunke, die ein wenig ungelenk aussieht. Die grobe Fertigung sowie die lange Ladeluke weisen auf das Arbeitsboot hin. Als Baumaterial verwendet der Bootsbauer Tanne, Kiefer, Zypresse und Zeder. Der Rumpf wird auf Rahmen und Schotten gebaut. Er ist 10 bis 15 mal durch Querschotten unterteilt. Die Ladeluke fängt etwa 1,50 Meter vom Bug entfernt an und endet an der Vorderfront des massiven Deckshauses. Das hohe Lukensüll ist ein guter Schutz gegen überkommendes Wasser und daher die wichtigste Verände-

rung, um ein Flußfahrzeug für die Küsten- und Seefahrt umzurüsten. In das geräumige Deckshaus gelangt man durch eine Schiebetür vom Heck aus, um von hier in die Quartiere, die Kombüse und die Reislast zu gelangen. Die Mannschaft ist im Gegensatz zur Dschunkenleitung in der Regel in der Nähe der Vorpiek untergebracht. Hier befinden sich auch der Wassertank und Fässer mit Wasser. Hinter dem Deckshaus kann die Besatzung bei überkommender See Schutz suchen, da das Deckshaus die ganze Decksbreite einnimmt. Der Steuermann bedient die lange Ruderpinne, indem er auf einer stabilen Bank steht und aus einer Luke im Dach des Deckshauses Ausschau hält. Bei schlechtem Wetter nutzt er einen Sehschlitz an der Vorderfront des Deckshauses, und die Dachluke bleibt geschlossen. Das Ruder kann durch Zuhilfenahme eines Heckspills in der Höhe verstellt werden, wie es allgemein bei See-Dschunken üblich ist. Der Bug und das Heck sind flach ausgeführt. Der kastenförmige Rumpf schiebt sich, im Gegensatz zu einem Bootskörper mit einem spitzen Bug, auf die Wellen und taucht kaum ein. Die Festigkeit des Rumpfes wird durch die

Querschotten, je drei Barkhölzer auf beiden Rumpfseiten sowie den Decksbalken erreicht. Der Bugbereich ist geräumig, um den großen Draggen handhaben zu können.

Beim Ausbringen des schweren Ankers verwendet der Chinese mitunter Kranbalken. Sie sind am Kopfende mit einer Rolle für das Ankertau ausgestattet und ragen über den Bug hinaus. Fock- und Großmast sowie die nur in China vorkommende Anordnung von zwei parallel gestellten Besanmasten können mit einem Fock- und einem Großsegel und zusätzlichen Topp- und Leesegeln sowie zwei Besansegel bestückt sein. Das Leesegel wurde wahrscheinlich von den Portugiesen übernommen, da sie diese Segelform bereits im 16. Jahrhundert kannten. Die große Segelfläche gestattet es, die Dschunke auch mit geringem Wind zu segeln.

Das Anbringen der Zollnummer, die aus einem chinesischen Zeichen, das ins Deutsche übersetzt Osten heißt und eine Zuordnung zum Heimathafen ermöglicht, sowie einer

arabischen Zahl besteht, erfolgte auf amtliche Anordnung. Die Bemalung der Dschunken ist gering. Am Bug befinden sich rote und grüne Farbelemente. Die Schiebetür des Deckshauses ist in Rot und die Enden des Lukensülls sind in Grün gehalten. Diese Farben werden auch vereinzelt für die Vorderfront des Deckshauses und für die Kranbalken verwendet. Bei den Windfahnen finden wir den Farbton Rot.

Mit diesem Arbeitsboot transportierte der Dschunkenmann Handelsgüter zu Anliegern des Pohai- (Bohai-) Meeres, des Gelben Meeres und zum über 2000 Kilometer entfernten Shant'ou (Shantou) südlich des nördlichen Wendekreises im Südchinesischen Meer. Bis Anfang des 20. Jahrhunderts zählten diese Dschunken zum Haupttransportmittel in Nordchina. Sie wurden mit der Motorisierung der Schiffahrt stark zurückgedrängt. Es existieren keine gesicherten Angaben, ob Dschunken dieser Bauart oder Nachbauten in abgelegenen Flußarmen noch in Gebrauch sind.

CHINCHOU-(JINZHOU-) DSCHUNKE

Länge: etwa 25 m
Breite: 6 bis 8 m
Tragfähigkeit: etwa 25 t
Anzahl der Segel/Masten: 3/3
Segelform: geneigte Rahe, gerades Achterliek
Besatzung: 6 bis 8

In Nordchina gibt es zwei Küstenstädte, die Chinchou (Jinzhou) heißen. Eine davon befindet sich in der Nähe der

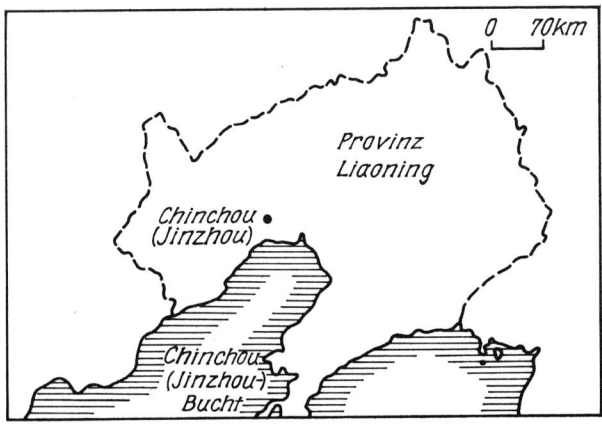

Die Liaotung-(Liaodong-) Bucht, an der die Stadt und die Bucht Chinchou (Jinzhou) liegen.

Gezeichnete Chinchou-(Jinzhou-) Dschunke.   Quelle: Donelly

gleichnamigen Bucht. Beide Städte liegen am Pohai-(Bohai) Meer, wodurch das Fahrtgebiet etwa vergleichbar ist.

Die mittelgroße Chinchou-(Jinzhou-) Dschunke ähnelt im Rumpfbau und in der Bugbemalung auffällig der Chihfu-(Zhifu-) Dschunke. Um einige Meter kürzer als diese hatte sie statt zwei drei Masten. Der Fockmast war zum Bug geneigt und der Besanmast nach backbord versetzt. Das Schotensystem des Besanmastes wurde über eine Spiere bedient, da er unmittelbar am Heck stand. Der völlige Rumpf hatte an beiden Seiten etwa vier Barkhölzer und schloß mit einem Bug- und Heckquerschott ab. Der Heckspiegel war in der oberen Hälfte in Rot oder Grün gehalten und die angrenzenden Rumpfseiten mit einem gleichfarbigen, weiß umrahmten Dreieck verziert. Oberhalb des großen Ruderblattes befanden sich eine Heckpforte für den Heckriemen, eine Toilettenpforte und zwei aufgemalte Pforten. Das Heck hatte einen überstehenden oberen Abschluß, der in zwei stumpf geschwungene Hörner auslief.

PEICHIHLI-(BEIZHILI-) DSCHUNKE

Länge : 24,5 bis 46 (55) m
Breite : etwa 9 m
Tragfähigkeit : 180 (240 bis 360) t
Anzahl der Segel/Masten : 9/5
Segelform : hochkant rechteckig, Segel manchmal zur Rahe hin breiter werdend ; Zusatzsegel drei- und viereckig
Besatzung : 20 bis 30

Das Pohai- (Bohai-) Meer grenzt an die drei nordchinesischen Provinzen Liaoning, Hopei (Hebei) und Shantung (Shandong) und hatte, wie bereits erwähnt, früher den Namen Golf von Peichihli (Beizhili). Dieser Name wird heute noch für die wahrscheinlich älteste nordchinesische See-Dschunke verwendet. Als ständige Handelswege befuhr man mit diesen Fahrzeugen die Routen im Golf, nach Shanghai, zu den südchinesischen Hafenstädten und nach Singapur und Indien. Auf der Ein-Dollar-Note von Singapur ist beispielsweise heute noch, sicher in Erinnerung an vergangene Zeiten, eine fünfmastige Dschunke mit großem Deckshaus und Heckausbau dargestellt. In der Literatur findet man auch Hinweise auf Handelsfahrten zum Roten Meer und zur ostafrikanischen Küste.

Im ersten Jahrhundert u. Z. kannte man bereits feste Schiffsrouten im östlichen Teil des Indischen Ozeans. Als gesichert gilt, daß der chinesische Überseehandel seine Anfänge vor etwa 1500 Jahren hatte. See-Dschunken sind seit dem 3. Jahrhundert bekannt. Die große Bedeutung der Peichihli-(Beizhili-) Dschunke geht auf das 13. Jahrhundert zurück, als China begann, große See-Dschunken für den Handel mit anderen Ländern zu bauen. Je nach Ausrichtung der Außenpolitik schwankten auch die Aktivitäten des chinesischen Seehandels mit anderen Nationen.

Der große Rumpf mit seinem ausladenden tonnenförmigen Querschnitt war für diese Dschunke charakteristisch. Der Rumpf wurde aus Tannenholz gefertigt. Eine 46 Meter lange Dschunke verfügte über 14 Schotten, die durch aufge-

Dschunkendarstellung auf der »Ein-Dollar-Note« aus Singapur (1987). Repro: Autor

setzte Hölzer verstärkt wurden. Mit den Decksbalken und mehreren Barkhölzern auf jeder Rumpfseite erreichte man so eine gute Stabilität. Auf dem Rumpf war ein etwa 7 Meter breites Deck aufgesetzt. Die Dschunke, mit einem Tiefgang von 4,5 Metern, konnte auch bei schlechtem Wetter gut gesegelt werden. Charakteristisch für die große See-Dschunke waren die fünf fächerartig aufgestellten Masten und der etwa 3 Meter lange Heckausbau, der als Ablage diente. Die nötige Spiere für den hinteren Besanmast wurde durch den Heckausbau ergänzt, indem das Schotensystem über eine Rolle, die dort angebracht war, lief. Zur Betätigung der Ruderpinne und des Heckspills zur Höhenverstellbarkeit des Ruders sowie zur Handhabung des Bugspills brauchte man Platz an Deck. Daher waren der Fock- und der kleinere Besanmast nach backbord versetzt. Der größere Besanmast stand in der Mitte hinter dem Ruderbaum. Die Dschunke führte bei leichtem Wind ein Zusatzsegel zwischen beiden Großmasten und konnte Topp-, Lee- und an einer Spiere ein Focksegel setzen, wie wir es zum Teil auch von der Antung-(Andong-) Dschunke kennen. Im geräumigen Deckshaus war Platz für einen Teil der Mannschaft, für die Dschunken-

leitung und die Kombüse. Der andere Teil der Mannschaft konnte sich im Vorschiff aufhalten. Im Vorschiff befanden sich außerdem die Lasten für das zusätzlich mitgeführte Tauwerk, die Vorratsabteile und andere Stauräume. Der restliche Teil des Raumes, außer ein bis zwei Abteilungen für Proviantreserve im hinteren Heck, diente zur Beförderung des Ladegutes. Einziges Schmuckelement der Dschunke war die geschnitzte Reling.

Späteren Datums ist die Kennzeichnung des Heimathafens durch chinesische Schriftzeichen mit einer zusätzlichen arabischen Nummer, denn sie weist bereits auf die Kontrolle des Seezolls durch die Europäer hin. Als Konservierungsmittel für alle Holzteile wurde in größeren Abständen T'ung-(Tong-) Öl verwendet.

Die durchschnittliche Reisedauer von einem nördlichen Golfhafen nach Shanghai betrug bei günstigen Winden 5 Tage und Nächte. 1903 war diese große See-Dschunke noch regelmäßig im Hafen von Shanghai anzutreffen. Bis zum Jahre 1937 soll sie noch Transportaufgaben erfüllt haben.

Eine kleinere Bauausführung dieser Peichihli-(Beizhili-)

Dschunke wurde in großer Stückzahl in den 30er Jahren unseres Jahrhunderts gebaut. Die in der Literatur unter dem Namen Shach'uan (Shachuan) bekannt gewordene Dschunke wurde auf Shanghaier Werften gebaut. Zur weiteren Entwicklung dieses Dschunkentyps gibt es unterschiedliche Angaben; ebenso bezüglich der Länge und Tragfähigkeit der großen Peichihli-(Beizhili-) Dschunke. Bei den technischen Daten stehen die größeren Angaben in Klammern. Heute kann man davon ausgehen, daß keine Dschunke des großen oder kleineren Typs mehr existiert.

Modell einer Shach'uan-(Shachuan-) Dschunke.
Foto: Schiffahrtsmuseum der oldenburgischen Weserhäfen, Brake

T'ANGKU-(TANGGU-) DSCHUNKE

Länge: 10 bis 15 m
Breite: etwa 2,5 m
Tragfähigkeit: 10 bis 20 t
Anzahl der Segel/Masten: 2/1 bis 2
Segelform: geneigte Rahe, gerade Lieks,
dreieckiges Focksegel
Besatzung: 3

T'ienchin (Tianjin) ist als regierungsunmittelbare Stadt ein bedeutendes Kultur-, Verkehrs- und Industriezentrum. Der Ausbau zum Militärstützpunkt begann 1404 am Fluß Haiho (Haihe), der früher unter dem Namen Paiho (Baihe) bekannt war. Die sich schnell entwickelnde Hafenstadt liegt 70 Kilometer von der Küste der Pohai-(Bohai-) Bucht und 120 Kilometer von Peking (Beijing) entfernt am Großen Kanal. T'ienchin (Tianjin) verfügt über die beiden Vorhäfen T'angku (Tanggu) und Hsinkang (Xingang). Die Handelswaren für den Im- und Export sind vorwiegend Wolle, Fleisch, Ölfrüchte, Leder, Rohstoffe und in der neueren Zeit auch Industriegüter. Besonders bekannt wurde die Stadt durch die im 2. Opiumkrieg 1858 China aufgezwungenen Verträge. Durch ausländisches Interesse am chinesischen Markt liefen bereits 1872 10000 und 1897 sogar 22000 ausländische Schiffe T'ienchin (Tianjin) und die anderen geöffneten Häfen an.

Aus T'angku (Tanggu) ist eine kleine Fischerei-Dschunke bekannt. Am Westufer und an der Südküste der Pohai-(Bohai-) Bucht traf man Anfang des 20. Jahrhunderts noch eine Vielzahl dieser Fahrzeuge an. Die hier beheimatete kleine Dschunke sah plump und kastenförmig aus und verfügte über einen kräftigen Decksprung. Das Freibord war gering, so daß das Deck mittschiffs öfter vom Wasser überspült wurde, wenn die Dschunke vom Fang zurückkam. Oft besaß die Dschunke neben dem Großmast noch einen kleinen Fockmast. Nahm der Fischer den Fockmast herunter, so konnte er trotzdem – mit Zuhilfenahme einer Bugspiere – ein Vorsegel setzen. Die Segel bestanden aus Baumwolle oder Hanf. Außer einem gelegentlich zur Konservierung verwendeten bräunlichen Imprägniermittel für die Segel spielte Farbe keine Rolle. Der Rumpf wurde zum Schutz mit Holzteer gestrichen.

Unter der Back befand sich ein kleines Quartier für die 3-Mann-Besatzung. Eine als Halbkreis aufgestellte Matte schützte den Steuermann auf der erhöhten Plattform am Heck vor Wind und überkommener See. Das Heck war flach und wie der Rumpfquerschnitt unten abgerundet. Bei Windstille oder zu geringen Winden wurde die Dschunke von zwei Besatzungsmitgliedern mit Seitenriemen gerudert. Durch den geringen Tiefgang konnte man alle Fischgründe aufsuchen, da das Pohai-(Bohai-) Meer, das durch seinen

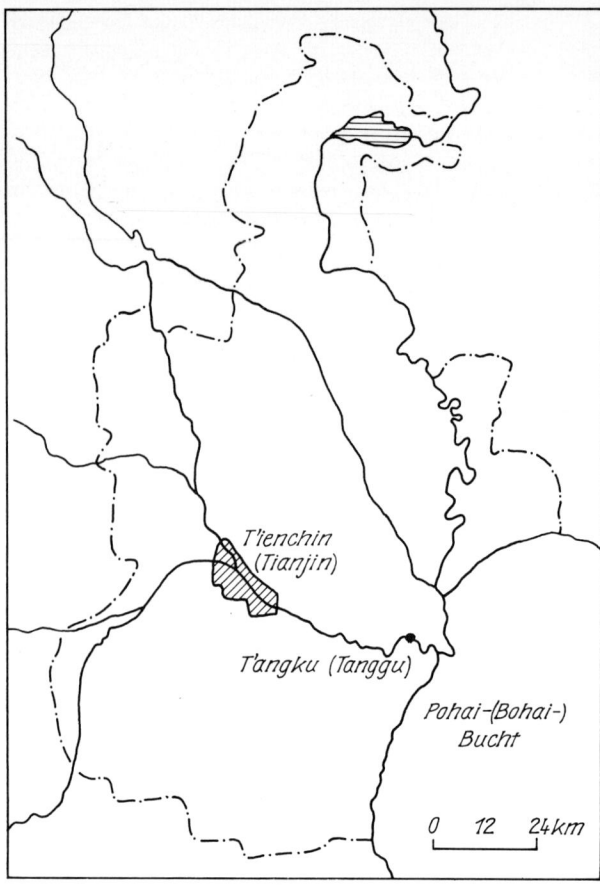

Regierungsunmittelbare Stadt T'ienchin (Tianjin), die mit ihren Vorhäfen durch den Heiho (Heihe) mit dem Pohai-(Bohai-) Meer verbunden ist.

Gezeichnete T'angku-(Tanggu-) Dschunke.   Quelle: Donelly

Fischreichtum bekannt ist, durch den mitgeführten Schlamm der einmündenden Flüsse im Küstenbereich sehr flach ist.

HUANGHO-(HUANGHE-) DSCHUNKE

Länge: 10 bis 14 m
Breite: bis 6 m
Tragfähigkeit: 20 t
Anzahl der Segel/Masten: 1/1
Segelform: hochkant, rechteckig, gerade Rahe
Besatzung: 3

Das Flußsystem des Huangho (Huanghe) wird in Ober-, Mittel- und Unterlauf unterteilt. Der Oberlauf verläuft von der Quelle bis nach Hok'ouchên (Hekouzhen) in der Inneren Mongolei. In Quellnähe fließt er gemächlich und durchströmt später etwa ein Dutzend Schluchten. Der Mittellauf

erstreckt sich anschließend bis Mêngchin (Mengjin) in der Provinz Honan (Henan). Er strömt durch Schluchten, durchfließt im weiteren Verlauf das Lößplateau und erreicht den Abschnitt des Unterlaufs, der durch die ausgedehnte und flache nordchinesische Tiefebene bis zur Mündung führt. Hier wird der Fluß breiter, und die Strömung verlangsamt sich, was Sandbänke und Untiefen zur Folge hat.

Für den Ober- und einen Teil des Mittellaufs mit den Schluchten und Wildwassern war die Huangho- (Huanghe-) Dschunke nicht geeignet. Die Einheimischen benutzten zum Durchfahren der Schluchten Flöße mit Schwimmern aus aufgeblasenen Ochsenhäuten. Diese Art der Fortbewegung ist noch heute als Touristenattraktion äußerst beliebt.

Die Huangho-(Huanghe-) Dschunke war ein kleines, flachbödiges Fahrzeug mit einer Rumpfhöhe von 180 Zentimetern. Im voll abgeladenen Zustand betrug der Tiefgang nur 40 bis 60 Zentimeter. Auf Grund des geringen Tiefgangs eignete sie sich gut für den Flußbereich mit Sandbänken und Untiefen. Bug und Heck waren quer geplankt. Der Rumpf wurde durch zwei Querschotten unterteilt, so daß der Innenraum in etwa drei gleich große Abteile untergliedert war. Die so entstandenen Abteilungen wurden zum Verstauen der Ladungen genutzt. Die mittlere Abteilung konnte im Bedarfsfall als Deckshütte mit Matten abgedeckt werden, so daß auch Passagiere geschützt befördert werden konnten. Entsprechend der jährlich großen Niederschlagsmenge waren zeitweilig ganze Landstriche unwegsam. Das führte dazu, daß die Personenbeförderung auf dem Fluß an Bedeutung gewann.

Ein nicht immer gerade gewachsener Baumstamm diente als Mast, der zwischen der ersten und zweiten Abteilung am Schott der Dschunke stand. Ein Baumwollsegel wurde bei günstigem Wind gesetzt. Es war, abweichend von den sonst üblichen chinesischen Formen, ein Rahsegel, hatte keine Segellatten, und die Schoten waren an den oberen und unteren Rahen angeschlagen. Es ist anzunehmen, daß der Mast von der Topp zum Bug und zum Heck sowie im unteren Drittel zu beiden Bordwänden abgespannt war, da die Dschunke über keinen soliden Mastfuß verfügte. Etwa in 2 Metern Höhe war der Mast gelascht, eine Möglichkeit, durch Lösung der Laschung den Mast im Bedarfsfall herunternehmen zu können bzw. die nötige Masthöhe durch Stückung zu erreichen. Mit einem Heckriemen von etwa 14 Metern, ebenfalls nicht sorgfältig bearbeitet, konnte das Fahrzeug auf Kurs gehalten werden. Ein ohne große Vorauswahl geeignet aussehender Baumstamm erfüllte seinen Zweck als Ruder.

Mit dem technischen Fortschritt entstanden in den 20er

Gezeichnete Huangho-(Huanghe-) Dschunke.   Quelle: Donelly

Jahren unseres Jahrhunderts Industriezentren, die große Transportkapazitäten auf dem nördlichen Hauptfluß benötigten. Die Flußschiffahrt wurde modernisiert und die kleine Huangho-(Huanghe-) Dschunke zurückgedrängt.

CHINAN-(JINAN-) DSCHUNKE

Länge: etwa 14 m
Breite: etwa 2 m
Tragfähigkeit: unter 20 t
Anzahl der Segel/Masten: 2/2
Segelform: hochkant, rechteckig
Besatzung: etwa 8

250 Kilometer von der Mündung des Huangho (Huanghe) flußaufwärts befindet sich die Provinzhauptstadt Chinan (Jinan). Stahl-, Eisen-, Seiden- und Zigarettenindustrie sowie Töpferei und Porzellanherstellung sind hier angesiedelt.

Das größte Steinkohlenrevier der Provinz Shantung (Shandong) liegt in unmittelbarer Nachbarschaft. Die genannten Industriezweige werden im großen Umfang durch die Flußschiffahrt beliefert und die Grundstoffe sowie Halb- und Fertigprodukte per Schiff abtransportiert, da das Straßennetz in dieser Region nicht ausreichend ausgebaut wurde. Gegenwärtig werden große Anstrengungen unternommen, das Straßennetz zu erweitern. Davon zeugt die längste Autobrücke Chinas in der Provinz Honan (Henan). Der 18,5 Meter breite Viadukt überspannt den Gelben Fluß und ist insgesamt 5,5 Kilometer lang.

In der gleichnamigen Stadt wurde die flache und kastenförmige Chinan-(Jinan-) Dschunke gebaut. Sie war für den Transport der heimischen Produkte vielseitig einsetzbar. Um mit diesem Arbeitsboot, das eine relativ große Segelfläche besaß, auch am Wind segeln zu können, verwendete man zur Vergrößerung des Querwiderstandes Seitenschwerter. Diese Seitenschwerter waren relativ schmal, 4 bis 5 Meter lang und sollen in China bereits verwendet worden sein, bevor sie in Europa bekannt waren. Ein Barkholz auf jeder Rumpfseite und einige Querschotten – die genaue Anzahl ist nicht zu rekonstruieren – gaben dem kastenförmigen Rumpf die nötige Festigkeit. Am Bug- und Heckschott verliefen die Planken quer. Um das Vordeck für zwei Ruderer und andere Tätigkeiten frei zu halten, wurden die Draggen über das Bugschott gehängt oder dicht hinter demselben abgelegt. Zum Belegen der Ankertaue befand sich etwa einen halben Meter vom Bug entfernt ein stabiler Deckspoller. Das äußere Erkennungszei-

chen dieser Fluß-Dschunke war die Neigung des Fockmastes zum Bug. Vor dem Fockmast befand sich im Deck ein kleiner Einstieg mit Lukendeckel, durch den man eine Abteilung erreichte, die als Mannschaftsunterkunft bzw. als Last verwendet wurde. Ein Farbanstrich existierte offenbar nicht. An beiden Seiten des Hecks waren zwei Stangen angebracht, die zum Anbringen der Windfahnen dienten.

Diesen kastenförmigen Bootskörper gibt es heute noch auf den Flüssen Nordchinas. Nur der Segel- und der Riemenantrieb mußten dem Motorantrieb weichen. Vereinzelt führen motorisierte Fahrzeuge noch Stützsegel oder sie fahren unter Segeln, wenn der Wind günstig weht und der Motorantrieb nicht erforderlich ist.

Die Provinz Shantung (Shandong) mit ihrer großen Halbinsel.

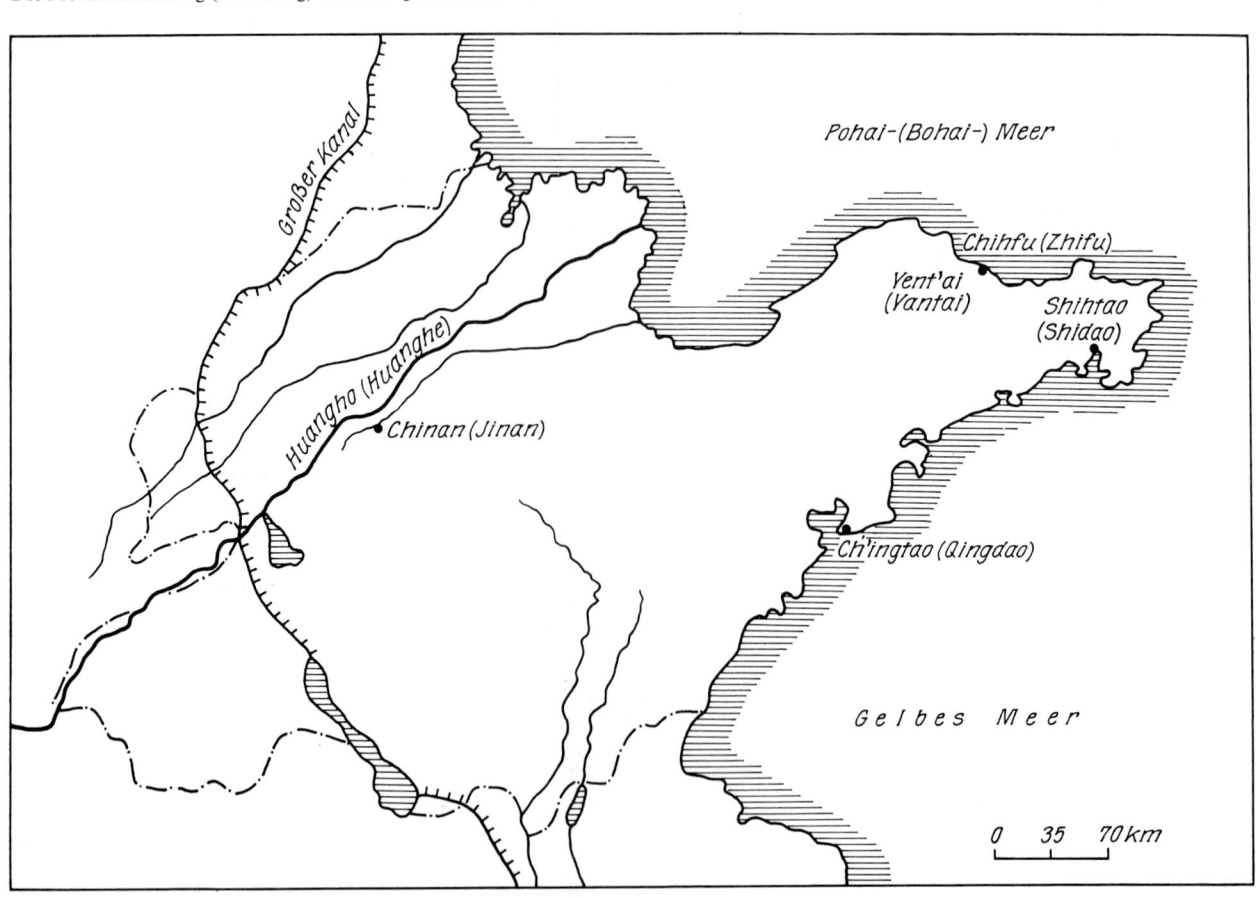

Chinan-(Jinan-) Dschunke auf dem Huangho (Huanghe).   Foto: Sammlung Autor

CHIHFU-(ZHIFU-) DSCHUNKE

Länge: 25 bis 29 m
Breite: 5,5 bis 6 m
Tragfähigkeit: um 25 t
Anzahl der Segel/Masten: 2/2
Segelform: geneigte Rahe, ausgestelltes Achterliek
Besatzung: 10 bis 20

Diese See-Dschunke wird nach der vorgelagerten Insel der Stadt Yent'ai (Yantai) auf der Halbinsel der Provinz Shantung (Shandong) benannt. Die Stadt besitzt einen Eisenbahnanschluß über Ch'ingtao (Qingdao) zur Provinzhauptstadt Chinan (Jinan), so daß beide Hafenstädte mit dem

Landesinneren verbunden sind. Die zwei Städte haben für die Provinz hinsichtlich des Im- und Exportes über den Seeweg große Bedeutung. Yent'ai (Yantai) liegt hinter einer Landzunge an einer langgestreckten Bucht. Mehrere kleine Inseln sind der Hafenstadt vorgelagert. Die Zufahrt zum Hafen wird als Nordkanal bezeichnet, der auf Grund seiner Tiefe auch großen Schiffen das Befahren ermöglicht.

Die Chihfu-(Zhifu-) Dschunke ist ein Glattdecker mit durchgehendem Schanzkleid. Das beträchtliche Freibord findet man im allgemeinen bei nördlichen See-Dschunken nicht, ausgenommen bei der Peichihli-(Beizhili-) Dschunke. Der übergroße Kranbalken am Bug, an dem früher ein kräfti-

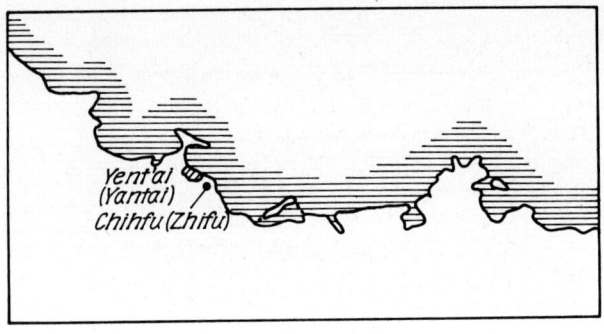

Küstenabschnitt mit der Stadt Yent'ai (Yantai) und der vorgelagerten Halbinsel.

malung. Der Rumpf ist braun gestrichen. Am Bug finden wir beiderseits das augenförmige Motiv, welches auf grünem Untergrund in Schwarz-Weiß gehalten ist. Das Bugschott wurde als Fischmaul gestaltet, das nach einer weißen Perle schnappt. Dieser symbolisch dargestellte mythische Drachenfisch besitzt weiße Fangzähne in der Form zweier Mondsicheln mit zum Teil rotem Rachen. Unterhalb des Rachens ist der Drachenfisch grün gestrichen. Die seitlich zum augenförmigen Motiv weisenden roten Dreiecke sind weiß abgesetzt.

Mit diesen Dschunken betrieb der Chinese Handel an der Küste des Golfes von Peichihli (Beizhili), der heute den Namen Pohai-(Bohai-) Meer trägt. Es wurden selten längere Reisen außerhalb des Golfes unternommen. Ende des 19. Jahrhunderts hatten die Dschunken bereits durch die aufkommende Dampfschiffahrt Konkurrenz. 1893 liefen beispielsweise im Hafen von Yent'ai (Yantai) 2469 Schiffe mit insgesamt 2 Millionen Registertonnen ein und aus. Der geringe Anteil von nur 63 registrierten Dschunken deutet bereits die Konkurrenzunfähigkeit der Dschunken gegenüber der aufkommenden Motorisierung an. Es ist anzunehmen, daß sich die Anzahl der Dschunken in den Folgejahren weiter verringerte. Sie mußten auf Häfen ausweichen, die von Seeschiffen ungünstig erreichbar waren. Heute gibt es diese See-Dschunke nicht mehr.

ger Holzanker hing und heute ein Draggen oder Eisenanker, ist mit ein äußeres Kennzeichen für diesen Dschunkentyp. Die Luke verläuft vom Fockmast bis zum flachen Deckshaus und ist mit massiven Planken abgedeckt. Das Deckshaus reicht nicht bis zu den Bordwänden, so daß auf beiden Seiten das Deck bis zum Heck begehbar ist. Außerdem befinden sich am Heck die Pforte für zusätzliche Heckriemen und eine Toilettenpforte, die aber auch eine einfache Lukenabdeckung sein kann. Im Gegensatz zu den meisten nördlichen Dschunken besitzt die Chihfu-(Zhifu-) Dschunke eine Be-

Gezeichnete Chihfu-(Zhifu-) Dschunke.
Quelle: Donelly

36

YENT'AI-(YANTAI-) DSCHUNKEN

1. Küsten-Dschunke für die Fischerei
Länge: 9 bis 10,5 m
Breite: 3 m
Tragfähigkeit: um 20 t
Anzahl der Segel/Masten: 2/2
Segelform: geneigte Rahe, gerade Lieks
Besatzung: 3 und mehr

2. See-Dschunke für den Handel
Länge: 20 bis 25 m
Breite: 6 m
Tragfähigkeit: 48 bis 60 t
Anzahl der Segel/Masten: 4/4
Segelform: geneigte Rahe, gerade Lieks
Besatzung: etwa 20

Die Stadt Yent'ai (Yantai) liegt an der Küste der Halbinsel, die das Pohai-(Bohai-) Meer vom Gelben Meer trennt. Die-

Gezeichnete Küsten-Dschunke für die Fischerei aus Yent'ai (Yantai). Quelle: Donelly

ser Landstrich gehört zur Provinz Shantung (Shandong). Yent'ai (Yantai), eine mittelgroße Stadt, zählt zu den bedeutendsten Fischereizentren Chinas und verfügt u. a. über eine Metall-, Nahrungsmittel-, Seiden-, Porzellan-, Papier- und Glasindustrie. Der Fischreichtum vor der Küste und die örtliche Industrie bilden eine solide Gewerbegrundlage für die ansässigen Fischerei- und Handels-Dschunken.

Die Fischerei-Dschunke ist in Konstruktion und Ausführung den örtlichen geographischen Bedingungen gut angepaßt. Der Rumpf wird aus weichen Holzarten, beispielsweise Tannenholz, gefertigt. Auf Grund der Unterteilung dieses Arbeitsbootes mit Schotten bestehen ausreichend viele Abteilungen zur Aufnahme des Fanges. Die Dschunke besitzt im Bereich des zum Bug geneigten Großmastes wenig Freibord. Das Deck hat zum Heck einen Sprung von etwa 2,5 Metern und bildet somit einen natürlichen Schutz für den Steuermann bei schwerer See. Bei Bedarf kommt die kleine Besatzung im beengten Deckshaus unter. Das offene Heck wird durch zwei Ausleger, die am Ende eine Spillwalze halten, überragt. Das Spill kann zum Hieven und Fieren des schweren Ruderblattes verwendet werden. Der Ruderbaum ist durch mehrere Krampen, die in das Heckschott geschlagen sind, gehaltert. Dem Steuermann ist es möglich, die Ruderpinne auch dann zu bedienen, wenn er hinter dem Deckshaus steht. Der Bug weist einen geringeren Sprung auf als das Heck. Hier sind unter Deck Lasten für das zusätzliche laufende Gut sowie für das Fischereizubehör untergebracht. Zwischen Bordwand und dem Süll der Luke liegen auf den Querhölzern Planken als Laufgang, so daß die Besatzung in Höhe des Lukensülls über Deck gehen kann. Dies erweist sich als vorteilhaft, da man sonst über die Querhölzer steigen müßte. Der zum Bug geneigte Fockmast, der große Kranbalken und je drei Barkhölzer an jeder Rumpfseite sind sichtbare Kennzeichen dieser kleinen Fischerei-Dschunke, die vermutlich heute noch mit eingebautem Hilfsmotor in den Küstengewässern des Pohai-(Bohai-) und des Gelben Meeres anzutreffen ist. Es ist anzunehmen, daß der große Kranbalken nicht mehr vorhanden ist, da der massive Holzanker durch den eisernen Draggen oder den Stockanker ersetzt wurde, die leichter zu handhaben sind.

Sehr solide gebaut, erinnert die mittelgroße Handels-Dschunke aus Yent'ai (Yantai) in gewisser Hinsicht an die Antung-(Andong-) Dschunke, die zu den Grundtypen Nordchinas zählt. In der Literatur führt die Yent'ai- (Yantai-) Dschunke in Klammern den Zusatz Chihfu (Zhifu), da auch die Stadt einen Doppelnamen trägt. Durch die Heckform, die angedeutete Unterteilung des Deckshauses, die Ruderblattform und die Bemalung einzelner Teile unter-

Gezeichnete See-Dschunke
für den Handel
aus Yent'ai (Yantai).
Quelle: Donelly

scheidet sich dieser Dschunkentyp von anderen nördlichen Dschunken. Das Anbringen von roten Papierfähnchen mit und ohne Schriftzeichen, in China allgemein gebräuchlich, ist besonders bei den Yent'ai-(Yantai-) Dschunken beliebt. Im Norden Chinas existiert bzw. existierte eine größere Anzahl von Mischtypen dieser Dschunkenart, deren Unterscheidung erst bei gründlicher Betrachtung augenfällig wird. Das hohe Lukensüll der bis zum Fockmast reichenden Luke, das massive Deckshaus, das höhenverstellbare Normalruder und die Takelung weisen auf eine See-Dschunke hin. Sie zählte in ihrer Glanzzeit zu den schnellen Fahrzeugen, die in der Geschwindigkeit mit europäischen Segelschiffen vergleichbar waren. In dieser Zeit befuhren sie die Handelsrouten des Pohai-(Bohai-) und des Gelben Meeres. Seltener sah man sie hinter dem Nordostkap der Provinz Shantung (Shandong). Heute wird man sie nur noch sehr selten sehen und wenn, mit Veränderungen, die der neuen Zeit und dem Seehandel geschuldet sind.

SHIHTAO-(SHIDAO-) DSCHUNKE

Länge: 24 bis 30 m
Breite: 6 bis 9 m
Tragfähigkeit: 70 bis 250 t
Anzahl der Segel/Masten: 3/3
Segelform: geneigte Rahe, gerade Lieks
Besatzung: etwa 20

Die Shihtao-(Shidao-) Dschunke ist in der gleichnamigen Stadt am Nordostkap der Halbinsel Shantung (Shandong) am Gelben Meer beheimatet. Der geschützte Hafen liegt an einer flachen Bucht, die 6 bis 7 Meter tief ist und in der viele Felsen und kleine Inseln liegen. Die Bucht wird oft von Unwettern heimgesucht. Hier herrscht die typische Vegetation der gemäßigten Zone. Die Wälder bestehen aus Nadel- und Laubbäumen, in den bergigen Regionen finden wir Kiefern, Lärchen, Birken sowie Pappeln und in den Ebenen Ulmen, Birken und Eichen.

An Baumaterial mangelte es den ansässigen Bootsbauern nicht. Der Rumpf der hier gebauten Handels-Dschunke ist auf Grund der felsigen Küste und des rauhen Klimas kräftig. Das Deck besitzt zum Bug und Heck einen Sprung und ein hohes Schanzkleid, das oberhalb des quadratischen Bugschotts schwingenförmig endet. Ähnliche Bauformen finden wir vorwiegend in Mittel- und Südchina. Zwischen Fockmast und Deckshaus, das etwa 3 bis 4,5 Meter hinter dem Großmast beginnt, befindet sich eine Laufplanke. Das

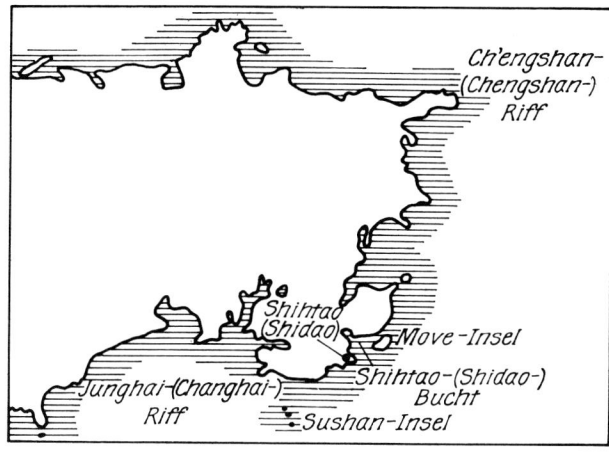

Küstenabschnitt mit der Stadt Shihtao (Shidao) am Gelben Meer.

zwei Barkhölzer. Die beiden Anker werden auf dem Bugschott zwischen den Zapfen zum besseren Halt abgelegt. Kranbalken besitzt die Dschunke nicht.

Die Bemalung erlaubt es, die Dschunke leicht von anderen Arten zu unterscheiden. Das Bugschott ist leuchtend rot gehalten mit einem weißen Kreis in der Mitte. Im Kreis befindet sich ein chinesisches Schriftzeichen, das laut Donelly »fu« lautet. Das schwingenartige Schanzkleid am Bug ist an beiden Seiten grün mit dunkel- oder hellroter Umrahmung. Die augenförmigen Motive der Shihtao-(Shidao-) Dschunke befinden sich unterhalb der Barkhölzer an beiden Seiten des Bugs.

Obwohl schon immer ein ausgedehnter Handel zwischen den beiden Hafenstädten Shihtao (Shidao) und Shanghai auf der 700 Kilometer langen Route bestand, waren diese Dschunken nur ganz vereinzelt im Flußdelta des Ch'angchiang (Changjiang) im Einsatz. Überwiegend traf man sie im nur 200 Kilometer Küstenlinie entfernt gelegenen Ch'ingtao (Qingdao). Über die heutigen Handelsaktivitäten dieser Dschunke ist nichts bekannt.

Deckshaus verläuft über die gesamte Decksbreite und endet am Heckschott. Eine Plattform, die von einer Reling umgeben ist, ragt 1,8 bis 2,1 Meter über das Heck hinaus. An der Plattform ist gleichzeitig die Spiere für die Schot des Besansegels befestigt. Der kräftige Rumpf hat an beiden Seiten je

Gezeichnete See-Dschunke
für den Handel
aus Shihtao (Shidao).
Quelle: Donelly

CH'INGTAO-(QINGDAO-) DSCHUNKE

Länge: 10 bis 15 m
Breite: um 3 m
Tragfähigkeit: 15 bis 20 t
Anzahl der Segel/Masten: 2/2
Segelform: geneigte Rahe, gerades Achterliek (angenommen)
Besatzung: etwa 3

Ch'ingtao (Qingdao) liegt an der Einmündung der Chiaochou-(Jiaozhou-) Bucht ins Meer. Vorgelagerte Inseln, flache Strände und günstiges Klima machten diese Stadt bereits in der Vergangenheit anziehend. Interessant ist, daß im Stadtpark auch der seltene Urwelt-Mammutbaum wächst. Das herrschende Monsunklima hat regenreiche, heiße Sommer und trockene, sonnige Winter zur Folge, wobei der Sommer, durch das Seeklima beeinflußt, relativ kühl ist. Ch'ingtao (Qingdao) ist die größte Industriestadt der Provinz Shantung (Shandong) und hat einen der wichtigsten Seehäfen Chinas.

Aus der Chiaochou-(Jiaozhou-) Bucht ist eine kleine Küsten-Dschunke bekannt, die man sicherlich zum Transport von Waren zur Stadt und zu den vorgelagerten Inseln verwendete. Der stabile Rumpf war flachbödig und am Bug und Heck quer geplankt. Das Normalruder konnte mit einem kleinen Spill, das mit Handspaken gedreht wurde, in der Höhe verstellt werden. Auf dem Foto ist das Ruder hochgestellt, eine Verfahrensweise, die es ermöglichte, die Dschunke unbeschädigt auf den flachen Strand zu ziehen. Die helle Kalfaterung der Rumpfbeplankung sowie die mit Kalfatermasse verschmierten, vorher zur Kopflaschung eingeschlagenen Krampen am Heckteil des Rumpfes sind auf dem Foto gut erkennbar. Etwa in Meterabständen wurden die Krampen quer zu den Plankenfugen gesetzt. Ein hohes, etwa 4 bis 5 Meter langes Lukensüll vergrößert die Abteilungen, die als Laderaum dienten und schützten sie vor überkommendem Wasser. Den Steuermann schirmte ein kleiner Dreiseitenschutz am Ende der Luke ab. Bei dieser Dschunke wurden die Barkhölzer sehr hoch gesetzt, so daß Dollbord

Küsten-Dschunke aus Ch'ingtao (Qingdao) um 1898.

Foto: Sammlung C. Rothe

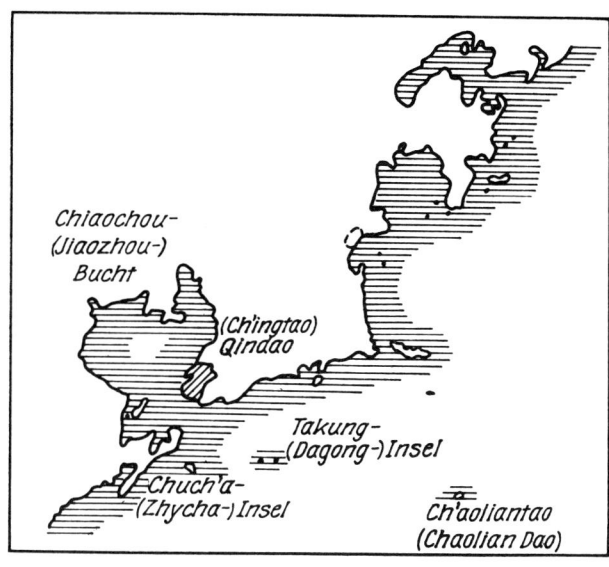

Küstenabschnitt mit der Stadt Ch'ingtao (Qingdao) am Gelben Meer.

und Barkholz zusammenstießen. Heck, Boden und Bug waren querbeplankt. Der Rumpfboden hatte an jeder Seite eine Scheuerleiste zum Schutz der Dschunke beim Herausziehen an den Strand. Wenn das Fahrzeug an den Strand gezogen war und mit unterschiedlichen Wasserständen gerechnet werden mußte, wurde zur Sicherung ein Heckanker zum flachen Ufer ausgelegt. Um die Dschunke wieder ins Wasser zu bekommen, mußten zwei Draggen unweit vom Ufer ausgelegt werden. Ein Ankerspill gab es auf dieser Dschunke nicht, so daß vom Bug aus am Ankertau gezogen und am Heck geschoben werden mußte, damit ein Zuwasserbringen möglich war.

Eine weitere Dschunke, die nur als Foto vorliegt und von der Größe etwa mit der bereits beschriebenen vergleichbar ist, war in Ch'ingtao (Qingdao) beheimatet. Der wesentlichste Unterschied zur Ch'ingtao-(Qingdao-) Dschunke bestand darin, daß sie an jeder Rumpfseite je drei Barkhölzer sowie ein anders gestaltetes Heck hatte. Das Heck, oberhalb des Decks offen, wurde durch einen Querbalken abgeschlossen. Der Boden des hinteren Unterwasserteils war abgerundet, das Heck stufenförmig abgesetzt.

See-Dschunke aus Ch'ingtao (Qingdao); mit dem Heck ans Ufer gezogen.
Foto: Hommel

Der Ch'angchiang (Changjiang)

Chinas »Langer Fluß« ist mit 6 300 Kilometern gleichzeitig der drittgrößte Fluß der Erde. Er ist seit Jahrtausenden eine Lebensader des Landes, aber auch ein Verkehrsweg, der in seiner Umgebung Sehenswürdigkeiten in großer Vielfalt aufweist. Der obere Ch'angchiang (Changjiang) erstreckt sich von der Quelle im T'angkula-(Tanggula-) Gebirge, wo er T'ot'o (Tuotuo) genannt wird, bis zur Stadt Ich'ang (Yichang) in der Provinz Hupei (Hubei). Den Namen Ch'angchiang (Changjiang) führt er von der Provinz Szech'uan (Sichuan), wobei er zwischen Szech'uan (Sichuan) und flußaufwärts bis zum Quellfluß Chinsha (Jinsha) heißt. Zu den größten Sehenswürdigkeiten zählen drei große Schluchten am oberen Ch'angchiang (Changjiang). Sie gehören mit zu den reizvollsten Landschaften Chinas und erstrecken sich über 204 Kilometer zwischen den Provinzen Szech'uan (Sichuan) und Hupei (Hubei). Die gewaltigen Wassermassen schießen zwischen den steilaufragenden Granitfelsen der Ch'ütang-(Qutang-), der Wu- und der Hsiling-(Xiling-) Schlucht hindurch.

Früher wurden die großen Schluchten nur von wenigen Dschunkentypen, die vorteilhaft gebaut waren und einen guten Steuermann besaßen, flußabwärts durchfahren. Flußaufwärts wurde dagegen grundsätzlich getreidelt. Die Treidler, überwiegend aus armen Bauernfamilien kommend, waren in Gilden organisiert. Das Treideln war eine harte und gefahrvolle Arbeit, wovon heute noch Gräber der Verunglückten an den Hängen des Flußufers zeugen.

Der Mittellauf erstreckt sich von der Stadt Ich'ang (Yichang) bis nach Huk'ou (Hukou) in der Provinz Chianghsi (Jiangxi). In diesem Abschnitt verbreitert sich der Fluß, und zahlreiche Nebenflüsse und die Seen Tungt'ing (Dongting) und P'oyang (Poyang) münden in den Ch'angchiang (Changjiang). Wegen des nötigen Hochwasserschutzes und für die Schiffahrt wurden hier in den letzten Jahrzehnten zahlreiche Flußbegradigungen vorgenommen.

Der Unterlauf reicht von Huk'ou (Hukou) bis zur Mündung in das Ostchinesische Meer. Am Nordufer der Flußmündung endet das Gelbe Meer. Bekannte Handelsplätze säumen den Lauf des Flusses, bevor er, an Shanghai vorbei, 80 bis 90 Kilometer breit ins Meer fließt. Die Chinesen nennen das Gelbe Meer Huanghai, das Ostchinesische Meer Tunghai (Donghai) und das Südchinesische Meer Nanhai. Der größte Nebenfluß am Unterlauf des Ch'angchiang

(Changjiang) ist der Huangp'u (Huangpu). Im Bereich des Ch'angchiang (Changjiang) mündet etwa 70 Kilometer flußabwärts von Nanching (Nanjing) der Große Kanal und zweigt einige Kilometer flußaufwärts wieder ab. Diese traditionelle Binnenwasserstraße und das verzweigte Flußsystem um Shanghai werden erst schrittweise von der modernen Schiffahrt erschlossen, so daß hier noch Dschunken und andere ältere Schiffe anzutreffen sind. Größere Seeschiffe bis zu 10 000 Tonnen können den Unterlauf des Ch'angchiang (Changjiang) bis Nanching (Nanjing) befahren.

Im Einzugsgebiet des Ch'angchiang (Changjiang) ist die Siedlungsdichte auf Grund des fruchtbaren Bodens und der umfangreichen Bodenschätze sehr hoch, so daß die landwirtschaftlich bewirtschaftete Fläche etwa ein Viertel der Gesamtanbaufläche des Landes ausmacht. Die Wasserfahrzeuge waren und sind bis heute noch die wichtigsten Transportmittel. Aus diesem Gebiet des Ch'angchiang (Changjiang) sollen 36 Wasserfahrzeuge, wie sie im Gebiet vom Unter- zum Oberlauf angetroffen wurden, dem Leser vorgestellt werden.

CH'UNGMING-(CHONGMING-) DSCHUNKE

Länge: 12 bis 18 m (20 bis 25)
Breite: 2,1 bis 2,5 m
Tragfähigkeit: 20 t
Anzahl der Segel/Masten: 2 bis 3/2 bis 3
Segelform: gering geneigte Rahe, gerade Lieks
Besatzung: 3 (sichtbar lt. Zeichnung Donelly)

Diese Dschunke ist auf einer der größten Inseln Chinas beheimatet. Die Ch'ungming-(Chongming-) Insel liegt im Mündungsgebiet des Ch'angchiang (Changjiang) und hat

Das Mündungsgebiet des Ch'angchiang (Changjiang) mit der Stadt Shanghai und der großen Insel Ch'ungming (Chongming).

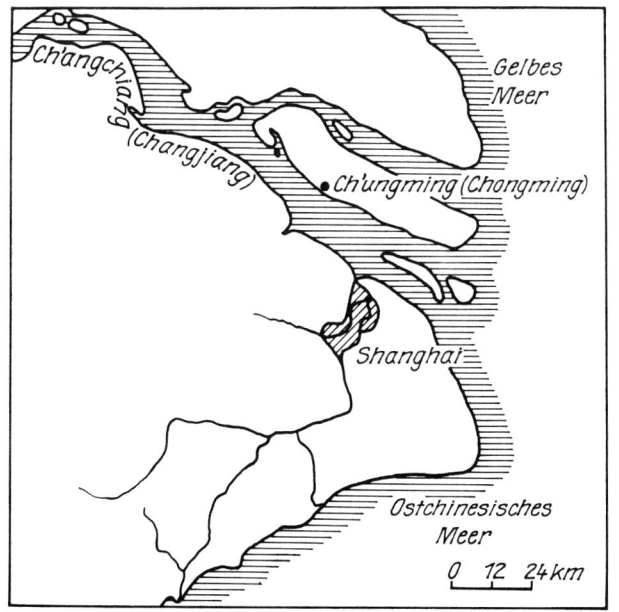

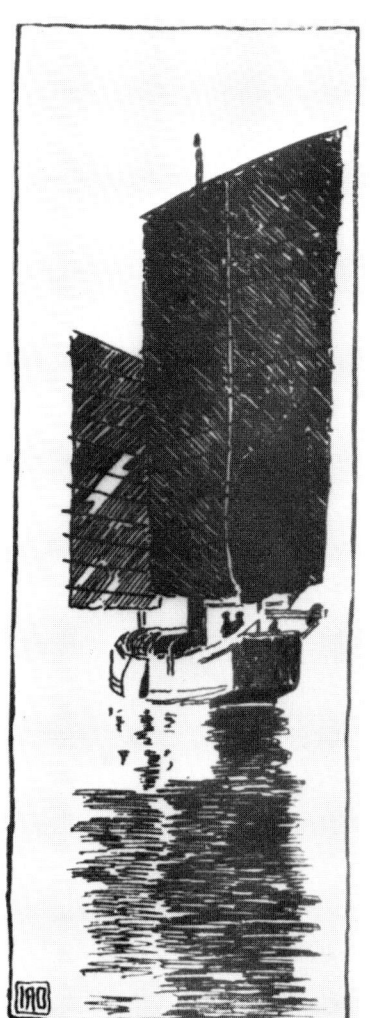

Gezeichnete Ch'ungming- (Chongming-) Dschunke. Quelle: Donelly

eine Größe von 1 083 Quadratkilometern. Sie ist eine langgestreckte, etwa 70 Kilometer lange und 15 Kilometer breite Insel, die man nicht in der Form, jedoch von der Gesamtfläche her etwa mit der Insel Rügen vergleichen kann. Im Mündungsgebiet gibt es noch mehrere kleine Inseln und eine Vielzahl von Sandbänken, die bis weit ins Meer hineinreichen. Das Revier, das zum Gebiet der regierungsunmittelbaren Stadt Shanghai gehört, ist ständigen Veränderungen unterworfen und erfordert gute Kenntnisse der befahrbaren Wasserwege.

Der Rumpf der Ch'ungming-(Chongming) Dschunke ist aus Tannenholz gefertigt und hat in Deckshöhe an beiden Seiten je ein kräftiges Barkholz. Beide Barkhölzer bestehen aus halbierten Baumstämmen. Die Rumpfform besitzt Ähnlichkeit mit der der Peichihli-(Beizhili-) Dschunke. Diese Ähnlichkeit kann auf den Bau der kleineren Peichihli-(Beizhili-) Dschunke in den 30er Jahren in Shanghai zurückzuführen sein. Das Deck ist übersichtlich gehalten und durch acht sichtbare, an der Rumpfseite durchstoßende Decksbalken befestigt. Als Rumpfabschluß weist sie ein Bug- und ein Heckschott auf. Neben dem flachen langgestreckten Deckshaus, das zwischen Großmast und Ruderbaum angeordnet

ist, finden wir bei dieser Dschunke auf jeder Rumpfseite ein Seitenschwert. Die relativ großen Segel ermöglichen schon bei leichtem Wind die Fortbewegung. Im engen Fahrwasser muß der Dschunkenmann bei auftretenden Böen schnell reagieren und das Fall loswerfen, um die Segel zu reffen. Zusätzlich zu den Fangleinen kann das Großsegel auf zwei Auflagerahmen gelegt werden. Die drei Masten sind, wie allgemein verbreitet, durch je ein Knieholz und der Besanmast durch Klampen gehaltert. Das Schotensystem des Besanmastes verläuft über eine Spiere am Heck. Der Steuermann steht hinter dem Deckshaus und hat eine gute Sicht, da das Deck zum Heck hin einen Sprung aufweist. Neben Windfahnen führt diese Dschunke auch ein Hecklicht und bereits europäische Ankerformen aus Eisen.

Diese Dschunken transportieren vor allem Baumwollballen von der Insel zu der Verarbeitungsindustrie nach Shanghai. Im milden und feuchten subtropischen Klima liegt die Jahresdurchschnittstemperatur bei 15°C. Reis, Weizen, Raps, Gemüse und Obst werden angebaut und ebenfalls zur Versorgung nach Shanghai verschifft. Wenn das zu transportierende Warenangebot nicht ausreicht, befördern die Dschunken Passagiere und gegenwärtig auch Touristen.

SHANGHAI-DSCHUNKE

Länge: etwa 20 m
Breite: etwa 3,5 m
Tragfähigkeit: 25 bis 30 t (geschätzt)
Anzahl der Segel/Masten: 2/2
Segelform: gerade Rahe, leicht abgerundetes Achterliek
Besatzung: 5

Der Huangp'u (Huangpu) und sein Nebenfluß Wusung (Wusong)/Suchou (Suzhou) durchfließen Shanghai, bevor sie in den Ch'angchiang (Changjing) münden. Nach dem Bau einiger Kanäle und eines Seehafens erhielt Shanghai 1292 das Stadtrecht verliehen. Aus dem vormaligen Fischerdorf entwickelte sich eine Seestadt, die im 16. Jahrhundert durch das Handwerk eine erste Blüte erlebte. In der Ch'ing-(Qing-) Dynastie, die 1644 gegründet wurde, hatte sie bereits eine Zollverwaltung für den gut funktionierenden Hafen.

Als am 16. Juni 1842 britische Kriegsschiffe den Widerstand der chinesischen Forts am Huangp'u (Huangpu) erst nach längerer Belagerung brachen, zählte Shanghai etwa 300 000 Einwohner.

In dieser Stadt gibt es heute noch historisch interessante Bauten. Sehenswert sind ein Tempel mit Pagode aus dem 10. Jahrhundert, ein kunstvoll angelegter Garten aus dem 16. Jahrhundert mit zugehörigem Teehaus und ein Jadebud-

dhatempel mit zwei wertvollen birmanischen Buddhastatuen. Shanghai ist gegenwärtig Chinas größte Stadt mit 11,46 Millionen Einwohnern. Der Warentransport wird zum größten Teil auf dem Wasser abgewickelt. Im Flußhafen können Schiffe bis zu 10 000 Tonnen be- und entladen werden. Jährlich wird Shanghai von 22 000 Schiffen angelaufen. Dabei werden 100 Millionen Tonnen umgeschlagen. Exportgüter sind vorrangig Öl, Textilien, Agrarprodukte und kunstgewerbliche Artikel, Importgüter Maschinen, Anlagen, Halbfabrikate und Agrarprodukte.

In der Literatur werden mehrere unterschiedliche Dschunken und Sampane beschrieben, die in Shanghai beheimatet waren und es zum Teil noch sind. Audemard bezeichnet die Dschunken Shafeich'uan, P'uhsieht'ou, Wuasik'uai bzw. die Sampane Wuhsich'üeh, Shach'uan, Huatzuch'uan und Hsiaosanpant'ak'o. Die gute Lage zum Binnenwassernetz Chinas trug maßgeblich dazu bei, daß relativ viele Dschunkenarten in diesem Gebiet entstanden. Der Huangp'u (Huangpu) als Abfluß des T'aihu-(Taihu-) Sees hat Verbindung mit dem Großen Kanal. Hier fahren heute noch Dschunken und Sampane in großer Anzahl. Im modernen Hafen von Shanghai ist ihre Anzahl rückläufig. Von ihrer Anziehungskraft haben sie jedoch nichts verloren; ein Hauch Romantik aus vergangener Zeit ist ihnen geblieben, verbunden mit Transportleistungen, auf die man noch nicht verzichten kann.

Von der Vielzahl der ein- und zweimastigen Dschunken mit chinesischen Luggersegeln oder Segeln zwischen zwei Spieren, mit und ohne Rumpfbemalung, mit und ohne Seitenschwerter, mit zusätzlichen Heckriemen, mit ein und sogar zwei Ruderpinnen gleichzeitig, mit festem Deckshaus oder einem aus Matten usw. soll eine Dschunke hier vorgestellt werden.

Der Rumpf dieser Dschunke ähnelt einer Nußschale, da der Sprung zu Bug und Heck fast noch einmal der Rumpfhöhe entspricht. Vom fast viereckigen Bugschott verläuft ein Barkholz auf jeder Rumpfseite bis zum Heck. Das überstehhende Heck endet mit zwei Kranbalken, an denen ein kleiner Sampan hängen kann, eine Variante, die selten bei Fluß-Dschunken vorkommt. Das Heckruder ist in der Höhe mit Hilfe eines waagerechten Spills unterhalb der beiden Kranbalken verstellbar.

Wenn erforderlich, gebraucht man zusätzlich einen Heckriemen, der durch einen zweiten Steuermann bedient wird. Hierfür ist eine Heckpforte vorgesehen.

Mit dieser flachbödigen Dschunke wurden und werden vereinzelt heute noch Handelswaren und Passagiere auch im Küstenbereich befördert. Dieser Dschunkentyp war um Shanghai weit verbreitet und kann als repräsentativ angesehen werden.

SHANGHAI-DSCHUNKE

Länge: 14 bis 16 m
Breite: 2 bis 3 m
Tragfähigkeit: etwa 20 t
Anzahl der Segel/Masten: 1 bis 2/1 bis 2
Segelform: gerade Rahe, hochkant, rechteckig
Besatzung: 4

Trotz der Motorisierung sowie der Veränderungen im Ladungstransport und im Umschlag haben sich einige Bootsformen bis heute erhalten, die zwar der neuen Zeit angepaßt, aber noch als chinesische Bauformen zu erkennen sind.

Die auf dem Foto abgebildete Dschunke ist 1984 aufgenommen worden. Es ist eine mittelgroße Fracht-Dschunke, die mit einem oder zwei Segeln gefahren werden kann. Der

Einmastige Dschunke
von 1984.
Foto: Jing

Fockmast ist heruntergenommen und liegt oberhalb des Deckshauses, dessen erste Hälfte 2 Meter lang und mit einer Matte abgedeckt ist. Von der hinteren Hälfte des Deckshauses kann man nur die aus Bambus hergestellte Stellage zum Auflegen der Matten erkennen. Der Steuermann sitzt relativ weit zum Heck, damit er die Ruderpinne bedienen kann. Der zweite Mann an Bord hält sich in Höhe der Seitenschwerter auf. Vielleicht will er das Steuerbordschwert gerade hieven oder fieren. Der Rumpf, der keinen Sprung aufweist, besitzt an jeder Seite zwei Barkhölzer und ein Dollbord. Die Dschunke ist nicht beladen, so daß das Heckruder weit aus dem Wasser herausragt. Es scheint ein abgelegter Heckriemen um 1 bis 2 Meter hinten überzustehen. Im Hafen ist zur Unterstützung des Heckruders ein Heckriemen immer zu gebrauchen, wenn ein Manöver schnell auf engem Raum und bei relativ geringem Wind durchgeführt werden muß. Am Rumpf ist die Registriernummer zu erkennen. Bei neuzeitigen chinesischen Flußschiffen ist bis heute die Zusammensetzung aus einem oder zwei Schriftzeichen und einer arabischen Ziffer, wie in der Einleitung beschrieben, üblich. Der Rumpf hat als Abschluß ein Bug- und Heckschott. Die auf dem Vordeck abgelegten Riemen und Stangen werden als Seitenriemen und beim Anlegemanöver genutzt. Die Stangen verwendet der Chinese auch im flachen Gewässer zum Staken oder zum Festmachen, indem er sie in den Grund steckt und sein Fahrzeug vor einer Abdrift bewahrt. Das Segel hat, wie auch bei anderen Dschunken aus Shanghai, eine gerade Rahe und kein ausgestelltes Liek. Das Segel besteht nicht aus geflochtenen Reisstrohmatten oder Bambusstreifengeflecht, sondern aus Segeltuch.

Zweimastige Dschunke aus Shanghai. Foto: Sammlung Autor

SHANGHAI-MOTOR-DSCHUNKE [CH'ANGCHOU-(CHANGZHOU-)MOTOR-DSCHUNKE]

Länge: 18 bis 22 m
Breite: 3,5 bis 4 m
Tragfähigkeit: 50 bis 60 t
Anzahl der Segel/Masten: keine
Besatzung: etwa 5

Die Aufnahme von Anfang 1984 zeigt eine motorisierte Dschunke in den Gewässern von Shanghai. Derartige Fahrzeuge gibt es in den chinesischen Seehäfen in großer Vielfalt und Anzahl.

Der Rumpf dieser mittelgroßen Dschunke ist kräftig gebaut und besitzt an jeder Seite ein Barkholz und als hinteren Abschluß ein Heckschott. Das Barkholz, das auf der gesamten Rumpflänge erkennbar ist, wird nicht vorrangig als Scheuerleiste bei Anlegemanövern benutzt. Dazu sind zwei Autoreifen als Fender, wie es auch von Schleppern bekannt ist, seitlich an der Dschunke angebracht. Im Laderaumbereich ist das Schanzkleid zur besseren Be- und Entladung abgesenkt worden. Dieser Einschnitt war bei Dschunken vergangener Zeiten nicht üblich. Die großen See-Dschunken hatten zu diesem Zweck in Höhe des Hauptdecks eine Pforte, die man mittschiffs einfügte. Das große Deckshaus weist an der Steuerbordseite zwei typische chinesische Schiebefenster auf. Das zweite und das hintere Deckshaus dienen als Steuerhaus. Auf dem Foto ist es überfüllt von Leuten, die wahrscheinlich das Arbeitsboot als Fähre nutzen. Ein Schutz- oder Wetterdach gegen Regen und Sonne ist vorhanden. Am geringen Schraubenwasser kann man die Motorisierung nicht belegen, aber das austretende Kühlwasser unterhalb der Schiebefenster in Höhe des Barkholzes ist ein eindeutiges Zeichen dafür. Die Ladung besteht aus alten Autoreifen. Oberhalb der Ladung ist ein durchgehender Trage-

Motorisierte Dschunke aus Shanghai 1984.　　　Foto: Jing

ein Spill. Es dient wahrscheinlich als Ankerspill, da kein bordeigener Ladebaum zu erkennen ist. Der Bug läuft spitz zu bzw. hat ein sehr kleines Bugschott. Im Schanzkleid ist vorne eine Ankertasche vorhanden, in die der Anker aus Eisen bei Nichtgebrauch abgelegt wird; eine Bauart, die aus dem historischen chinesischen Bootsbau nicht bekannt ist und somit übernommen wurde. Die Anker wurden bei den traditionellen Dschunken überwiegend auf dem Bugschott abgelegt.

Der Heimathafen dieser Dschunke könnte Ch'angchou (Changzhou) sein, da sie zur Zeit der Aufnahme den Huangp'u (Huangpu) flußabwärts nach Shanghai fährt.

Der Heimathafen würde dann etwa 150 Kilometer flußabwärts von Shanghai am Großen Kanal liegen. Ebenso könnte der Heimathafen auch Suchou (Suzhou) oder Wuhsi (Wuxi) sein, Städte, die ebenfalls am Großen Kanal und in der Nähe von Shanghai liegen.

balken sichtbar, der sicherlich dann Verwendung findet, wenn witterungsempfindliche Ladung mit einer Persenning abgedeckt werden muß. Die Lukenabdeckung besitzt dann die Form eines Zeltdaches. Auf dem Vordeck befindet sich

SHANGHAI-FISCHEREI-KUTTER

1. Kleinerer Fischerei-Kutter
Länge: etwa 14 m
Breite: 3,5 m
Tragfähigkeit: 25 bis 50 t
Anzahl der Segel/Masten: 0/1 (1/2)
Segelform: geneigte Rahe, ausgestelltes Achterliek
Besatzung: etwa 5

2. Größerer Fischerei-Kutter
Länge: 18 bis 20 m
Breite: etwa 4 m
Tragfähigkeit: bis 80 t
Anzahl der Segel/Masten: 0/1
Segelform: entfällt
Besatzung: 5 bis 6

Shanghai, wirtschaftliches Zentrum Ostchinas, verfügt über eine leistungsfähige Fischereiflotte. Die Flüsse und Küstengewässer dieses Gebietes sind berühmt für ihren Fischreichtum.

Der kleinere Fischerei-Kutter aus Shanghai ist ein Küstenfischer. Diese Wasserfahrzeuge fahren bis etwa 40 Kilometer vor die Küste, wo man sie in größerer Anzahl antrifft. Der Rumpf des Kutters weist deutliche Merkmale des traditionellen chinesischen Bootsbaus auf. Der Bug und das Heck enden mit einem Schott oberhalb der Wasserlinie. Die Rumpfseiten sind etwas höher als das Bugschott, auf dem der Anker zwischen Zapfen abgelegt ist. Es handelt sich hier-

bei um einen eisernen Stockanker, wobei sich der Stock in unmittelbarer Nähe der Arme befindet, eine Eigenart, die wir bereits vom chinesischen Holzanker her kennen. Die Registriernummer auf dem hell kalfaterten Rumpf steht, wie auch bei anderen Dschunkenarten, in Verbindung mit chinesischen Schriftzeichen. Das Ruderhaus ähnelt, im Gegensatz zum etwas eckig gestalteten Heck, der europäischen Bauart. Der Besanmast, der oftmals abgelegt ist, kann bei Bedarf aufgestellt werden, um ein Stützsegel zu setzen.

Beim größeren Kutter, ebenfalls ein Schleppnetzfischer, gibt es kaum noch sichtbare Merkmale des traditionellen chinesischen Bootsbaus. Der Kutter ist mit einem Ankerspill, einer Netzwinde, elektrischen Positionslaternen und Funk ausgerüstet. Der Rumpf wird zusätzlich mit Blech oder dünnen Stahlplatten geschützt, damit die mit dem hellen Kalk-T'ung-(Tong-)Öl-Gemisch kalfaterten Planken länger halten. Die Kalfatermasse stellt eines der wenigen Überbleibsel vergangener Zeiten dar.

Auf diesen Arbeitsbooten sind oft auch Frauen tätig, die beim Fang helfen und für das leibliche Wohl an Bord verantwortlich sind.

Kleiner Fischerei-Kutter
aus Shanghai 1984.
Foto : Jing

Großer Fischerei-Kutter
aus Shanghai 1984.
Foto : Jing

Nanching-(Nanjing-) Dschunke

Länge: 15 bis 18 m
Breite: 3 bis 4 m
Tragfähigkeit: 3 bis 12 t
Anzahl der Segel/Masten: 2/2
Segelform: geneigte Rahe, ausgestelltes Achterliek
Besatzung: 2 bis 3

Nanching (Nanjing), die Hauptstadt der Provinz Chiangsu (Jiangsu), und die Stadt Chenchiang (Zhenjiang) liegen am Ch'angchiang (Changjiang). Beide Städte verfügen über leistungsfähige Flußhäfen. Mehrere Flüsse der Provinz werden durch den Großen Kanal, der von Norden nach Süden verläuft, verbunden. Bezieht man die über 200 kleineren und

größeren Seen mit ein, so beträgt der Anteil der Wasserfläche an der Gesamtfläche der Provinz 18 Prozent. Die Binnen- und Küstenfischerei ist gut entwickelt. Die Landwirtschaft zeichnet sich durch sorgfältige und intensive Bodennutzung aus. Die Provinz liegt in der Übergangszone vom warmgemäßigten zum subtropischen Klima, so daß Reis, Baumwolle, Mais, Sojabohnen, Raps, Erdnüsse, Tee, Obst und Seidenraupenkokons zu den wichtigsten landwirtschaflichen Produkten zählen, die mit Hilfe der Binnenschiffahrt in die umliegenden Gebiete transportiert werden.

Neben der Nanching-(Nanjing-) Dschunke sind mit dem Stadtnamen noch drei kleine, einmastige Reise-Dschunken mit festen Deckshäusern, weit überragenden Hecks und

Die Provinz Chiangsu (Jiangsu).

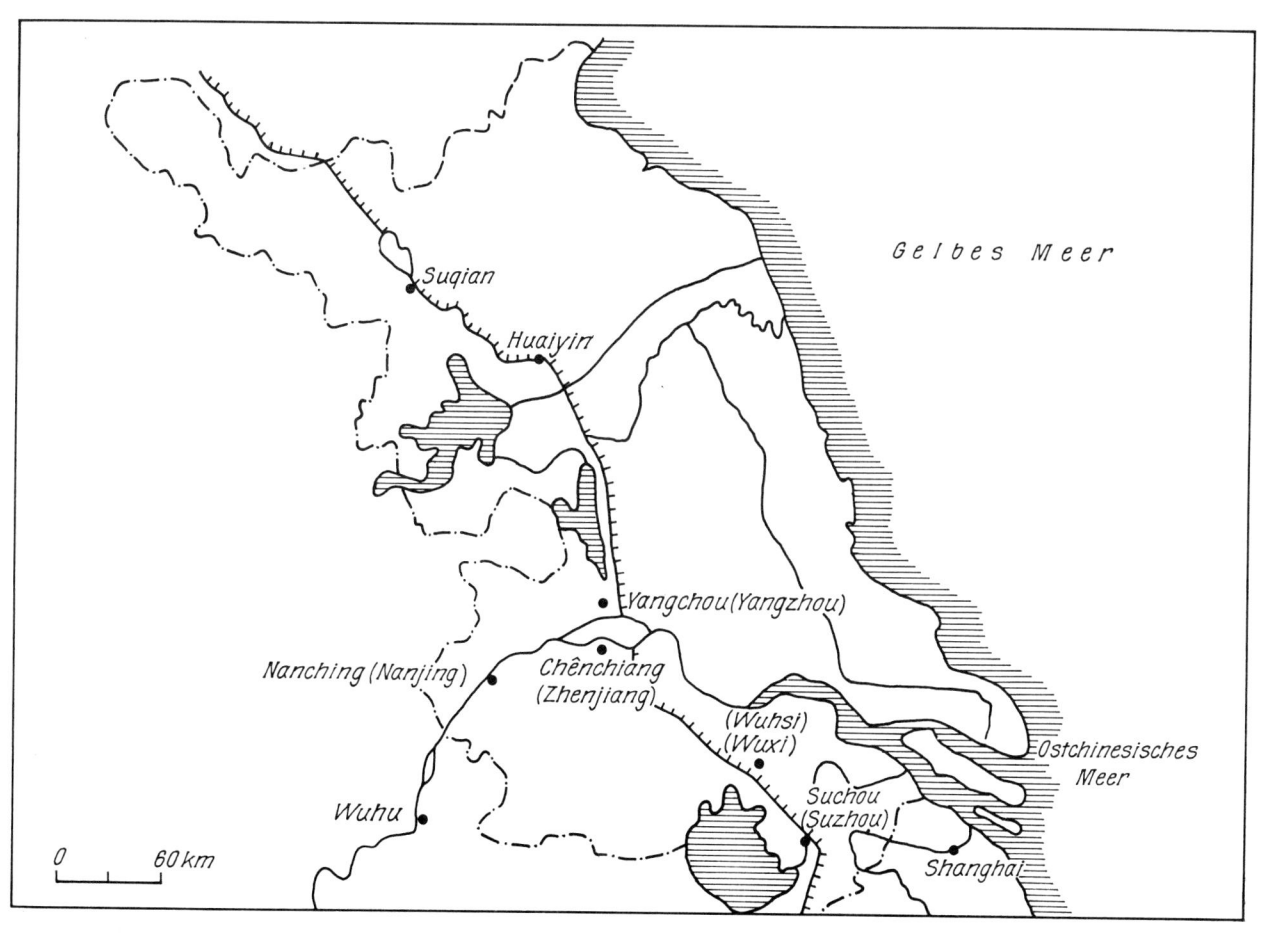

kräftigen Dollbords sowie zwei zweimastige Fracht-Dschunken mit stabilem Rumpf und Seitenschwertren bekannt.

Der Rumpf der Nanching-(Nanjing-) Dschunke ist aus hartem Holz mit je einem Barkholz auf jeder Rumpfseite und querbeplanktem Bug und Heck gefertigt. Sie führt vier Seitenschwerter, die seitlich des Groß- und Fockmastes am Schanzkleid gehaltert sind. Das schwungvoll gestaltete Ruderblatt sowie die Pforte im Heckschott oberhalb des Hauptdecks in Form einer Acht sind gut sichtbare Erkennungszeichen. Das Ruder ist in der Höhe nicht verstellbar und wird über eine lange geschwungene Pinne betätigt. Die beiden hölzernen Deckshäuser sind so angeordnet, daß das hintere Dach bei gutem Wetter gleichzeitig als Steuerstand dienen kann. Die Übersicht des Steuermanns über das Fahrtgebiet wird durch den Deckssprung noch verbessert. Das abgesetzte Schanzkleid am Bug und der zum Bug geneigte Fockmast gehören zu weiteren sichtbaren Merkmalen der Dschunke. Beide Masten sind mit Kniehölzern gehaltert und können bei Bedarf umgelegt werden. Die Topps der beiden Masten haben einen kugelförmigen Abschluß ohne schmückende Windfahnen. Lediglich am Heck wird ein kleiner dreieckiger Wimpel geführt. Für das Großsegel ist über dem hinteren Deckshaus ein Auflagerahmen angebracht, auf dem das gereffte Segel abgelegt werden kann. Das Focksegel wird beim Reffen in Fangleinen oberhalb des Decks gehalten. Die beiden Anker hängen vor dem Bugschott und können, wie bei der Dschunke auf dem Foto, Draggen sein. Mit Kranbalken ist diese Dschunke nicht ausgerüstet. Audemard erwähnt, daß der Rumpf und einige Details, wie beispielsweise die Heckpforte und das Ruder, durch östliche Bauformen beeinflußt wurden.

Die Dschunke dient zum Transport von Gütern im Be-

Nanching-(Nanjing-) Dschunke auf dem Ch'angchiang (Changjiang). Quelle: Audemard

reich der Flußmündung zwischen dem jeweiligen Heimathafen und der Küste. Bisweilen befährt sie auch den Großen Kanal bis Ch'angchou (Changzhou) oder Suchou (Suzhou) und befördert Passagiere. Sie soll auch heute noch in den erwähnten Gebieten im Einsatz sein.

KAN-(GAN-) DSCHUNKE

Länge: 13 bis 20 m (25 bis 36,5 m)
Breite: bis 2,3 m (bis 8,3 m)
Tragfähigkeit: bis 40 t (bis 60 t)
Anzahl der Segel/Masten: 2 bis 3 / 2 bis 3
Segelform: geneigte Rahe, abgerundetes Achterliek
Besatzung: etwa 12 bis 14

In China gibt es über 2 800 Seen, die mehr als einen Quadratkilometer groß sind. Über 130 Seen haben eine Fläche von mehr als 100 Quadratkilometern. Der P'oyang-(Poyang-) See ist mit einer Fläche von 3 583 Quadratkilometern der drittgrößte See Chinas. Auf natürliche Weise mit dem Ch'angchiang (Changjiang) verbunden, hat er als Auffangbecken bzw. Wasserreservoir für dessen Regulierung eine be-

sondere Bedeutung. In der Flachwasserperiode ist der See wegen der vielen Untiefen nur mit stabilen flachbödigen Dschunken zu befahren. Eine der Zuflüsse des Sees, der Kan (Gan), gab der Dschunke ihren Namen. Der Kan (Gan) entspringt im Grenzgebiet zur Provinz Fuchien (Fujian) und durchfließt die Provinz Chianghsi (Jiangxi), die mit ihrem feuchten und warmen Klima zur subtropischen Zone einer durchschnittlichen Jahrestemperatur von 16 bis 20 °C gehört.

Die Kan-(Gan-) Dschunke, auf dem See und seinen Zuflüssen beheimatet, ist als Reise- und Handelsboot baulich den Unbilden des Sees und den Wildwassern der Zuflüsse angepaßt. Das Deck besitzt zum Bug und Heck einen kräftigen Sprung, damit beim Befahren der Stromschnellen

Die Provinz Chianghsi (Jiangxi) mit dem P'oyang-(Poyang-) See und seinen Zuflüssen.

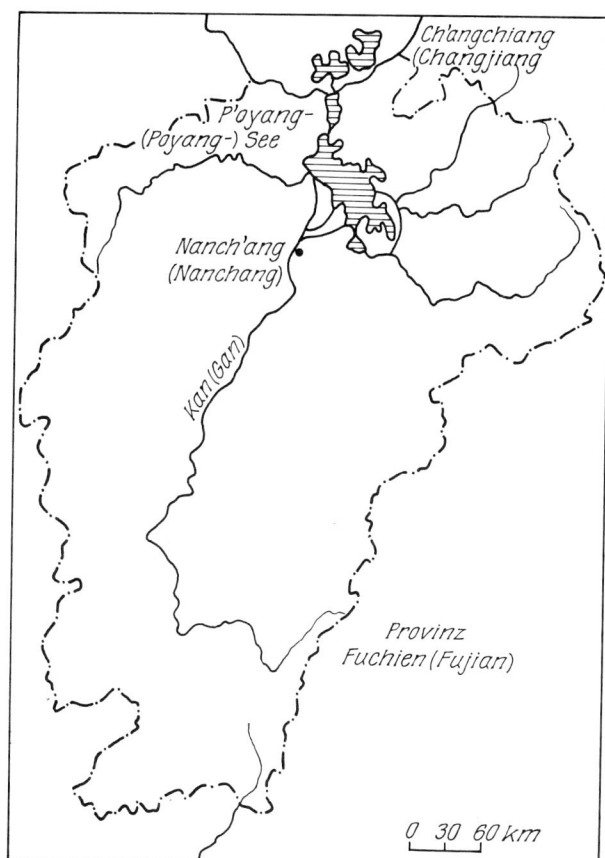

wenig Wasser überkommt. Im beladenen Zustand hat die Dschunke mittschiffs nur wenig Freibord. Um gut steuerbar zu bleiben, besitzt sie ein großes und dem Heck angepaßtes Balanceruder, eine Voraussetzung für das Fahren im Flach- und Wildwasser.

Auf dem P'oyang-(Poyang-) See sind etwa noch 46 andere Dschunkentypen beheimatet, von denen Audemard fünf mit ähnlichen Rumpf- und Ruderblattformen als Zeichnung darstellt. Die Rümpfe dieser Dschunken haben meist nur ein Barkholz auf jeder Seite. Ein weiteres gemeinsames Merkmal mehrerer Dschunkentypen des Seegebietes ist der weit vorn im Bug stehende Mast, der größer als der eigentliche »Großmast« ist. Damit hat es folgende Bewandtnis: Die Vermessung des Frachtraumes zur Festlegung der Höhe des zu entrichtenden Zolls erfolgte an der Stelle des größten Mastes. Da er sich weit vorne im engen Bug befand, fiel der Zoll entsprechend niedrig aus. Das eigenartige Aussehen dieser Dschunken hat hier seinen tieferen Sinn.

Flußabwärts verkehrte die Kan-(Gan-) Dschunke bis nach Shanghai, und flußaufwärts war sie Mitte der 20er Jahre noch häufig in Hank'ou (Hankou) anzutreffen. Hank'ou (Hankou) ist eine der drei Städte, aus denen Wuhan besteht, das etwa 250 Kilometer flußaufwärts von der Einmüdung des P'oyang-(Poyang-) Sees in den Ch'angchiang (Changjiang) liegt. Von den Heimathäfen der Provinz Chianghsi

Kan-(Gan-) Dschunke
mit größerem Fockmast.
Quelle: Audemard

(Jiangsi) transportierten die Dschunken Textilien, Bohnen, Tee und Kampfer zu den genannten Fluß- und Küstenhäfen. Bei der Rückfahrt wurden hauptsächlich Importwaren geladen und mit in die Heimatprovinz genommen. Reichte das Transportangebot für Waren einmal nicht aus, so beförderte man auch Passagiere. Das große Deckshaus, das überwiegend aus Matten bestand, ermöglichte es, eine Vielzahl Passagierabteilungen einzurichten. Es gab ein unterschiedliches Angebot an Reisekomfort, das von Einzelabteilungen mit eigener Toilette bis hin zu Abteilungen für mehrere Reisende reichte. Diese Reisemöglichkeiten brachten gegenüber der Beförderung auf Landstraßen zeitliche Vorteile, und man konnte im größeren Umfang Gepäck befördern.

In der einschlägigen Literatur liegen zwei unterschiedliche Größenangaben zu Länge, Breite und Tragfähigkeit der Dschunke vor, die auch beide genannt werden. Man kann davon ausgehen, daß sich im Laufe der Zeit das Ladungsangebot und auch die Fahrbedingungen verändert haben und damit auch die Größe der Dschunke.

Nach 1930 ging die Anzahl der Kan-(Gan-) Dschunken auf dem P'oyang-(Poyang-) See infolge der Motorisierung der Schiffahrt stark zurück. Sollte es in der Provinz Chianghsi (Jiangxi) heute überhaupt noch Kan-(Gan-) Dschunken geben, so sind sie nur noch vereinzelt und auf den Zuflüssen zu finden. Längere Reisen auf dem Ch'angchiang (Changjiang) sind nicht bekannt.

KUALOU-(GUALOU-) DSCHUNKE

Länge: 15 bis 18 m (etwa 20 m)
Breite: etwa 3 m
Tragfähigkeit: 20 bis 30 t
Anzahl der Segel/Masten: 1 bis 2/1 bis 2
Segelform: hochkant, rechteckig
Besatzung: etwa 5 bis 8

Die Kualou-(Gualou-) Dschunke war am Unterlauf des Ch'angchiang (Changjiang), auf dem P'oyang-(Poyang-) See und auf dem Kan-(Gan-) Fluß verbreitet.

Der bereits beschriebene Fluß ist etwa 750 Kilometer lang, durchfließt die Provinz Chiangshi (Jiangxi) und mündet bei Nanch'ang (Nanchang) in den See. Nanch'ang (Nanchang) ist heute die Provinzhauptstadt mit über einer Million Einwohnern, seit dem 3. Jahrhundert v. u. Z. bekannt und lange Zeit als Handelszentrum für berühmte Porzellane Anziehungspunkt der Kaufleute gewesen. Vor allem die Porzellanindustrie ist in Chingtechen (Jingdezhen) angesiedelt. Die Zuflüsse zum See und der See selbst bilden die Grundlage für das Transportwesen. Außerdem ist der See durch die ertragreichen Fischgründe bekannt.

In diesem Revier, wie auch in anderen Landesteilen Chinas, gab es eine etwas eigenartige Dschunke, bei der die Rumpfform einem Flaschenkürbis, der im Chinesischen Kualou (Gualou) heißt, ähnelte. Im Bereich des Großmastes zog sich der Rumpf wie eine Wespentaille zusammen. Wie bereits erwähnt, hatte diese kuriose Bauart ihren Ursprung in den Zollbestimmungen zurückliegender Dynastien, denn zur Zollerhebung wurde der Frachtumfang in Höhe des größten Mastes vermessen. Der Einfallsreichtum der Dschunkenbauer, die wirtschaftliche Denkweise der Dschunkenbesitzer und das Festhalten des Zolls an einem alten kaiserlichen Edikt brachten diese Flaschenkürbis-

Dschunke hervor. Transportiert wurden mit ihr Papier, Reis, Tabak, Baumwolle und Importwaren.

Die Kualou-(Gualou-) Dschunke hatte einen robusten Rumpf mit flachem Boden. Der Wohnbereich lag hinter dem Großmast. Zwischen dem Wohnbereich und dem hinteren Deckshaus befand sich ein Quergang, der mitunter überdacht war. Von hier aus konnte der Steuermann, da das Deck zum Heck hin einen Sprung hatte, die Dschunke und den Fahrtbereich gut überblicken. Die Ladeluke war zwischen Groß- und Fockmast angeordnet. Bei einmastigen Dschunken befand sich der Mast vor den gesamten Decksaufbauten im Bereich des Vorschiffes. Im Bugbereich erleichterten ein Spill und ein Kranbalken das Ausbringen und Einholen des Ankers. Einige Dschunken hatten nur Deckspoller zum Anschlagen des Ankertaus. Der Anker wurde mit den Händen ausgebracht. Für die notwendigen Fahreigenschaften auf den Flüssen und auf dem See war die Dschunke mit einem großen Balanceruder ausgerüstet. Je drei Barkhölzer auf jeder Rumpfseite sorgten mit für eine ausreichende Festigkeit. Die Dschunke hatte in der Regel kein Schanzkleid, und wenn doch, dann nur angedeutet im vorderen Bereich.

Oft mußten mit dieser Dschunke Höhenunterschiede von einem Wasserarm zum anderen überwunden werden. Ein solches Übersetzen erfolgte meistens mit Hilfe von Winden an einem Wehr. Mit Windenkraft wurde die Dschunke über eine geneigte Ebene bis an das Wehr herangezogen. Das eigentliche Wehr bestand aus zwei bis drei kräftigen Bohlen, die beidseitig in eine Seinnut eingelassen waren und über die die Dschunke herübergezogen wurde. Da der Wasserspiegel durch die ansteigende Fläche niedrig war, konnte auch die Höhe des Wehrs gering sein. Damit der Rumpf nicht hart aufsetzt, wurden beim Herunterlassen (Überkippen) der

Die Kualou-(Gualou-) oder Flaschenkürbis-Dschunke. Quelle: Audemard

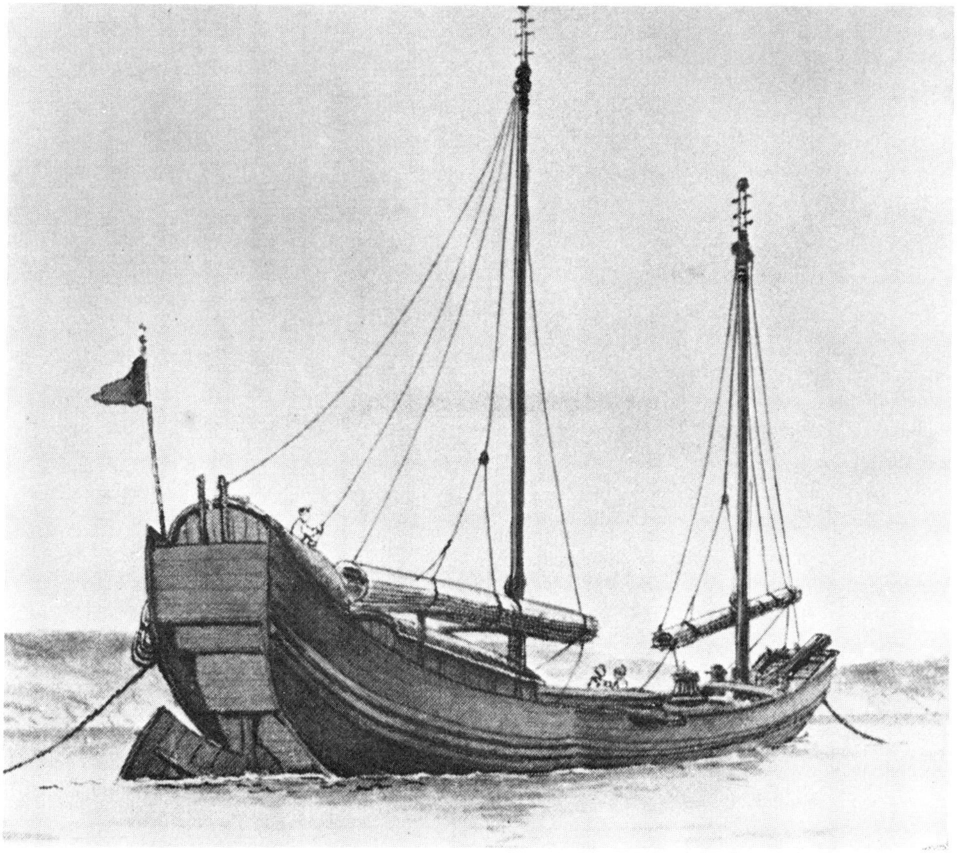

Dschunke Bambusgeflechte dem Wasserfahrzeug untergelegt. Auf diese Weise gelangte man in den anderen Flußarm. Vereinzelt wurden die Fahrzeuge auch einfach über Land gezogen, um den anderen Wasserlauf zu erreichen.

Trotz der stabilen Bauweise besaß die Dschunke mit ihren zwei voneinander gesetzten Rümpfen eine gewisse Eleganz. Betrieben wurden diese Fahrzeuge vom Dschunkenmeister und seiner Familie.

Laut Audemard befuhren Dschunken mit Flaschenkürbisrümpfen außer dem P'oyaang-(Poyang-) See die Küste der Provinz Shantung (Shandong). Dieser Dschunkentyp war auch auf dem Hanshui beheimatet, einem Nebenfluß des Ch'angchiang (Changjiang) in der Provinz Hupei (Hubei).

Heute kann man davon ausgehen, daß dieser Dschunkentyp nicht mehr im Einsatz ist.

Hank'ou-(Hankou-) Dschunke

Länge: 15 bis 20 m
Breite: 3 bis 4 m
Tragfähigkeit: 25 bis 30 t
Anzahl der Segel/Masten: 2/2
Segelform: leicht geneigte Rahe, Großsegel mit ausgestelltem Achterliek, Focksegel gerade
Besatzung: 4

Wie bereits erwähnt, besteht die Provinzhauptstadt Wuhan aus drei Teilstädten, die an der Einmündung des Han in den Ch'angchiang (Changjiang) liegen. Der Han oder, wie es allgemein gebräuchlicher ist, der Hanshui, ist der längste Nebenfluß des Ch'angchiang (Changjiang). Die Provinz Hupei (Hubei) besitzt die meisten Seen in China, verfügt über ein Binnenwasserstraßennetz von 10700 Kilometern Länge und

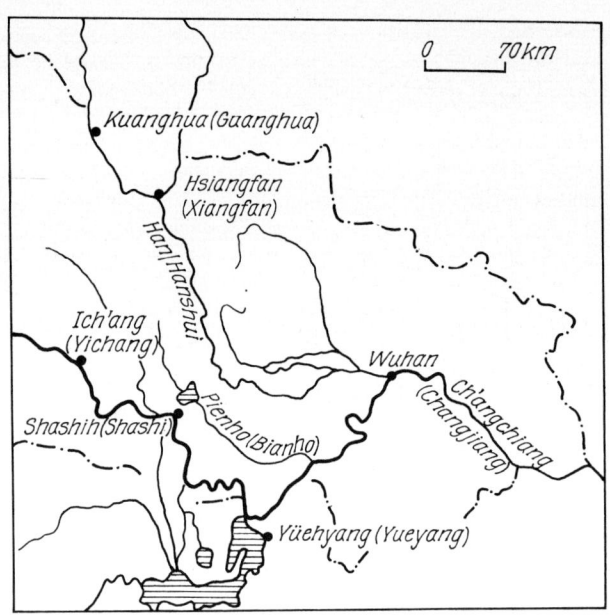

Die Provinz Hupei (Hubei).

ist seit je ein Verkehrsknotenpunkt zu Wasser und zu Lande. Mit ihrem für Seeschiffe zugänglichen Hafen und den über vier Millionen Einwohnern gehört Wuhan heute zu den größten Industrie- und Handelsstädten in Zentralchina. Huangshi liegt etwa 100 Kilometer flußabwärts von Wuhan entfernt und ist mit seinen Eisen- und Kohlevorkommen mit eine wichtige Flußhafenstadt der Provinz.

In der Dreierstadt waren etwa zehn unterschiedliche Fracht- und Handels-Dschunken beheimatet, von denen heute noch einige existieren. Sie haben alle einen kräftigen Rumpf mit ein bis drei Barkhölzern, ein hochgezogenes Heck mit großem Balanceruder und harmonisch angepaßtem hinterem Deckshaus, sind bis auf eine viermastige Dschunke alle zweimastig; der Großmast steht mittschiffs und der Fockmast im vorderen Viertel des Decks. Der überwiegende Teil der Dschunken hat Kranbalken, nur wenige führen Seitenschwerter. Bis auf eine Dschunke gleichen sich die mittleren Deckshäuser auch in der Bauart. Mit oder ohne Quergang beginnen sie an der Vorderfront des hinteren Deckshauses und reichen alle bis zum Groß- und einige sogar bis zum Fockmast. Der Dschunkentyp hat die Rumpfeinschnürung an beiden Seiten des Großmastes und

Die Hank'ou-(Hankou-)
Dschunke.
Quelle: Audemard

somit die Form eines Flaschenkürbisses. Einige sollen sogar mit einem Kiel gebaut worden sein.

Eine mittlere Fracht-Dschunke soll hier etwas näher erläutert werden. Der Rumpf dieser Dschunke weist einen größeren Decksprung zum Heck als zum Bug auf und besitzt zur Erhöhung der Rumpffestigkeit an beiden Seiten drei bis vier Barkhölzer. Das trapezförmige Heckschott ist zur Wasserlinie hin abgestuft und in Höhe des Hauptdecks mit einem Heckausbau versehen. Der Ausbau dient gleichzeitig als Spiere für das Schotensystem des Großsegels. Das große Balanceruder wird vom Steuermann durch die Ruderpinne aus dem Deckshaus bedient. Da keine Vorbauten vorhanden sind, ist die Sicht nicht behindert. Das gesamte Deck bis zum Fockmast ist durch die langgestreckte Ladeluke ausgefüllt, die durch Querplanken abgedeckt wird und über ein etwa 30 bis 50 Zentimeter hohes Süll verfügt. Im Bereich des Großmastes führt die Dschunke an jeder Rumpfseite ein Schwert, das oberhalb des Schanzkleides befestigt ist. Die Dschunke ist bereits mit einem eisernen Anker, der am Kranbalken hängt, ausgerüstet. Außer einigen Deckspollern gibt es an Deck keine Hilfsmittel zur Handhabung des laufenden Gutes. Die beiden Segel haben unterschiedliche Formen. Im Topp sind keine Windfahnen angebracht. Die Mannschaft auf solchen einfachen Dschunken muß sich mit einer Kopfstütze und einer Matte als Schlafstelle begnügen, bei größeren Besatzungen nur unter Deck.

WUPAN (WUBAN)

Länge: 13 bis 21,5 m
Breite: 2 bis 2,8 m
Tragfähigkeit: bis 5 t
Anzahl der Segel/Masten: 1/1
Segelform: stark geneigte Rahe, leicht ausgestelltes Achterliek
Besatzung: 3 bis 5 (18 Ruderer)

Oberhalb der Stadt Wuhan am mittleren Ch'angchiang (Changjiang) ist dieses kleine, offene und einmastige Wasserfahrzeug beheimatet. Der Hafen von Wuhan existiert seit rund 2 000 Jahren und ist seit 1877 für Ausländer geöffnet. Weitere 1 000 Jahre früher wurde das Gebiet bereits besiedelt, das heute in der Provinz Hupei (Hubei) liegt.

In früheren Zeiten verwendete der Chinese den Wupan (Wuban), was, wie erwähnt, »fünf Bretter« bedeutet, als Transport- oder schnelles Botenboot zwischen den Städten Ich'ang (Yiachang) und Ch'ungch'ing (Chongqing) in der Provinz Szech'uan (Sichuan). Zwischen beiden Städten gibt es eine Vielzahl von Stromschnellen und Schluchten, so daß flußaufwärts für diese 600 Kilometer lange Strecke etwa 20 Tage benötigt wurden. Um durch die Wildwasserstrecke zu fahren, besetzte man das Boot mit 18 Ruderern. An Stelle eines Heckruders wurde ein 10 Meter langer Heckriemen verwendet, um dem Wupan (Wuban), der einen Tiefgang von 1 bis 1,5 Metern besaß, die nötige Wendigkeit zu verleihen.

Flußabwärts von Ch'ingch'ing (Chongqing) nach Ich'ang (Yichang) dauerte die Fahrt drei bis vier Tage. Oft wurden diese Boote, die für die nötige Festigkeit auf jeder Rumpfseite mit zwei Barkhölzern und mit zwei Schotten im vorderen und hinteren Drittel ausgestattet waren, schnell und ohne Sorgfalt in Ch'ungch'ing (Chongqing) gebaut und am Zielort als Brennholz verkauft. Zurück ging man auch zu Fuß, um am Abgangsort einen neuen Wupan (Wuban) zu

Wupan (Wuban) für den Transport auf dem oberen Ch'angchiang (Changjiang).   Quelle: Spencer

55

bauen oder bauen zu lassen und dann flußabwärts zu fahren.

Der Wupan (Wuban) wurde auch im Stadtgebiet und der Umgebung von Wuhan angetroffen. Hier transportierte man mit dem kleinen Boot Reis, Rohbaumwolle, Tee, Rohseide, Federn und Holz. Letzteres wurde im Hafen von Wuhan auf Dampfer und Segler umgeladen. 1893 liefen 2 495 Dampfer und 412 Segler, von denen die Mehrzahl wahrscheinlich Dschunken waren, Wuhan an. Zu den Einfuhrprodukten ge-

hörten Steinkohle, Zucker, Baumwolle, Petroleum und Opium, die hier umgeschlagen und ins Landesinnere transportiert wurden.

Den Wupan (Wuban) verwendete man in den 30er Jahren auch als Zubringer im Hafen, als Fährboot und als Schleppkahn mit zusätzlicher Ruderbesatzung. Man kann davon ausgehen, daß dieses kleine Segelboot heute überwiegend dem Freizeitsport der Bevölkerung dient.

HSIANGYANGPIENTZU-(XIANGYANGBIANZI-) DSCHUNKE

Länge: 13 bis 20 m
Breite: 2,3 bis 3,9 m
Tragfähigkeit: 9 bis 14 t
Anzahl der Segel/Masten: 2/2

Segelform: geneigte Rahe, gerade Lieks
Besatzung: 5 und mehr

Der Heimathafen dieser Dschunke war Hsiangyang (Xiang-

Die Provinz Hupei (Hubei) mit dem Hanshui und den drei großen Schluchten des Ch'angchiang (Changjiang).

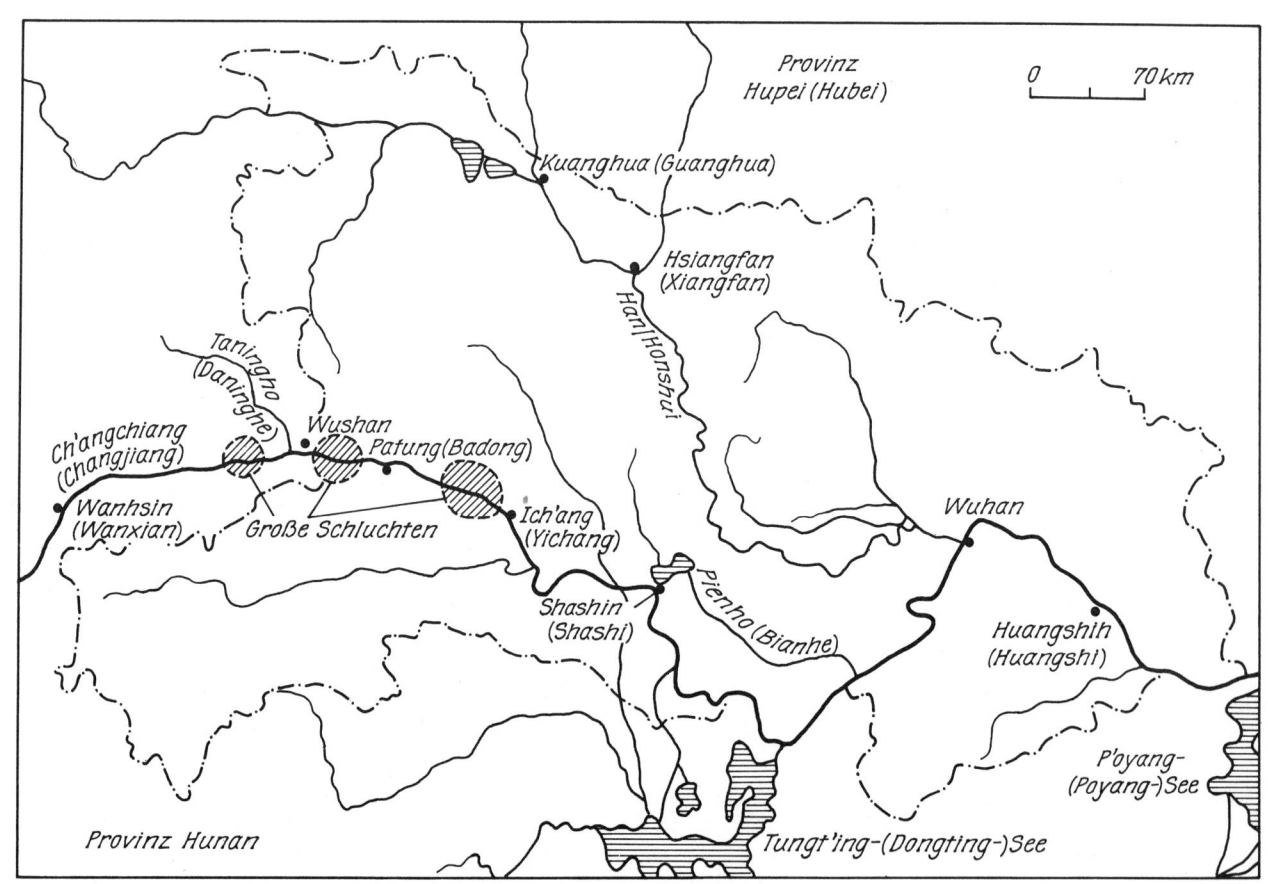

Modell einer Hsiangyangpientzu-(Xiangyangbianzi-) Dschunke.
Quelle: Spencer

Matten herstellte. Das vordere, hölzerne Deckshaus war der Bauweise der Ch'iutzu-(Qiuzi-) Dschunke entlehnt. Zwischen beiden Deckshäusern befand sich auch hier ein Quergang, den der Steuermann bei gutem Wetter als Standort benutzte. Bei schlechtem Wetter war durch den Decksprung aus dem hinteren Deckshaus ebenfalls eine gute Übersicht über das Fahrtgebiet gewährleistet. Der kompakte Heckausbau und die Form des Balanceruders stellten gute äußere Erkennungszeichen dar. Zwei Seitenriemen, deren Dollen man auf den Enden eines Querholzes anbrachte, ein Ankerspill sowie ein Kranbalken für den Draggen und einige Deckspoller auf dem Vordeck gehörten zur Ausstattung der Dschunke. Beide Segel waren hoch am Mast gesetzt, um den Wind auch oberhalb der Wasserbauten am Ufer günstig nutzen zu können. Die Bahnen des Großsegels wurden im hinteren Drittel abwechselnd vor bzw. hinter den Segellatten geführt. Die Dschunke besaß, je nach Belastungszustand, einen Tiefgang

Segelbahnen vor und hinter den Segellatten geführt.
Foto: Sammlung C. Rothe

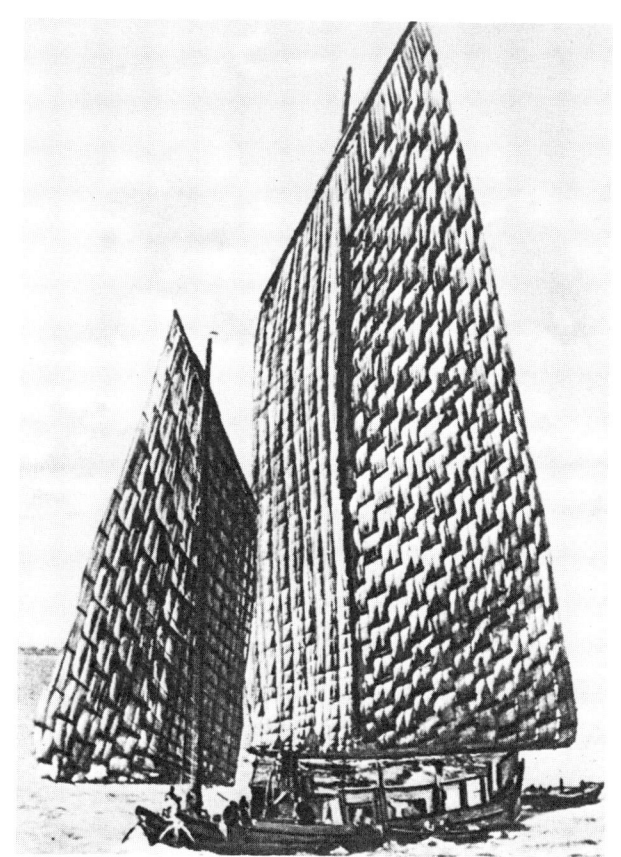

yang) im Nordwesten der Provinz Hupei (Hubei) am Nordufer des Honshui. Heute heißt diese Stadt Hsiangfan (Xiangfan). Der Nebenfluß des Ch'angchiang (Changjiang) ist 1532 Kilometer lang, durchfließt die Provinzen Shênhsi (Shaanxi) und Hupei (Hubei) mit dem Einzugsgebiet von 150710 Quadratkilometern. Am Ober- und Mittellauf wurden nach 1949 umfangreiche Wasserregulierungen und Entwässerungsprojekte durchgeführt. Heute hat die 2200 Jahre alte Stadt Hsiangfan (Xiangfan) 320000 Einwohner. Neben anderen Industriezweigen ist die Autoindustrie dominierend.

Mit der hier beheimateten Dschunke befuhr der Chinese den Hanshui und einen weiteren Nebenfluß des Ch'angchiang (Changjiang), den Pienho (Bianhe) bis zur Stadt Shashih (Shashi), um landwirtschaftliche Güter und andere Waren zu transportieren. Der Rumpf war kräftig gebaut und hatte auf jeder Seite drei Barkhölzer. An den unterschiedlichen Bauweisen der Deckshäuser erkennt man den Mischtyp. Das hintere Deckshaus, das von der Pientzu-(Bianzi-) Dschunke übernommen wurde, baute der Dschunkenmann, indem er die Seiten aus Holz und das Dach aus

von 1,2 bis 1,6 Metern. Der Rumpf ragte mittschiffs etwa einen Meter aus dem Wasser. Der hier beschriebene Mischtyp wurde etwa 1930 letztmalig in den Gewässern angetroffen.

Die beschriebene Machart des Großsegels ist im zweiten Foto gut zu erkennen. Hier handelt es sich um eine ähnliche Dschunke, bei der beide Segel in den hinteren Hälften abwechselnd vor und hinter den Segellatten geführt sind. Eine gewisse Winddurchlässigkeit ist beabsichtigt, um die Segeleigenschaften zu verbessern. Insgesamt erscheint die Dschunke übertakelt. Fahrten bei stärkeren Winden wurden aus diesem Grunde oft mit teilgerefften Segeln durchgeführt. Die Größe eines Segels ist gut zu erkennen, wenn es ausgebreitet auf dem Boden liegt und Vergleiche mit Personen möglich sind.

LAOHOK'OUCH'IUTZU-(LAOHEKOUQIUZI-) DSCHUNKE

Länge: 16 bis 20 m
Breite: 3,2 bis 5 m
Tragfähigkeit: 25 bis 35 t
Anzahl der Segel/Masten: 1/1
Segelform: geneigte Rahe, gerade Lieks
Besatzung: etwa 5 (geschätzt)

Die Stadt Laohok'ou (Laohekou) liegt am mittleren Hanshui, etwa 70 Kilometer flußaufwärts von Hsiangfan (Xiangfon) entfernt. Die Stadt ist auf zugänglichen Atlanten auch unter der Bezeichnung Kuanghua (Guanghua) zu finden. Die bereits erwähnte Ch'iutzu-(Qiuzi-) Dschunke war hier sehr verbreitet. In einem Gebiet, das etwa 200 bis 300 Kilometer flußaufwärts von Wuhan begann und den mittleren Hanshui umfaßte, hatte jeder größere und kleinere Flußhafen »seine« Dschunke, die jedoch alle zum Ch'iutzu-(Qiuzi-) Dschunkentyp gehörten. Äußere erkennbare Gemeinsamkeiten waren der relativ spitze Bug, das spitzzulaufende Heck, zwei Deckshäuser und mehrere Barkhölzer. In der Literatur ist der Hafenname dem Dschunkentyp vorangestellt, so daß von der Schreibweise eine Zuordnung möglich ist.

Das Foto zeigt zwei Dschunken vom Ch'iutzu-(Qiuzi-) Typ, die auf dem Hanshui am Ufer befestigt sind. Die vordere Dschunke ist unbeladen, die zweite beladen. Bei beiden

Zwei Ch'iutzu-(Qiuzi-)
Dschunken am Ufer des
Hanshui.
Quelle: Spencer

Fahrzeugen kann man die aus Holz gebauten Deckshäuser gut erkennen. Bei der vorderen Dschunke ist der Mast herausgenommen und an der Backbordseite außenbords befestigt, so daß der Mast gleichzeitig als Fender bzw. als Scheuerleiste dienen kann, wenn die nächste Dschunke zur Anlegestelle kommt. Der Rumpf der Ch'iutzu-(Qiuzi-) Dschunke wurde mit einem kräftigen Barkholz an jeder Seite ausgestattet. Das übliche Bugschott als Abschluß besteht hier nur aus einem Balken, der nicht als Steven bezeichnet werden kann, da er nicht die hochgezogene, gebogene Verlängerung des Kiels ist. Das Vordeck wurde für den Einsatz von Seiten- und Bugriemen frei gehalten. Es gibt nur einen Deckspoller gleich hinter dem Bug. Riemen, Stangen, Laufbohle und Eisengerümpel sind auf dem Deckshaus abgelegt.

In der Literatur wird des öfteren darauf hingewiesen, daß die Ansammlung von Eisenteilen gerne gezeigt wird, da sie einen gewissen Wohlstand des Dschunkenbesitzers ausdrückt. Bei beiden Dschunken erkennt man, daß die dafür vorhandenen Stellagen gut zu erreichen sind, da Leitern für die Abstützung genommen wurden. Der Dschunkenbauer verwendet als Material für den Rumpf und das Deckshaus Tanne und manchmal auch Fichte und Föhre. Der relativ schlanke Rumpf hat einen Tiefgang von 1,20 bis 1,50 Metern und ein Freibord von 90 Zentimetern. Das Großsegel legt der Dschunkenmann, wenn er es refft, mit auf die Stellage oder es hängt in Fangleinen, wie es bei einem Modell zu sehen ist, das Spencer beschreibt. Das Vorhandensein dieser Dschunken in neuerer Zeit ist nicht belegt.

WUCHIANGTZU-(WUJIANGZI-) DSCHUNKE

Länge: 18 bis 20 m
Breite: 2,3 bis 3,3 m
Tragfähigkeit: bis 5 t
Anzahl der Segel/Masten: 1/1
Segelform: geneigte Rahe, ausgestelltes Achterliek
Besatzung: 2

Diese Dschunke befuhr ebenfalls den mittleren Ch'angchiang (Changjiang). Ihr Heimatgewässer war der Tungt'ing-(Dongting-) See, obwohl der Name der Dschunke darauf schließen läßt, daß der Fluß Wu bei der Entwicklung der Bauform Pate gestanden hat. Der Tungt'ing-(Dongting-) See liegt in der Provinz Hunan, was wörtlich »südlich des Sees«

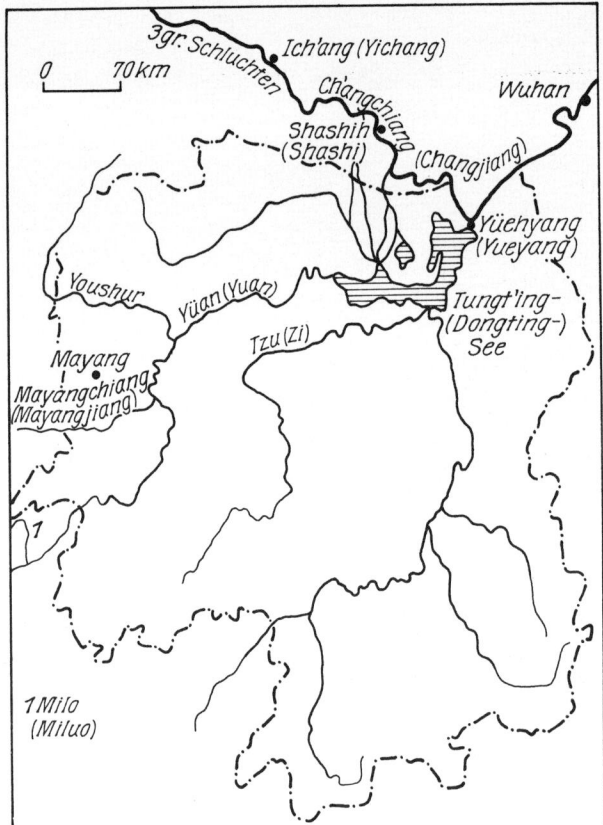

Die Provinz Hunan mit dem Tungt'ing-(Dongting-) See und den Ch'angchiang (Changjiang) von Ich'ang (Yichang) bis Wuhan.

dem Ch'angchiang (Changjiang) verschmilzt, verkehrten. Es waren ein- bis viermastige Fahrzeuge, die von 3 bis 28 Besatzungsmitgliedern gefahren wurden und eine Tragfähigkeit von 6 bis 180 Tonnen aufwiesen.

Unter dem Namen Wuchiangtzu (Wujiangzi) werden in der Literatur mehrere unterschiedliche Dschunken beschrieben, deren Hauptabmessungen im folgenden zusammengestellt sind (nach Audemard/Spencer):

Ausbreitungsgebiet	Tragfähigkeit in Tonnen	Anzahl der Masten	Besatzung
Tungt'ing-(Donting-) See,	12 bis 30	2	4 bis 7
Ch'angchiang (Changjiang)	(2,4 bis 12)		(2 bis 4)
Flüsse der Provinz Hunan	12 bis 30		4 bis 7
Provinz Hunan,	2,4		6
Tungt'ing-(Dongting-) See	5	1	2

Modell einer Wuchiangtzu-(Wujiangzi-) Dschunke.

Quelle: Spencer

bedeutet. Einst hatte der See eine Fläche von 3 915 Quadratkilometern. Durch Versandung und Verschilfung ist der heute 30 Meter tiefe See nur noch 2 820 Quadratkilometer groß und besteht aus mehreren größeren und kleineren Teilseen, die zu den wichtigsten Fischzuchtgebieten Chinas gehören. Insgesamt mehr als 240 Flüsse, mit einem Binnenschiffahrtsweg von 100 000 Kilometern, sind mit dem See, der bei Ch'englingchi (Chenglingji) mit dem Ch'angchiang (Changjiang) verschmilzt, in Verbindung, so daß umfangreiche Transportaufgaben auf dem Wasserweg gelöst werden können.

Auf dem See existierten viele unterschiedliche Dschunken. Etwa zehn ein- und zweimastige Dschunkentypen sind bekannt. Die Rumpf- und Heckformen waren sehr unterschiedlich gestaltet. Eine Zusammenstellung aus den Jahren 1892 bis 1901 laut Zollbericht weist 54 unterschiedliche Dschunken auf, die vorrangig in dem Gebiet, wo der See mit

Das Deck der mittleren Dschunke aus der Provinz Hunan und dem Tungt'ing-(Dongting-) See hatte zum Bug und zum Heck einen Sprung, um auch im Schilfgürtel des Sees fahren zu können. Gleichzeitig konnte der Dschunkenmann vom erhöhten Stand das Fahrtgebiet überschauen. Der Tiefgang betrug im voll beladenen Zustand 70 bis 80 Zentimeter. Die Zuladung bewegte sich in der Regel zwischen ein und zwei Tonnen, so daß der Tiefgang 30 Zentimeter nicht überschritt und das Befahren der flachen Teile des Sees möglich war. Das Dollbord verlief bis zum hochgezogenen Bug und überragte es in Form zweier stumpfer, sich etwas verbreitender Enden. Das Vordeck war frei. Hier befand sich nur ein doppelter Deckspoller und kein Ankerspill, da für das flache Fahrwasser eine Stange ausreichte, die, in den Grund gerammt, einen Anker ersetzte. Für windarme Zeiten und windgeschützte Hafengebiete führte die Dschunke zwei Seitenriemen. Die Dollen für die Riemen waren auf ein überste-

hendes Querholz gesetzt. Die seitliche Ablage der Riemen erfolgte ebenfalls auf Querhölzer. Das Heck verjüngte sich und wurde schwungvoll hinter dem Ruderbaum hochgeführt.

Diese Dschunke besaß kein hinteres Deckshaus für den Steuermann. Die Pinne endete vor dem großen Deckshaus, welches bis an den Großmast reichte. Es war an den Seiten aus Holz und hatte ein Mattendach. Oft wurde, was auch heute bei den motorisierten kleinen Küstenfahrzeugen zu beobachten ist, ein Sonnen- oder Wetterdach aufgespannt. Die Segellatten waren in der hinteren Segelhälfte abwechselnd vor bzw. hinter den Bahnen durchgeführt, eine Machart, die in China häufig anzutreffen war und auch heute noch ist.

Es ist anzunehmen, daß derartige Dschunken, heute mit Motoren ausgerüstet, ohne Segel ihren Transportaufgaben nachkommen.

MAYANGTZU-(MAYANGZI-) DSCHUNKEN

	Worcester	Spencer	Audemard
Länge	33 m	26 m	14 m
Breite	6 m	3 m	3,5 m
Tragfähigkeit	60 bis 80 t	25 bis 30 t	18 bis 36 t (36 bis 60 t)
Anzahl der Segel/ Masten	1/1	1/1	1 bis 2
Segelform	geneigte Rahe, leicht ausgestelltes Achterliek (alle drei Autoren)		
Besatzung	etwa 10	5 bis 8	5 bis 8 (8 bis 12)

Der Name dieser Dschunken ist vermutlich von der Stadt Mayang, die an einem Nebenfluß des Yüan (Yuan) im äußersten Westen der Provinz Hunan liegt, abgeleitet. Die Provinz hat eine Fläche von 210 000 Quadratkilometern und ist im Osten, Süden und Westen von Gebirgsmassiven, die in Ost-Hunan auch die Wasserscheide zwischen dem Ch'angchiang (Changjiang) und dem Chuchiang (Zhujiang) bilden, eingeschlossen. Hier entstand in früher Zeit, durch den Wasserreichtum der Provinz gefördert, der Prototyp einer Dschunke, der auf den Flüssen, dem Tungt'ing-(Dongting-) See und auf dem mittleren und oberen Ch'angchiang (Changjiang) wesentlich das Bild mitbestimmte. Die Mayangtzu-(Mayangzi-) Dschunke hatte eine ausgewogene Bauform, deren Vollkommenheit nur von wenigen, wie beispielsweise der Antung-(Andong-), der Peichihli-(Beizhili-)

und der Kan-(Gan-) Dschunke, erreicht wurde. Der flachbödige Rumpf war faßförmig und ausladend gestaltet, so daß flache Gewässer und Stromschnellen durchfahren werden konnten. Ein Decksprung zum Heck, ein harmonisch eingefügtes Deckshaus und ein angepaßtes großes Balanceruder waren, neben dem flachen Vorschiff mit einem Mast und zwei Kreuzhölzern am oberen Heck, äußerlich gut sichtbare Erkennungszeichen dieser Dschunke.

In der Literatur werden Mayangtzu-(Mayangzi-) Dschunken beschrieben, deren Abmessungen sich erheblich voneinander unterscheiden. Die größte Dschunke von 33 Meter Länge, mit 15 Schotten und 28 Rahmen zeigt Worcester anhand von Rissen, die einen guten Überblick erlauben. Der faßförmige Querschnitt des Rumpfes mit dem aufgesetzten Deck (siehe A und D), der große, durch Schotten unterteilte Laderaum und die Aufteilung der Deckshäuser (siehe B) sind auf den Zeichnungen gut zu erkennen.

Für das bei Spencer beschriebene Modell diente eine 26 Meter lange Dschunke als Vorlage, die am Übergang vom mittleren zum oberen Ch'angchiang (Changjiang) in der Stadt Ich'ang (Yochang) gebaut wurde. Sie befuhr den Streckenabschnitt flußaufwärts durch die drei großen Schluchten bis Ch'ungch'ing (Chongqing) und Luchou (Luzhou) und wurde flußabwärts von Ich'ang (Yichang) auch in Shashih (Shashi) gesehen. Man könnte, da die grundsätzliche Bauform auf den Flüssen und Seen sehr verbreitet war, dieses Fahrzeug zur besseren Unterscheidung als Ich'angmayangtzu-(Yichangmayangzi-) Dschunke bezeichnen. Ihr faßförmiger Rumpf war gegen Wellenschlag sehr wider-

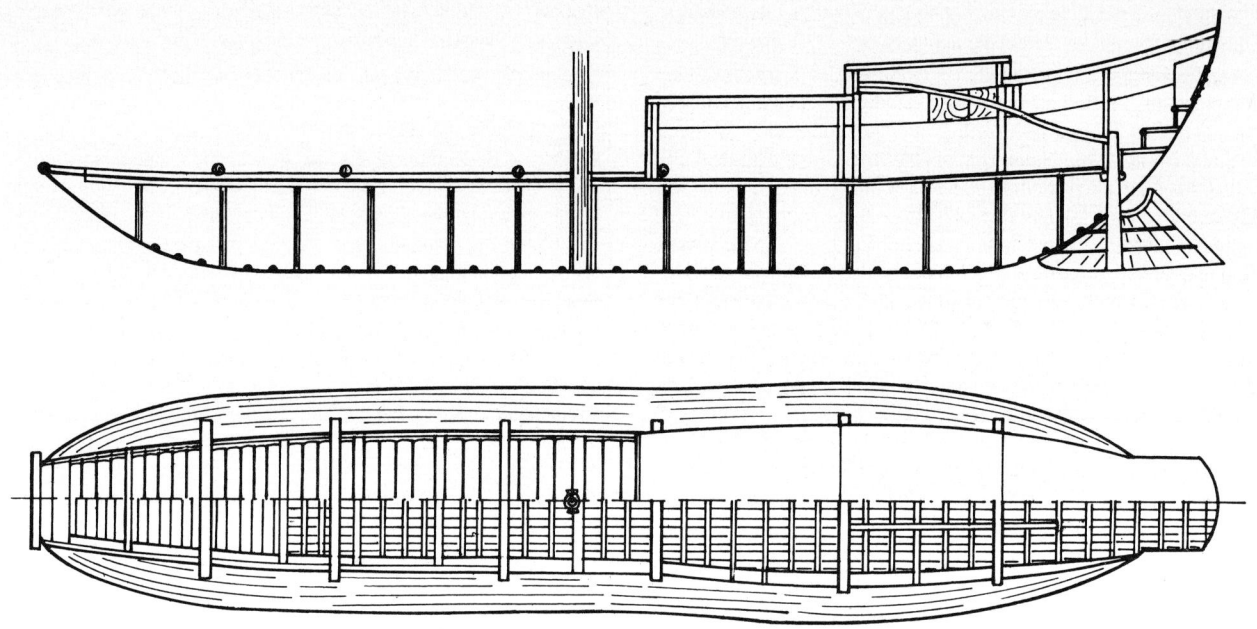

Seitenansicht und Draufsicht der Mayangtzu-(Mayangzi-) Dschunke.

standsfähig, so daß sie sich für das Befahren der großen Schluchten hervorragend eignete. Diese Rumpfform finden wir auch bei Fahrzeugen, die die offene See befuhren, wie beispielsweise bei der Peichihli-(Beizhili-) Dschunke.

Audemard beschreibt eine 14 Meter lange Dschunke dieses Typs. Gleichzeitig nennt er die Ladefähigkeit und die Besatzungsstärke eines größeren Fahrzeuges, deren Angaben bei den technischen Daten in Klammern stehen. Diese große Dschunkenvariante hatte etwa die Abmessungen, wie Spencer sie ebenfalls beschreibt.

Ein bemerkenswertes Dschunkenmodell, laut Karteieindruck 1900 gebaut, befindet sich im Museum der Bertholdsburg in Schleusingen. Denkt man sich die Windfahne, das vor den etwas zu schräg stehenden Großmast gesetzte Deckshaus und den zu stabilen Auflagerahmen für das Großsegel einmal weg, so weist dieses Modell die typischen Merkmale einer Mayangtzu-(Mayangzi-) Dschunke auf. Das Deckshaus erscheint hinderlich für die Betätigung der Seitenriemen und mußte für ein originalgetreu nachgebautes Modell entfallen. Das mittlere Deckshaus ist vorhanden. Es bedarf nur einer Mattenabdeckung, wie das hintere und vordere Deckshaus, so daß die typische Dreiteilung gegeben ist. Kreuzhölzer am oberen Teil des Hecks sind ebenfalls vorhanden. Das senkrechte Spill ist nicht untypisch, könnte es doch für die Schlepptrosse beim Treideln verwendet werden.

Modell einer Mayangtzu-(Mayangzi-) Dschunke.
Foto: Spielzeugmuseum Sonneberg/Bertholdsburg Schleusingen

Vereinfachungen, wie auch hier in der Takelage, findet man häufig bei Nachbauten an Modellen.

Auf Grund des großen Ausbreitungsgebietes der Mayangtzu-(Mayangzi-) Dschunke von der Provinz Hunan um den Tungt'ing-(Dongting-) See bis zum Oberlauf des Ch'angchiang (Changjiang) sollen bereits hier einige Ausführungen zum Treideln in China folgen, obwohl erst später Dschunken des Mittellaufs vorgestellt werden.

Durch die drei großen Schluchten des Ch'angchiang (Changjiang) und auf zahlreichen kleineren Stromschnellen wurde flußaufwärts die Treidelei betrieben. Wie bereits einleitend erwähnt, waren die Treidler in Gilden organisiert und kamen überwiegend aus armen Bauernfamilien. Oft wurden die Bauernsöhne unter Androhung von Gewalt gezwungen, weit ab von ihren Heimatdörfern diese harte und gefahrvolle Arbeit auszuführen.

Die ankommenden Dschunken warteten unterhalb der Stromschnellen vertäut an einer seichten Wasserstelle in Ufernähe auf die Treidler. Das Treideln erfolgte meistens

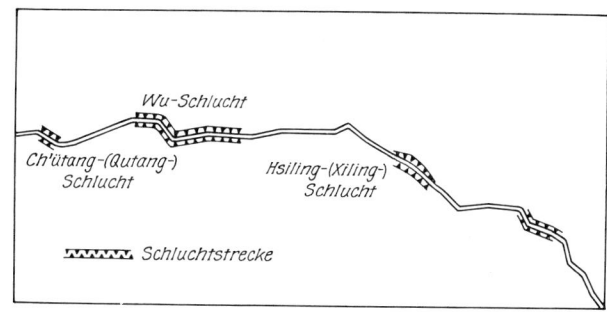

Die drei großen Schluchten am Ch'angchiang (Changjiang).

einzeln für jede Dschunke, indem der Treidlermeister mit einem Trommler an Bord kam. Für die Treidelei hatte er die Verantwortung. Die Schlepptrossen von einigen hundert Metern Länge wurden mit Hilfe kleiner Fahrzeuge von der Dschunke zum Uferweg übergesetzt. Die Schlepptrossen bestanden aus Streifen grüner, geschälter Bambusrinde, die

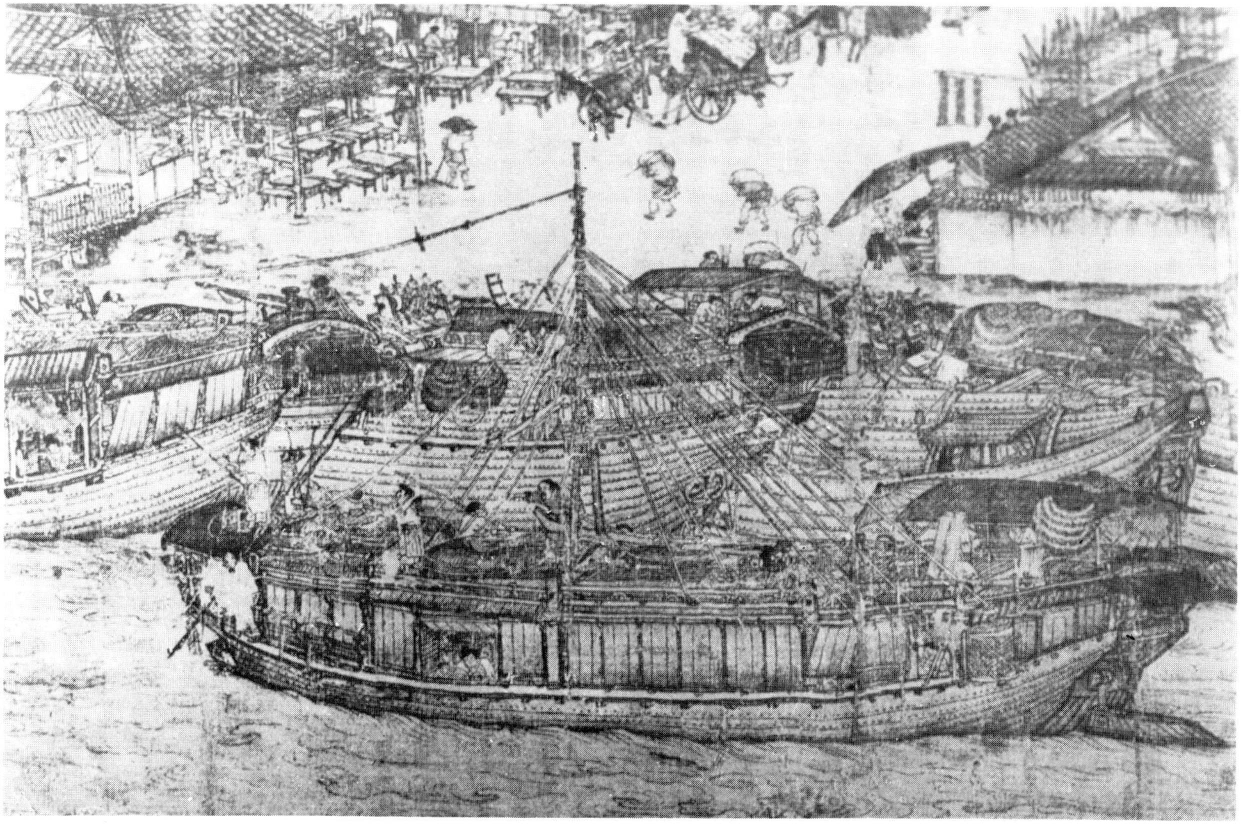

Darstellung einer Fluß-Dschunke mit Schlepptrosse aus der Sung-(Song-) Dynastie.   Foto: Sammlung Autor

geflochten waren. Sie wurden vor dem Gebrauch in Ringe zusammengelegt und in T'ung-(Tong-) Öl gekocht. Die Bambustrossen waren leicht, dehnten sich nicht und nahmen kein Wasser auf, so daß die Vorteile des Bambus gegenüber anderen Materialien augenscheinlich waren. Größere Rollen von Bambustrossen sind oft auf Dschunkenabbildungen zu sehen, wenn die Schluchten zum Fahrtgebiet gehörten. Zum Treideln verwendete man eine oder mehrere Schlepptrossen. Die Schlepptrosse wurde vom Spill, das in der unmittelbaren Nähe des Großmastes stand, gehalten. Der Großmast stand vor der Mitte des Schiffsrumpfes. Vom Topp des Großmastes verlief ein Halteseil bis oberhalb des Bugs, durch dessen Auge man die Schlepptrosse führte. Somit lag der Angriffspunkt der Zugkraft weit vor dem Groß-

Die Fertigungsart der Schlepptrosse aus grünen Bambusstreifen.

Befestigungsart der Schlinge für den Treidler an der Schlepptrosse.

Treideln einer Dschunke.
Quelle: Audemard

64

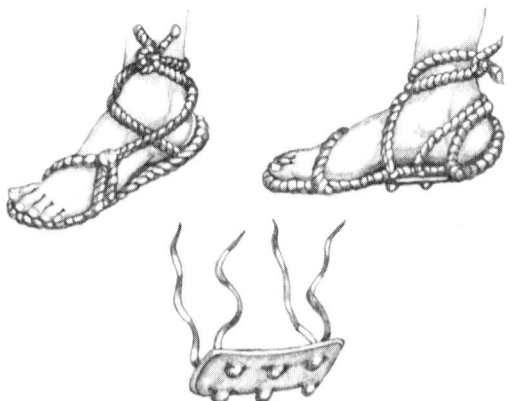

Treidler bei der Arbeit.

Quelle: Jacques

Bastsandalen mit untergeschnallten Nocken, damit die Treidler auf den felsigen oder sandigen Uferwegen einen besseren Halt hatten.

mast. Damit blieb die Dschunke mit eigenem Ruder lenkbar. Der Treidlermeister gab die Kommandos an die Treidler über den Trommler. Je nach Tempo der Trommelschläge erfolgte das Treideln. Ein Zurufen wäre kaum möglich gewesen, da im Bereich der Stromschnellen ein hoher Lärmpegel herrscht. Beim Treideln wurde der Bugriemen zur Unterstützung der Steuerung eingesetzt. Ebenfalls maß ein Besatzungsmitglied mit einer Stange ständig die Wassertiefe, um Grundberührungen zu vermeiden. Je nach Windrichtung wurde das Segel gehißt bzw. gerefft. Die Anzahl der Treidler richtete sich nach der Größe der Dschunke und der Schwierigkeit der zu durchfahrenden Stromschnellen. Die Treidler hatten Schulterschlingen, die mit dem Ende um die Schlepptrosse gelegt wurden. Das verdickte Ende legte man hinter das Zugseil der Schulterschlinge. Ließ man locker, so fiel das verdickte Ende hinter dem Zugseil heraus, und der Treidler war von der Schlepptrosse frei. Andernfalls konnte leicht ein Unfall geschehen, wenn die Schlepptrosse plötzlich anruckte.

Zur Schonung der Schlepptrosse wurden Führungen und Unterlagen an scharfkantigen Stellen angebracht.

Ruderer auf dem Vordeck
einer Dschunke.
Quelle: Spencer

Da es oftmals 100, 200 oder mehr Treidler waren, gab es einen Vorarbeiter, der an Land die von der Dschunke her gegebenen Kommandos weitergab. War das Wetter feucht, so trugen die Treidler Bastsandalen mit untergebundenen Stollen, um nicht abzurutschen. Ein befestigter Uferweg war in den wenigsten Fällen vorhanden. Die lange Schlepptrosse durfte beim Ziehen nicht beschädigt werden. Mußten Felskanten oder unebenes Gelände überbrückt werden, so legte der Treidler auf den Felskanten Rollen aus oder spannte Taue, über die die Schlepptrosse gleiten konnte. Die zur damaligen Zeit ausgebauten Uferwege und die Gräber von abgestürzten und zu Tode gekommenen Treidlern sollen heute zum Teil noch vorhanden sein, so ist es zumindest aus der Literatur zu entnehmen.

Unter großen Entbehrungen und Mühen kamen die Treidler flußaufwärts und zogen die Dschunken durch die Schluchten. Am Endpunkt angekommen, versuchten sie, als Ruderer auf einer Dschunke Arbeit zu bekommen. Glückte es, so konnten sie auch flußabwärts ihren Lebensunterhalt verdienen. Am Ausgangspunkt angekommen, wechselte die Tätigkeit wieder, und die nächste Dschunke wurde getreidelt.

MAYANGPAKAN-(MAYANGBAGAN-) DSCHUNKE

Länge: 20 bis 40 m
Breite: 4,6 bis 7,2 m
Tragfähigkeit: etwa 30 t (30 bis 48 t)
Anzahl der Segel/Masten: 1 bis 2/1 bis 2 (2/2)
Segelform: geneigte Rahe, gering ausgestelltes Achterliek
Besatzung: etwa 10 (7 bis 10)

Die Mayangpakan-(Mayangbagan-) Dschunke gehört zum Typ, der den Namen Mayang führt. Sie besitzt einen faßförmigen flachbödigen Rumpf mit einem hochgezogenen Heck. Am oberen Heck hat sie zwei Kreuzhölzer. Die Deckshäuser sind harmonisch der Rumpfform angepaßt und reichen bis zum Großmast. Die Seiten- und der Bugriemen sowie das große Balanceruder gehören ebenfalls zu den äußeren Erkennungszeichen.

Diese Reise-Dschunke befuhr den Tungt'ing-(Dongting-) See, den Yüan-(Yuan-) Fluß, einen etwa 600 Kilometer langen Zufluß des Sees, sowie den Ch'angchiang (Changjiang) bis zur Stadt Wuhan am Mittellauf. In diesem Bereich gab es eine Vielzahl von Passagier-Dschunken, die sich vor allem in

Modell einer Mayangpakan-(Mayangbagan-) Dschunke.
Quelle: Spencer

nahmen. Mit diesen Dschunken fuhren meistens ganze Familien der ärmeren Bevölkerung. Die Reise-Dschunken der gehobenen Klasse waren den Beamten und Würdenträgern vorbehalten, die sie zu ihren Inspektions- oder Vergnügungsfahrten für die gesamte Dauer der Reise mieteten. Die Mayangpakan-(Mayangbagan-) Dschunke entsprach diesen hohen Anforderungen. Die Unterkünfte waren in einzelne Abteile, wie Wohn-, Schlaf- und Sanitärbereich, unterteilt. Die anspruchsvolle Einrichtung trug dazu bei, daß der Reisende auf seinen gewohnten Komfort nicht zu verzichten brauchte. Zur Unterbringung des Reisegepäcks besaß die Dschunke vor dem Großmast einen kleinen Laderaum. Die kunstvollen Verzierungen der Deckshäuser mit Schnitzereien waren äußerlich gut erkennbare Zeichen der prunkvollen Ausstattung. Unter den zahlreichen Motiven befand sich auch die Swastika, ein altindisches Kultzeichen in Form eines Sonnenkreuzes. Dieses Swastikakreuz kam mit dem Buddhismus nach China, so daß es heute noch an Buddhastatuen und Tempeln als Motiv zu finden ist.

Der Rumpf der Mayangpakan-(Mayangbagan-) Dschunke hatte auf beiden Seiten je drei Barkhölzer und war, abweichend vom Grundtyp, mit einer anderen Bugform ausgestattet. Der hochgezogene Bug ermöglichte das Befahren von bewachsenen Uferzonen. Er war zur Ausguckplattform ausgebaut, um von hier aus den hinderlichen Bewuchs des Sees überschauen zu können. Bei längeren Flußreisen mußten auch Stromschnellen durchfahren werden, wobei die Bugform gleichzeitig als Spritzwasserschutz diente. Zur Ausrüstung zählte auch ein senkrechtes Ankerspill. Der Draggen wurde über ein Querholz am Bug gehängt.

Eine größere Variante dieser Dschunke, deren technische Daten in Klammern stehen, beschreibt Audemard. Sie hatte zusätzlich sehr weit vorn einen Fockmast. Die letzten Vertreter dieser Dschunken verkehrten zu Anfang unseres Jahrhunderts.

der Qualität der Unterkünfte für die Reisenden unterschieden. Die einfachsten und billigsten Unterkünfte boten die Handels-Dschunken an, wenn die zu transportierende Fracht nicht ausreichte und sie zusätzlich Reisende an Bord

LUNGCH'UAN-(LONGCHUAN-) DSCHUNKE

Länge: 14 bis 33 m (36 bis 39,5 m)
Breite: etwa 1 m (1,4 bis 1,8 m)
Tragfähigkeit: etwa 3 bis 4 t
Anzahl der Segel/Masten: keine
Segelform: entfällt
Besatzung: 26 bis 50 (58)

Lungch'uan (Longchuan) bedeutet Drachenboot. Mit diesen Booten wurden und werden heute wieder auf Flüssen und Kanälen Rennen durchgeführt, ein Volksbrauch, der auf verschiedene Ursprungssagen bei den unterschiedlichen Na-

tionalitäten zurückgeht. Die Sage der Han-Nationalität berichtet von folgenden Ereignissen: Der Minister Ch'ü Yüan (Qu Yuan) fiel trotz seiner Verdienste bei einem Lehensfürsten, der sich den Titel König widerrechtlich beigelegt hatte, in Ungnade. Aus Gram stürzte er sich in den Fluß Milo (Milou). Dies geschah 295 oder 280 v. u. Z. Damals suchte das Volk um die Wette nach dem Leichnam des beliebten Staatsmannes. Zur Erinnerung wird jährlich am 5. Tag des 5. Monats das Drachenbootfest gefeiert. Man fährt mit geschmückten Booten auf Flüssen und Kanälen, opfert Eßwaren und brennt Feuerwerke ab.

Als Baumaterial für das schlanke Boot dienen Tannen- oder Fichtenstämme. Die Bodenplanken fertigt der Chinese aus Eiche an. Die angefrästen Tannen- oder Fichtenplanken werden mit dem verjüngten Teil in die genuteten Bodenplanken eingepaßt. Je nach Notwendigkeit baut man einige Schotten ein, um den Rumpfseiten, die aus drei übereinandergesetzten Planken bestehen, eine gute Festigkeit zu geben. Ein gedrilltes Seil, vom Bug zum Heck gespannt, verhindert das Durchbiegen des langen schlanken Bootsrumpfes. Der Drache als Symbol des Festes ist der wichtigste Bootsschmuck. Der Bug ist als Drachenkopf und das Heck als Drachenschwanz gestaltet. Der Bootsrumpf stellt den Leib des Drachens dar. Er wird mit aufgemalten oder aufgesetzten Schuppen verziert. Ein kleines Boot ist etwa 18 Meter lang. Es wird von 36 Ruderern, die mit unterschiedlichen Symbolen und Kleidern geschmückt sind, mit Stechpaddeln vorwärtsbewegt. Für die Fahnenträger und Trommler sowie den Steuermann gibt es separate Plattformen, auf denen sie sitzen oder stehen. Der Trommler gibt mit dem Schlag das Rudertempo an. Mit in den Takt ordnen sich mitunter auch andere Musiker mit Musikinstrumenten zum Schlagen oder Blasen ein. Es gilt als Auszeichnung, einen solchen Posten zu erhalten (siehe Foto Seite 6).

Drachenbootrennen finden an vielen Orten Chinas und auch in anderen asiatischen Ländern statt. Zum Neujahrs- oder Wasserfest werden sie auch bei den nationalen Minderheiten in China, überwiegend am ersten Festtag, durchgeführt. In China gibt es neben der Han-Nationalität, die über 93 Prozent der Gesamtbevölkerung ausmacht, noch 55 nationale Minderheiten. Auch hier versammeln sich die Aktiven und viele Schaulustige, die im Rennverlauf die Bootsbesatzungen lauthals anfeuern.

Bei den Drachenbootrennen der Tai (Dai) wird ein Tagesfeuerwerk abgebrannt. Aufsteigende Luftballons künden den Beginn des Rennens an. Die Boote sind bis 50 Meter lang und werden von 40 bis 60 Jungen und Mädchen gepaddelt. Die Sieger feiert man mit Beifall und Reiswein.

Die kleinere Variante des Drachenbootes beschreibt Spencer, die größere (deren technische Daten stehen in Klammern), Audemard.

CH'ANTZU-(CHANZI-) DSCHUNKE

Länge: 15 bis 17 m
Breite: 3,6 bis 4,6 m
Tragfähigkeit: 20 bis 30 t
Anzahl der Segel/Masten: 1/1
Segelform: geneigte Rahe, leicht ausgestelltes Achterliek
Besatzung: 3 bis 5

Die Ch'antzu-(Chanzi-) Dschunke beförderte Salz von Yüehyang (Yueyang) flußaufwärts nach Shashih (Shashi). Die 2000 Jahre alte Stadt Yüehyang (Yueyang), die im Mündungsgebiet des Tungt'ing-(Dongting-) See in den Ch'angchiang (Changjiang) liegt, war ein zentraler Umschlagplatz für Salz. Etwa 200 Jahre lang, vom Anfang des 18. Jahrhunderts an, befuhr die Ch'antzu-(Chanzi-) Dschunke den 200 bis 300 Kilometer langen Flußabschnitt bis Shashih (Shashi) am mittleren Ch'angchiang (Changjiang) und beförderte meistens Salz.

Die mittelgroße Dschunke fuhr im Durchschnitt pro Jahr sechs- bis achtmal die Strecke zwischen beiden Städten. Somit lag die Transportleistung eines Fahrzeuges zwischen 120 bis 200 Tonnen jährlich. Bei voller Zuladung hatte die Dschunke einen Tiefgang von 1,7 Metern. Auf dem kurzen Vordeck stand vor der Hauptluke der Großmast. Der gedrungene Rumpf, der aus Fichten-, Tannen- oder Föhrenholz gebaut wurde, hatte durch vier Barkhölzer auf jeder Rumpfseite eine gute Festigkeit. Das Deckshaus bestand an den Seiten aus Holz und hatte ein Mattendach. Es überragte in der Höhe das Lukensüll der Ladeluke, so daß der Steuermann gut das Fahrtgebiet überschauen konnte. Ein großes Flachwasserbalanceruder, zwei Seitenriemen, deren Dollen auf einem Querholz, das zwischen Großbaum und Lukensüll angebracht war, sowie ein Draggen gehörten zur Grundausrüstung. Der Draggen hing vor dem Bug. Zur Befestigung des Taues waren zwei Deckspoller, die etwa 1,5 Meter vom Bug entfernt standen, vorhanden. Der Laderaum war durch Schotten in Abteilungen unterteilt. Der hohe Lukensüll schützte den Laderaum gegen Spritzwasser. Nach Entfernung der Lukenabdeckungen konnte be- und entladen werden. Der Chinese benutzte zum Be- und Entladen einen aus gespaltetem Bambus geflochtenen Korb. Als Laufsteg zum Land diente eine Planke, über die der Korbträger balancieren mußte. Dschunkenmeister und Steuermann waren im Deckshaus und die Mannschaft unter Deck untergebracht. Audemard beschreibt zwei kleinere Dschunken, die den Namen Ch'antzu (Chanzi) tragen und eine Tragfähigkeit von 18 bis 24 Tonnen hatten. Bei einer Besatzung von drei bis fünf Mann verfügten sie über zwei Masten. Bei einer dritten von Audemard erwähnten Ch'antzu-(Chanzi-) Dschunke wird die ständig befahrene Strecke von Yüehyang (Yueyang) nach Shashih (Shashi) erwähnt.

Der Einsatz von Dampfschiffen zum Transport von Salz vom Tungt'ing-(Dongting-) See den Ch'angchiang (Chang-

jiang) flußabwärts zur Küste begann 1930. Das dadurch geringer werdende Ladungsangebot kompensierten die Ch'antzu-(Chanzi-) Dschunken, indem sie auf dem mittleren Ch'angchiang (Changjiang) alle angebotenen Frachten übernahmen, ein Schicksal, das im Laufe der Motorisierung der Flußschiffahrt viele spezialisierte Dschunkentypen teilten.

Modell einer Ch'antzu-(Chanzi-) Dschunke.   Quelle: Spencer

CH'UNGYENPANG-(CHONGYANBANG-) DSCHUNKE

Länge: 23 m
Breite: etwa 5 m
Tragfähigkeit: bis 30 t
Anzahl der Segel/Masten: 1/1
Segelform: geneigte Rahe, vermutlich ausgestelltes Achterliek
Besatzung: etwa 10

Diese Dschunke, laut Spencer ein Mischtyp, war in der Stadt Yüehyang (Yueyang) an der Einmündung des Tungt'ing-(Dongting-) Sees in den Ch'angchiang (Changjiang) beheimatet. Ab 1912 wurde dieser Dschunkentyp gebaut. Die Besitzer der Dschunken, die das Transportrecht für Salz erwarben und durch die »Verwaltung für Staatseinkünfte durch Salz« kontrolliert wurden, hatten durch den zentralen Umschlagplatz ihrer Heimatstadt ein lohnendes Transportangebot. Sie befuhren, vor allem mit Salz beladen, den mittleren und oberen Ch'angchiang (Changjiang).

Die mittlere Ch'ungyenpang-(Chongyanbang-) Dschunke war länger als die ältere Ch'antzu-(Chanzi-) Dschunke, wobei die Tragfähigkeit nicht über 30 Tonnen lag. Audemard beschreibt einen ähnlichen Dschunkentyp unter dem Namen Ch'ungch'ing (Chongching) mit einer Tragfähigkeit von 24 Tonnen, 5 Mann Besatzung und 16 Treidlern. Als Herkunft nennt er die Stadt Neichiang (Neijiang) in der Provinz Such'uan (Sichuan). Trotz der Unterschiede waren die Rumpfform und die Decksaufbauten relativ einheitlich, was sonst in China nicht selbstverständlich ist. Mit der Rumpfbreite und Flachbordigkeit wurden ältere Konstruktionsmerkmale übernommen. Ein eckiges, aus schwerem Holz gebautes Überwasserteil war auf den wohlgeformten Rumpf mit je einem Barkholz an den Rumpfseiten aufgesetzt worden. Der weit vorne sitzende kräftige Großmast und die Querhölzer sind vermutlich von der Mayang-Dschunke übernommen worden. Ein halbrundes Mattendach ersetzte das Deckshaus. Es erlaubte dem Steuermann einen ausrei-

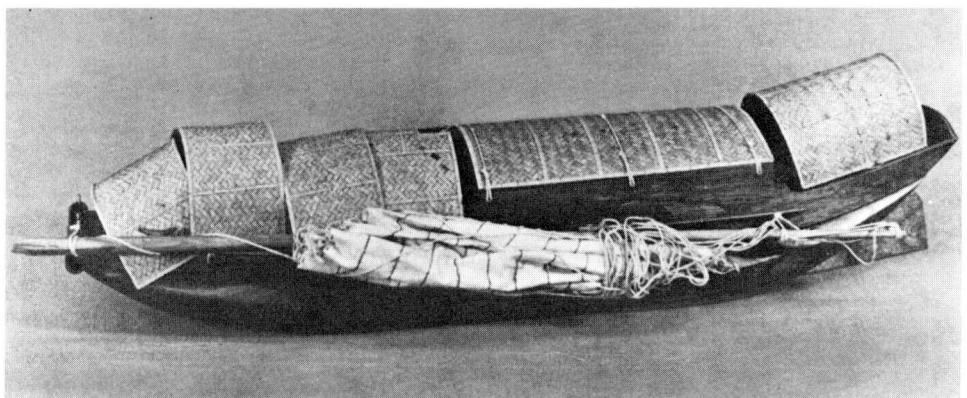

chenden Ausguck, da es etwas höher als die Mattenabdeckung der Ladeluke war. Diese Lukenabdeckungen stellten einen guten Wetterschutz gegen Regen dar, doch sie konnten schnell zur Seite geräumt werden, um eingedrungene Feuchtigkeit bei Sonnenschein verdunsten zu lassen, denn der Salztransport mußte in ausreichender Qualität erfolgen. Die möglichen 30 Tonnen konnten nur bei ruhigem Wasser transportiert werden, da unter derartigen Ladebedingungen das Freibord sehr gering war. Überkommendes Wasser hätte, trotz hohen Lukensüls, das Salz sonst verdorben. Für den Transport mit geringem Freibord war nur der Tungt'ing-(Dongting-) See geeignet. Auch flußaufwärts wurde weniger geladen.

Es muß trotz der Bemühungen um eine gute Laderaumauslastung angenommen werden, daß durch die Dampfschiffahrt dieser Dschunkentyp ebenfalls in den 30er Jahren unseres Jahrhunderts in der Anzahl zurückging und heute wohl nicht mehr verkehrt.

CHINGPANG-(JINGBANG-) DSCHUNKE

Länge: 18 bis 24,5 m
Breite: 3 bis 4,5 m
Tragfähigkeit: 20 bis 40 t
Anzahl der Segel/Masten: 2/2
Segelform: stark geneigte Rahe, leicht ausgestelltes Achterliek
Besatzung: 8 bis 10 (geschätzt)

Ähnlich wie die Chingpanghuatzu-(Jingbanghuazi-) Dschunke wies diese mittelgroße Dschunke Elemente der Mayangtzu-(Mayangzi-) Dschunke in der Bauausführung auf. Dieser Misch- oder modifizierte Typ befuhr den Ch'ang-chiang (Changjiang) zwischen den Städten Ich'ang (Yi-chang) und Wuhan. Der mittlere Flußabschnitt mit seinen Nebenflüssen, Seen und Kanälen gehört zu den wasserreichsten Chinas. Hier existierten sehr viele Haupt- und Mischtypen, da beide Handelszentren bereits vor 2000 Jahren Häfen hatten.

Der Rumpf der Dschunke wurde aus Tanne, Fichte, Föhre oder Zypresse gefertigt. Er besaß durchgehend ein Dollbord, an jeder Rumpfseite ein Barkholz sowie einen Decksprung zum Bug und Heck. Das Heck war nicht so hoch gezogen, wie wir es von der Mayangtzu-(Mayangzi-) Dschunke kennen, hatte aber bereits eine gewisse harmonische Linienführung. Am hinteren Deckshaus waren die beiden Kreuzhölzer offensichtlich von der Mayangtzu-(Mayangzi-) Dschunke übernommen worden, was auf Grund des Deckssprungs für die gesamte Bugform nicht zutrifft. Das Ankertau wurde mit einem senkrechten Spill gefiert oder gehievt, und der Draggen hing an einem Kranbalken am Bug. Der Fockmast war kippbar und relativ weit zum Bug gesetzt, damit er die Handhabung der beiden Seitenriemen nicht beeinträchtigte. Die 15 bis 18 Meter langen Seitenriemen hatten ihre Dollen auf einem Querholz, das vor dem vorderen Deckshaus angebracht war. Zwischen beiden Deckshäusern war ein Quergang, von dem der Steuermann bei gutem Wetter die Ruderpinne bediente. Beide mit Matten abgedeckte Deckshäuser bestanden an den Seiten aus Holz. Der Großmast war in die Mitte der Dschunke gesetzt. Das Großsegel konnte in gerefftem Zustand auf einen Auflagerahmen abgelegt werden. Die Dschunke hatte, wenn sie beladen war, einen Tiefgang von 1,6 Metern. Mit einem großen Flachwasserruder, das zum

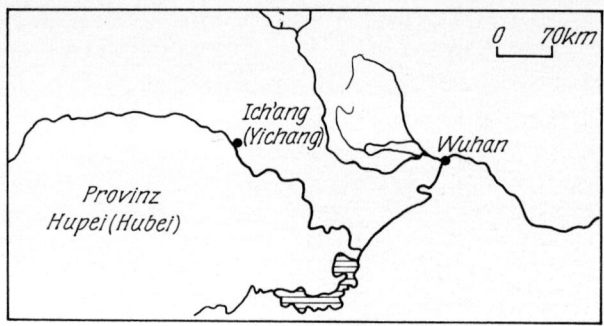

Der Ch'angchiang (Changjiang) von Ich'ang (Yichang) bis Wuhan.

Befahren der vielen Flußwindungen im Mittellauf des Ch'angchiang (Changjiang) benötigt wurde, war die P'ao-(Pao-) Dschunke ausgerüstet.

Hinweise in der Literatur, bis zu welcher Zeit die Chingpang-(Jingbang-) Dschunke noch auf dem Ch'angchiang (Changjiang) verkehrte, sind nicht vorhanden. Von Anfang der 50er bis Mitte der 70er und zum Teil bis Anfang der 80er Jahre konnten noch relativ viele Dschunken unter Segeln und ohne Motor auf dem Unterlauf des Flusses gesichtet werden. Ob es sich dabei auch um den hier beschriebenen Typ der Chingpang-(Jingbang-) Dschunke handelt, konnte nicht eindeutig geklärt werden.

Modell einer Chingpang-(Jingbang-) Dschunke.   Quelle: Spencer

P'AO-(PAO-) DSCHUNKE

Länge: etwa 15 m
Breite: 3 m
Tragfähigkeit: unter 20 t
Anzahl der Segel/Masten: 1/1
Segelform: gerade Rahe, gerade Lieks
Besatzung: etwa 6, zuzüglich 20 Ruderer

Die P'ao-(Pao-) Dschunke, im Deutschen Kanonenboot, war ein Polizeifahrzeug. Zum Einsatz kamen die Polizei-Dschunken auf dem mittleren Ch'angchiang (Changjiang) von der Stadt Ich'ang (Yichang) bis Wuhan sowie auf dem P'oyang-(Poyang-) See. Die hier vorgestellte Dschunke wurde in der Stadt Ich'ang (Yichang) seit 1865 gebaut. Sie gehörte zu den letzten Vertretern ihrer Art. Der Dschunkentyp wurde nach dem T'aip'ing-(Taiping-) Aufstand eingeführt und operierte im genannten Flußabschnitt bis zum Jahre 1911.

In der letzten Zeit der Existenz kam das Fahrzeug vorrangig für den Zolldienst und für die Schmugglerbekämpfung zum Einsatz.

Am großen, blauweiß gestreiften Segel waren die Fahrzeuge leicht zu erkennen. Die diensttuenden Polizisten trugen rote Westen und blaue Hosen. Die Polizei von Ich'ang (Yichang) trug als Kopfbedeckung einen Ssuch'uan (Sichuan-) Turban. Der Name stammt von der gleichnamigen Provinz, durch die der obere Ch'angchiang (Changjiang) fließt. Alle eingesetzten Dschunken besaßen einen geringen Tiefgang, damit sie in den flachen Stellen der Uferzonen noch manövrieren konnten. Die hinten gelegenen Deckshäuser hatten fast die Breite des Hecks, so daß nur ein schmaler Gang um die Deckshäuser führte, der mit einer Reling versehen war. Die am Heck angebrachten Fahnen und Stangenwaffen wiesen auf den militärischen Rang der Dschunke und den des Kommandeurs hin. An den Rumpfaußenseiten befanden sich weiße Scheiben mit Schriftzeichen, die Auskunft über die militärische Einheit, die Zuord-

P'ao-(Pao-) Dschunke
mit untypischen Segeln.
Quelle: Spencer

nung des Fahrzeuges, den Flußnamen und die Provinzzugehörigkeit gaben. Am Bug der Dschunke stand eine kleine Kanone, doch wohl mehr zur Abschreckung. Die Kanone hatte, entsprechend dem technischen Stand, nur eine geringe Feuerkraft. Das Rohr wurde auf einem Balkengestell befestigt, welches in der Regel fest mit dem Deck verbunden war. Das Richten konnte somit mit dem gesamten Fahrzeug vorgenommen werden, was entsprechend lange dauerte. Vor dem Abfeuern hatte die gesamte Mannschaft Angst, und die

Wirkungen beim Gegner waren gering. Das Schießpulver wurde aus Salpeter, Holzkohle und Schwefel bei Schrapnellgeschossen, im Gegensatz zu Kartätschgeschossen, die keine Pulverladung hatten, zusammengestellt.

Kleinere Rudernachen gehörten ebenfalls zu den Fahrzeugen der Polizei. Entsprechend ihrer Größe wurden sie nur mit zwei Polizisten besetzt. Insgesamt waren die Bauformen nicht einheitlich, aber den örtlichen Gegebenheiten angepaßt.

CHINGPANGHUATZU-(JINGBANGHUAZI-) DSCHUNKE

Länge: 19 bis 20 m
Breite: etwa 4 m
Tragfähigkeit: 30 t
Anzahl der Segel/Masten: 1/1
Segelform: geneigte Rahe, leicht ausgestelltes Achterliek
Besatzung: 5 bis 8 (geschätzt)

Der Name dieser Dschunke ist irreführend, denn er bezeichnet eigentlich ein Ruderboot aus dem Gebiet Ching (Jing). Ching (Jing) ist der Name für einen alten chinesischen Staat. Beheimatet war diese Dschunke jedoch in der Stadt Shashih (Shashi), einem Zentrum des Flußhandels, das von einer Vielzahl unterschiedlicher Dschunken angelaufen wurde. Audemard unterscheidet drei Dschunkenkategorien mit den Bezeichnungen ch'uan (chuan), Nan und Hua, die sich in der Bauform, in der Größe und in ihrem Fahrtgebiet unterschieden, wobei Nan wörtlich Süd und Hua wörtlich Ruderboot bedeutet.

In der Vergangenheit soll die Chingpanghuatzu-(Jingbanghuazi-) Dschunke Tribute in Form von landwirtschaftlichen Gütern aus der südlich angrenzenden Provinz Hunan nach Shashih (Shashi) transportiert haben. Bekräftigt wird diese Vermutung dadurch, daß die Dschunke nachweislich ein Mischtyp aus der Mayangtzu-(Mayangzi-) Dschunke und der Pientzu-(Bianzi-) Dschunke war. Beide Dschunkentypen hatten ihre Heimathäfen in der Provinz Hunan, so daß die Fluß-Dschunke aus Shashih (Shashi) sehr alte Vorfahren hatte. In der Hafenstadt gab es eine Arbeitsteilung. Die größeren Dschunken landeten die Waren an, und die kleineren Fahrzeuge, die oft nur eine Tragfähigkeit von einer Tonne hatten, übernahmen den Transport über die Nebenflüsse und Kanäle ins Landesinnere.

Die Chingpanghuatzu-(Jingbanghuazi-) Dschunke besaß einen kräftigen Rumpf mit je zwei Barkhölzern an jeder Seite. Unbeladen ragte der Rumpf, der kein Schanzkleid hatte, hoch aus dem Wasser auf. Im beladenen Zustand betrug der Tiefgang 1,8 Meter. Die Dschunke besaß nur ein Querholz hinter dem Großmast, auf dem die Dollen für die beiden Seitenriemen angebracht waren. Der Großmast war kippbar. Das Schotensystem des Großsegels wurde über die beiden Kreuzhölzer am Heck, die von der Mayangtzu-(Mayangzi-) Dschunke übernommen waren, geführt. Auf dem Vordeck gab es drei Deckspoller. Der hintere diente dem Ankertau, das über einen Kranbalken lief und einen Draggen hielt. Der geringe Decksssprung zum Heck und die beiden Deckshäuser mit ihrer halbrunden Form entlehnte man der Pientzu-(Bianzi-) Dschunke.

Eine kleinere Variante der Dschunke, die den gleichen Namen trug, verkehrte ebenfalls um Shashih (Shashi). Haupteinsatzgebiete waren jedoch die Nebenflüsse des Ch'angchiang (Changjiang) Hanshui und Pienho (Bianhe). Die Dschunke hatte eine Länge von 12 Metern, eine Breite von 2 Metern und im Vergleich zur größeren Variante einen geringeren Tiefgang. Die Tragfähigkeit lag zwischen 1 und 2 Tonnen. Sie besaß nur ein Deckshaus, ein oberhalb des Decks offenes Heck und zwei Seitenriemen, deren Dollen auf einem Querholz angebracht waren.

In der Literatur gibt es keine Hinweise darauf, ob die kleinere bzw. die größere Chingpanghuatzu-(Jingbanghuazi-) Dschunke heute noch im Einsatz ist.

Modell einer Chingpanghuatzu-(Jingbanghuazi-) Dschunke.
Quelle: Spencer

PIENHOHUATZU-(BIANHEHUAZI-) DSCHUNKE

Länge: 10 bis 15 m
Breite: 2 bis 2,5 m
Tragfähigkeit: etwa 10 t
Anzahl der Segel/Masten: 1/1
Segelform: geneigte Rahe, gerade Lieks, oben schmaler
Besatzung: 5 (geschätzt)

Diese Dschunke war in der näheren Umgebung der Stadt Shashih (Shashi) in der Provinz Hupei (Hubei) am Mittellauf des Ch'angchiang (Changchiang) beheimatet. Shashih (Shashi) liegt etwa 200 Kilometer flußaufwärts von der Einmündung des Tungt'ing-(Dongting-) Sees in den Ch'angchiang (Changjiang). Zwischen der Stadt und Wuhan existiert eine Vielzahl von Wasserstraßen. Seen, Kanäle und Nebenflüsse bilden ein kaum zu übersehendes Fahrtgebiet für Handels- und Fischerei-Dschunken. Einer der Nebenflüsse des Ch'angchiang (Changjiang), der Pienho (Bianhe), gab der hier beschriebenen Dschunke ihren Namen. Zwischen Shashih (Shashi) und Wuhan fließt der Ch'angchiang (Changjiang) in einem großen südlichen Bogen mit vielen Flußwindungen. Diese Streckenverlängerung erspart sich der Dschunkenmann, wenn er die nördlichen Seen, Flüsse und Kanäle zwischen den beiden wichtigen Handelszentren am Nordufer nutzt.

Der Rumpf der Dschunke hatte große Ähnlichkeit mit dem etwas kleineren Ich'ang-(Yichang-) Sampan im Grenzbereich vom Ober- zum Mittellauf des Flusses, der ohne Segel als Fährboot eingesetzt wurde. Beide Fahrzeuge besaßen einen schlanken Rumpf, an beiden Seiten je zwei Bark-

hölzer, ein oberhalb des Decks offenes Heck und ein an den Seiten offenes Wetterdach an Stelle eines hinteren Deckshauses. Die Pienhohuatzu-(Bianhehuazi-) Dschunke verfügte über ein zweites Deckshaus. Es war 3 bis 4 Meter lang, an den Seiten aus Holz und hatte ein Mattendach. Zwei Drittel der Dschunke waren somit überdacht. Der Großmast stand vor den Deckshäusern im vorderen Drittel. Die Segelbahnen waren in der hinteren Hälfte des Segels abwechselnd vor und hinter den Segellatten geführt. Die Dschunke besaß ebenfalls die an der Oberkante abgerundete Form des Ruderblattes, wie wir sie von der Mayangk'uatzu-(Mayangkuazi-) Dschunke her kennen. Zwei Seitenriemen und eine Ankerstange gehörten mit zur Ausrüstung. Die Seitenriemen wurden beim Rudern nicht auf Dollen gesteckt, son-

Modell einer Pienhohuatzu-(Bianhehuazi-) Dschunke.

Quelle: Spencer

Der Ch'angchiang (Changjiang) von Shashih (Shashi) bis Wuhan und dem Nebenfluß Pienho (Bianhe).

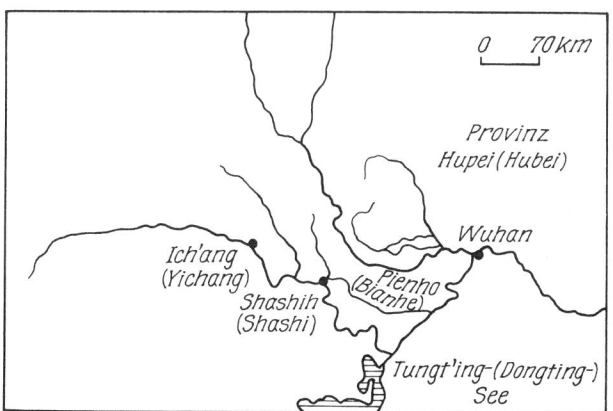

dern in kleine Schlingen, die man an den Zapfen, die wiederum im Dollbord eingesteckt waren, befestigte. Diese Riemenauflage war häufig zu finden und ist heute noch gebräuchlich.

Mit dieser Dschunke transportierte der Chinese sämtliche Stückgüter vom mittleren zum unteren Ch'angchiang (Changjiang). Flußaufwärts waren diese Dschunken oft mit Rohbaumwolle beladen. Diese Ballen waren hoch aufgetürmt, so daß die eigentliche Dschunke kaum zu sehen war.

Oben auf den Baumwollballen saß dann ein Ausguck, der den Steuermann durch Zurufe unterstützte. Die Ladung wurde gegen Bargeld veräußert. Es ist bekannt, daß der Dschunkenmann nur im Notfall kleinere Ladungsanteile gegen einheimische Eßwaren zur Selbstverpflegung tauschte. Laut Spencer war diese Dschunke um 1930 noch im Einsatz. Deren Frachteinnahmen waren zwar nicht groß, aber stetig, und für den Lebensunterhalt der kleinen Besatzung ausreichend.

T'OPIENTZU-(TUOBIANZI-) DSCHUNKE

Länge: 13 bis 21 m
Breite: 3 bis 3,6 m
Tragfähigkeit: 2 bis 10 t (20 t)
Anzahl der Segel/Masten: 2/2
Besatzung: 3 bis 5 (geschätzt)

Diese Handels-Dschunke, ein Mischtyp, der in der Stadt Ich'ang (Yichang) gebaut wurde, besaß Merkmale der Mayangtzu-(Mayangzi-) Dschunke, wie die kräftigen Querhölzer vor dem Großmast, sowie von der Pientzu-(Bianzi-) Dschunke, von der die Art und der Standort der Masten übernommen wurden. Interessant ist auch ein Vergleich mit der Hsianggyangpientzu-(Xianggyangbianzi-) Dschunke, da sie ebenfalls ein Mischtyp war.

Bei einer Zuladung von 2 bis 10 Tonnen hatte die T'opientzu-(Tuobianzi-) Dschunke ein Freibord von 0,4 bis 0,8 Metern und einen Tiefgang von 1,2 Metern. Mit diesem Tiefgang konnte auch der Tungt'ing-(Dongting-) See, der neben dem Hanshui und dem mittleren Ch'angchiang (Changjiang) sowie Shashih (Shashi) und Wuhan zum Einsatzgebiet der Dschunke gehörte, befahren werden. Einige ältere Dschunken dieses Typs kamen zum Transport von Steinen zum Einsatz. Zuladungen bis 20 Tonnen sollen nicht selten gewesen sein, so daß der Freibord nur einige Zentimeter betrug. Im Streckenabschnitt unterhalb von Ich'ang (Yichang) bis Wuhan fließt das Wasser etwas ruhiger dahin. Damit war das Risiko, daß Wasser in den Laderaum eindringen konnte, nicht allzu groß.

Die T'opientzu-(Tuobianzi-) Dschunke gehörte zu den mittelgroßen Fahrzeugen, die vorrangig zum Warentransport gebaut wurden. Zu erkennen ist dies an den klein gehaltenen Deckshäusern, die aus Matten hergestellt waren. Der kräftige Rumpf hatte auf beiden Seiten je drei Barkhölzer. Der Draggen lag zwischen Zapfen am Bug und wurde mit einem senkrechten Spill zu Wasser gelassen oder gehievt. Mit den überlangen Seitenriemen und dem großen Flachwasserruder konnte der Dschunkenmann auch im flachen und engen Gewässer manövrieren, was von Bedeutung war.

Eine etwas kleinere T'opientzu-(Tuobianzi-) Dschunke gab es auf einem Nebenfluß des Ch'angchiang (Changjiang), dem Pienho (Bianhe). Sie hatte eine Tragfähigkeit von 3 bis 9 Tonnen und eine Besatzung von 2 bis 3 Personen. Mit ihr transportierte man vorrangig Zucker und Opium.

Die Pientzu-(Bianzi-) Dschunke, die ebenfalls in Ich'ang

Modell einer T'opientzu-(Tuobianzi-) Dschunke.   Quelle: Spencer

(Yichang) gebaut wurde, befuhr ebenfalls den Ch'angchiang (Changjiang) bis Wuhan, den Nebenfluß Hanshui, die Kanäle, Seen und Nebenflüsse zwischen Wuhan und Shashih (Shashi) sowie den Tungt'ing-(Dongting-) See. Dieser Dschunkentyp hatte eine Tragfähigkeit von 18 bis 42 Tonnen und eine Besatzung von 2 bis 5 bzw. in der größeren Bauweise 7 bis 9 Personen. Audemard gibt als Verbreitungsgebiet die Gegend von Chiuchiang (Jiujiang) an. Durch die große Ausbreitung des Fahrtgebietes dieses Haupttyps war auch das Entstehen vieler Mischtypen möglich. Die Pientzu-

(Bianzi-) Dschunke hatte eine Tragfähigkeit von 42 Tonnen und eine Besatzung von 7 bis 9 Personen. In der Literatur ist auch eine etwas kleinere mit einer Tragfähigkeit von 7 bis 35 Tonnen erwähnt. Das Fahrtgebiet lag flußauf- bzw. flußabwärts von Wuhan sowie auf den Nebenflüssen. Transportiert wurden als Import Tabak und als Export Porzellan.

In den 20er und 30er Jahren unseres Jahrhunderts wurden die meisten dieser Dschunken noch gesehen. Spätere Zeitangaben zur Existenz sind in der zugänglichen Literatur nicht erwähnt.

ICH'ANG-(YICHANG-) LASTKAHN

Länge: 26 m
Breite: etwa 5 m
Tragfähigkeit: 60 t
Anzahl der Segel/Masten: keine
Segelform: entfällt
Besatzung: 3 bis 5 (geschätzt)

Ich'ang (Yichang) liegt unterhalb der drei großen Ch'angchiang-(Changjiang-) Schluchten in der Provinz Hupei (Hubei). In der alten Handelsmetropole verkehrten außer den Sampans laut Zollbericht in den Jahren 1882 bis 1891 noch 24 unterschiedliche Dschunkentypen. Davon kamen 15 vom oberen und 9 vom mittleren Ch'angchiang (Changjiang). Die Dschunken vom Oberlauf hatten im Durchschnitt eine Tragfähigkeit von 12 bis 24 Tonnen und vereinzelt sogar von 72, 78 und 108 Tonnen. Die Besatzungen bestanden aus 5 bis 7 Personen und 20 bis 30 gemieteten Ruderern. Die Dschunken vom Unterlauf besaßen eine Tragfähigkeit von 10 bis 42 Tonnen und Besatzungen von 4 bzw. 5 bis 7 Personen.

Mit der Zunahme der Transportaufgaben in den Häfen

entwickelte sich der Lastkahn zu einem unentbehrlichen Hilfsmittel. Er ist für Stück- und Schüttgüter geeignet, hat eine große Tragfähigkeit und kann geschleppt, gerudert oder mit Stangen vorwärtsbewegt werden. Er war und ist heute noch einfach und stabil gebaut. Der Rumpf besitzt mehrere Barkhölzer auf jeder Seite, er hat keinen Decksprung, flache Bug- und Heckformen sowie ein großes Flachwasserruder. Entsprechend dem überwiegend flachen Fahrwasser ist der Tiefgang der Lastkähne gering. Die Lastkähne in Ich'ang (Yichang) haben einen Tiefgang von etwa 1,6 Metern und in den größeren Häfen, wie Shanghai und Wuhan, einen Tiefgang von 2,3 Metern.

Der Ich'ang-(Yichang-) Lastkahn besitzt 15 Schotte. Zwischen dem ersten und zweiten Schott befindet sich ein leerer Raum, der als Sammelbecken für das Bilgenwasser dient. Das Leck- und Schwitzwasser kann mit einer Pumpe so günstig vom Sammelbecken nach außenbords befördert werden. Die Abteilung ist durch eine Luke zu besteigen. Von einer Bordwand zur anderen reicht hinter der Luke ein Schott, an dem zwei Deckspoller sitzen. Das Schott hat den Zweck,

Modell eines Ich'ang-
(Yichang-) Lastkahnes.
Quelle: Spencer

Entladung eines Lastkahnes im Jahre 1956.
Foto: Kiesling

Chinesische Lastkähne um 1914.
Foto: Lübeck

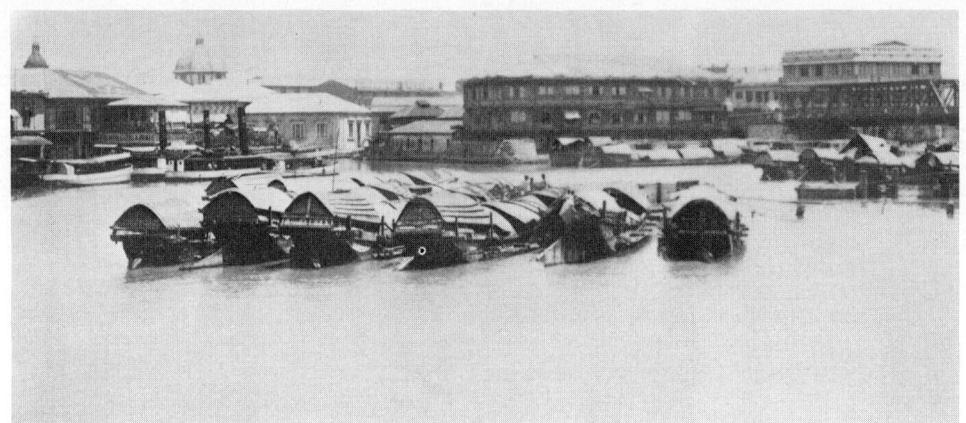

überkommendes Wasser abzuleiten und den Laderaum zu schützen. Um das Ladegut vor Witterungseinflüssen zu bewahren, ist die große durchgehende Ladeluke mit Bohlen abgedeckt. Oftmals werden zum Schutz auch Bambusmatten verwendet, die bis zu den Bordwänden reichen. Um ohne Beschädigung des Ladegutes den Kahn in seiner gesamten Länge begehen zu können, befestigt der Chinese an den Bordwänden zusammengebundene Bambusstämme, um sie als Laufsteg zu benutzen. Ornamente als Schmuckelemente sind vereinzelt im Bug- und Heckbereich zu finden.

Der Ich'ang-(Yichang-) Lastkahn hat als einziger ein Vollbalanceruder. Er ist um einige Meter länger als der Lastkahn vom Unterlauf. Die Lastkähne waren zwischen 1910 und 1956 in allen größeren Häfen zu finden.

Chinesischer Lastkahn mit Heckbemalung um 1914. Foto: Lübeck

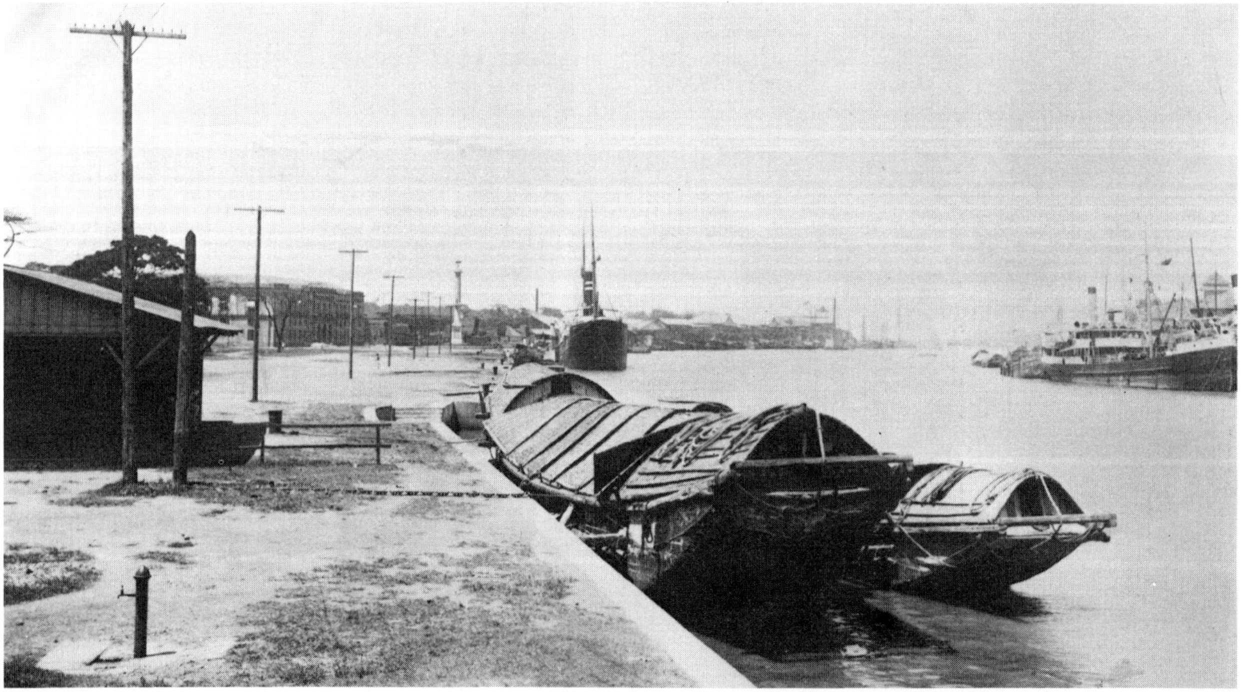

ICH'ANG-(YICHANG-) SAMPAN

Länge: bis 8 m
Breite: 2 m
Tragfähigkeit: keine Angaben
Anzahl der Segel/Masten: keine
Segelform: entfällt
Besatzung: 1 bis 2

Sampane gab und gibt es in den Hafenstädten und auf den Seen und Flüssen Chinas in allen Größen. Der hier dargestellte Sampan ist in der Stadt Ich'ang (Yichang) beheimatet. Hier wird er als Zubringer für Passagiere und andere Transporte zu größeren Schiffen sowie zum Ausbringen von Ankern bei ein- und auslaufenden Schiffen verwendet. Männer, Frauen und auch Kinder fahren die Sampane.

Der Rumpf ist elegant und stabil gebaut. Er kann mit Seitenriemen gerudert oder mit einem Heckriemen gewriggt werden. Das kleine Wetterdach, meistens abnehmbar, wird nur als Sonnen- und Regenschutz genutzt. Die Rumpfform ist vergleichbar mit anderen Fahrzeugen, so beispielsweise mit der Yucheng-(Youzheng-) Dschunke. Der Rumpf wird durch Einstreichen mit T'ung-(Tong-) Öl behandelt. Einige Sampane sind innen auch mit Farbe gestrichen.

Heute sind die Sampane überwiegend mit einem Motor ausgerüstet, das Mattendach ist durch ein Sonnenzelt aus Leinen oder Persenning ersetzt. Die Sampanbesitzer verdienen sich vor allem durch den Tourismus und die vielen kleinen Dienstleistungen in den Häfen und Urlauberzentren ihren Lebensunterhalt.

Draufsicht auf einen Sampan.

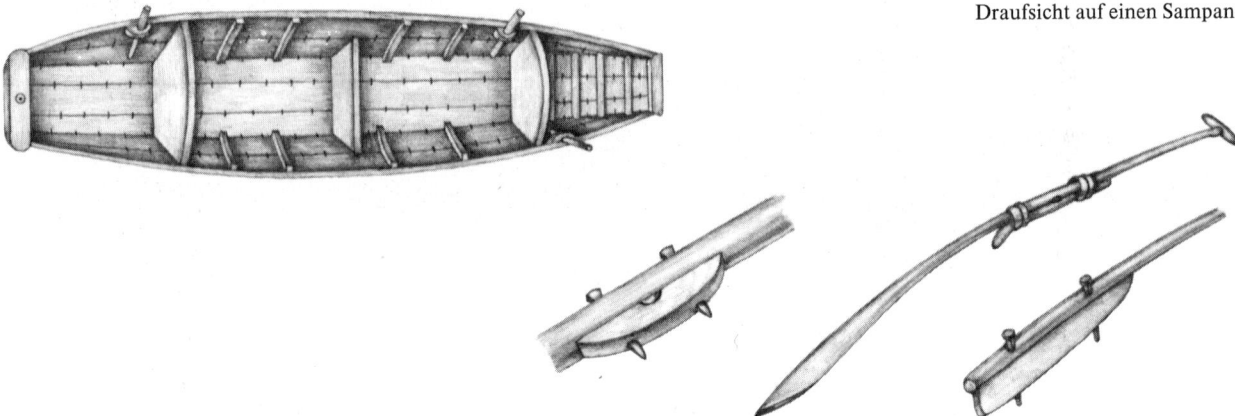

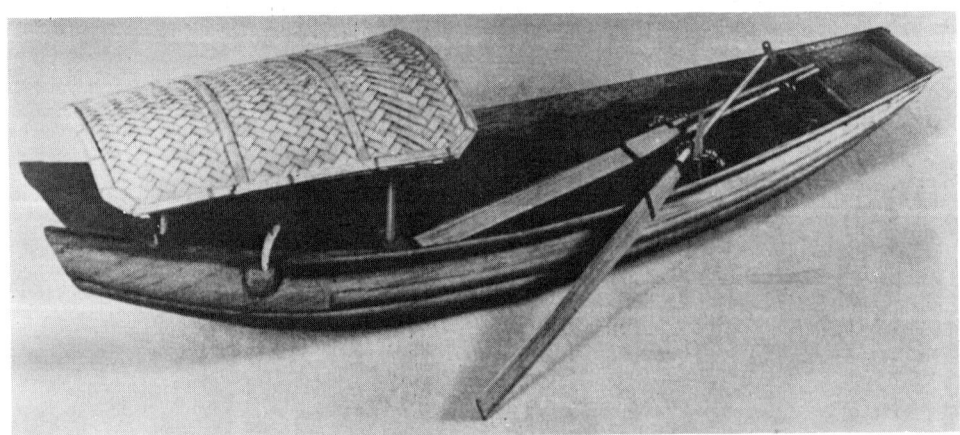

Modell eines Ich'ang-
(Yichang-) Sampans.
Quelle: Spencer

PATUNGHSIAOHOHUATZU-(BADONGXIAOHEHUAZI-) SAMPAN

Länge: 7 m
Breite: etwa 1,6 m
Tragfähigkeit: 0,5 bis max. 1 t
Anzahl der Segel/Masten: keine
Segelform: entfällt
Besatzung: 5

Dieser Sampan, dessen Namen übersetzt »drei Bretter« bedeutet, war am Südufer des Ch'angchiang (Changjiang) in der Stadt Patung (Badong) beheimatet. Gebaut wurde er etwa 3 bis 4 Kilometer von der Stadt entfernt am Nordufer des Ch'angchiangs (Changjiang), wo ein kleiner Fluß mündet. Das Fahrtgebiet lag vorrangig im Bereich der drei großen Schluchten, die zu den Provinzen Hupei (Hubei) und Ssuch'uan (Sichuan) gehören.

Mit diesem Sampan wurden alle Güter transportiert, wobei der Salzschmuggel sehr beliebt war. Als Laderaum für das Salz diente ein Abteil innerhalb des Deckshauses, so daß das Salz getrennt von den anderen Waren und vor Regen geschützt transportiert werden konnte. In den 30er Jahren des

20. Jahrhunderts gab es zwei Transportwege für Salz in dieser Region, einen zu Wasser und einen zu Lande. Der Wasserweg konzentrierte sich auf den Ch'angchiang (Changjiang) und einige Nebenflüsse. Den Transport von den zentralen Umschlagplätzen am Tungt'ing-(Dongting-) See übernahmen die Ch'antzu-(Chanzi-)- und später die Ch'ungyenpang-(Chongyanbang-) Dschunken. Zur weiteren Verteilung der Güter in der Provinz Hupei (Hubei) wurde auch der Hanshui genutzt, so daß der nördliche Teil über den Wasserweg mit beliefert werden konnte. Der Landweg führte über die Berge im Osten der Provinz Ssuch'uan (Sichuan) zu den Märkten der Provinz Hupei (Hubei). Da der Streckenabschnitt zu Wasser im Bereich der drei großen Schluchten mit dem Sampan durchfahren wurde, durfte die Zuladung maximal nur eine halbe Tonne betragen, um das Salz trocken transportieren zu können.

Der Sampan hatte eine Rumpfhöhe von 60 Zentimetern. Bug und Heck waren in ihrer Form gleich. Für die Rumpfplanken verwendete der Chinese Zypressenholz. Der Rumpf des abgebildeten Modells ist aus einem Stück gefertigt, wie es

Die Provinz Szech'uan (Sichuan) am oberen Ch'angchiang (Changjiang) und ein Teil der Provinz Hupei (Hubei).

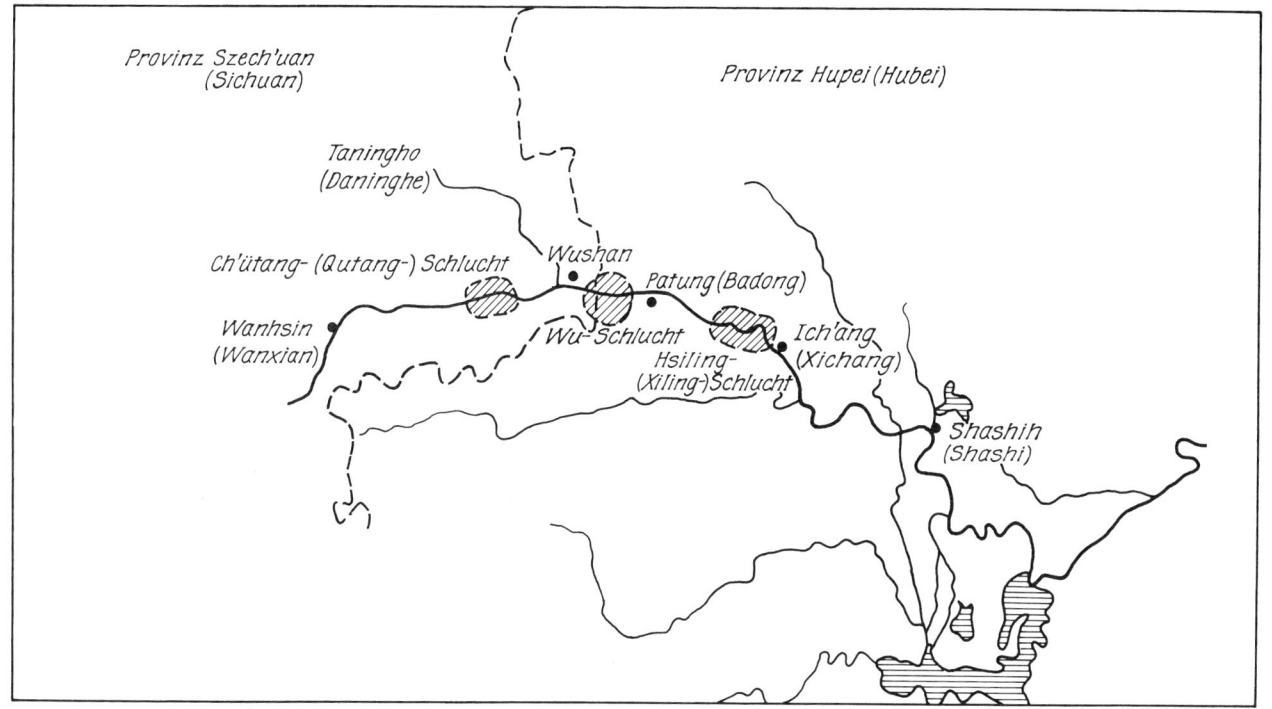

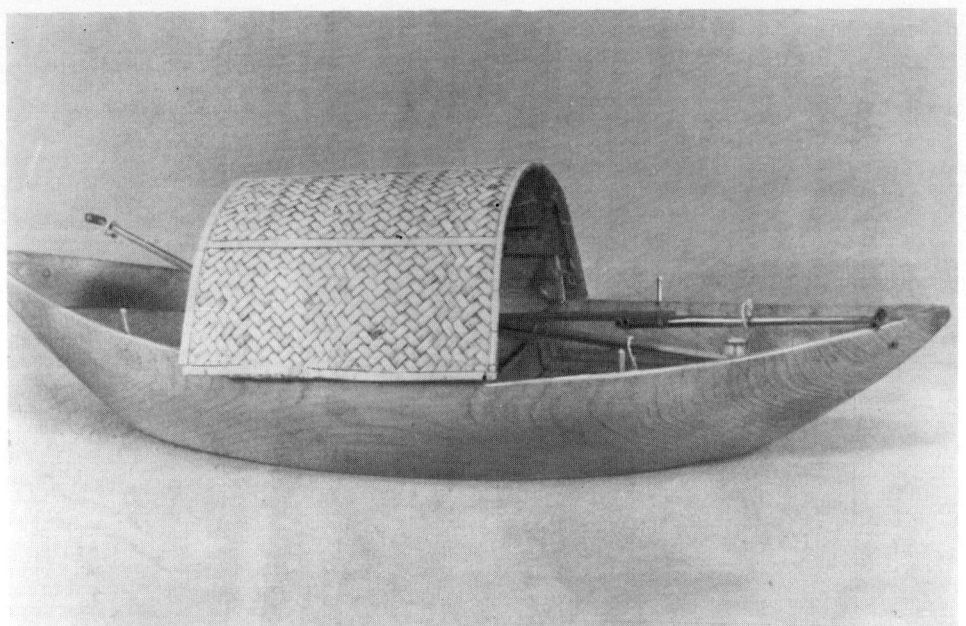

auf dem Foto zu sehen ist. Der Rumpf mit flachem Rumpf-boden wurde durch Schotten in drei Abteile unterteilt. Die mittlere Abteilung war als Deckshaus mit einer halbrunden Matte aus geflochtenem Bambus hergerichtet. Auf dem Dollbord im Bug- und Heckbereich befanden sich je zwei Dollen für die beiden Seitenriemen, mit denen der Chinese den Sampan auch steuerte. Auf der Abbildung sieht der Chinese bei der Handhabung der Riemen in Fahrtrichtung. Die Riemen führt er im Stehen. Aber es gibt auch Abbildungen, wo er die Riemen im Sitzen mit den Füßen führt.

HSIANGHSITOUK'OU- (XIANGXIDOUKOU-) DSCHUNKE

Länge: 11,5 bis 13 m
Breite: unter 2 m
Tragfähigkeit: etwa 1 t
Anzahl der Segel/Masten: 1/1
Segelform: geneigte Rahe, leicht ausgestelltes Achterliek
Besatzung: 3 bis 5 (geschätzt)

Die Dschunke hat vom Dorf Hsianghsi (Xiangxi), das ober-halb von Ich'ang (Yichang) am Taningho (Daninghe), einem kleinen Nebenfluß des Ch'angchiang (Changjiang) liegt, ih-ren Namen. Der Taningho (Daninghe) mündet am nörd-lichen Ufer im Bereich der drei großen Schluchten Ch'ütang (Qutang), Wu und Hsiling (Xiling) in den Ch'angchiang (Changjiang). Hier ragen die Felswände 500 bis 1 000 Meter hoch auf, und der 140 Meter tiefe Fluß wird auf eine Breite von 80 Metern förmlich zusammengeschnürt. Am Taningho (Daninghe) gibt es drei kleine Schluchten mit den Namen

Drachentor, Pawu (Bawu) und Tits'ui (Dicui). Hier war die Hsianghsitouk'ou-(Xiangxidoukou-) Dschunke beheimatet. Sie befuhr den Ch'angchiang (Changjiang) flußaufwärts bis Wanhsien (Wanxian) und flußabwärts bis Ich'ang (Yi-chang).

Der kleine kräftige Rumpf hatte auf jeder Seite ein Bark-holz sowie ein niedriges Schanzkleid, das nur aus dem Doll-bord bestand, einen flachen Bug und ein relativ spitz zulau-fendes Heck. Das Deck besaß zum Bug und Heck hin einen Sprung, zwei Längsbalken erhöhten die Festigkeit. Die Dschunke verfügte über drei Querhölzer, von denen das mittlere an den Enden mit Dollen für die Seitenriemen ver-sehen war. Das vordere und hintere Querholz hatte an der Backbordseite je einen Zapfen, das Heck eine geschlossene, hochgezogene Bauweise. Die Seiten beider Deckshäuser waren gleichzeitig das Schanzkleid. Das überstehende Quer-holz am Heck konnte als Riemenablage verwendet werden.

Der Zapfen am Ende des Querholzes diente als Halterung. Das Schanzkleid am Heck war gleichzeitig ein guter Spritzschutz für den Steuermann, der bei gutem Wetter im Quergang zwischen beiden Deckshäusern stand. Dieses hochgezogene Heck kennen wir auch von der Kan-(Gan-) Dschunke. Das Heck der Hsianghsitouk'ou-(Xiangxidoukou-) Dschunke schloß mit einem großen Flachwasser-Balanceruder ab.

Spencer äußert die Vermutung, daß diese Dschunke einem älteren Dschunkentyp aus der Provinz Hunan nachgebaut wurde, dessen Name Ch'ênpotzu (Chenbozi) ist.

In der Stadt Hsianghsi (Xiangxi) existierte darüber hinaus noch eine Dschunke mit der Bezeichnung Jaokuaitzu (Raoguaitzi). Sie hatte eine Tragfähigkeit von 18 Tonnen, 5 Besatzungsmitglieder und benötigte flußaufwärts 19 Treidler. Unter der Annahme, daß etwa 5 Mann flußabwärts den Bugriemen bedienten, konnten 7 Paar Seitenriemen eingesetzt werden. Hierzu war ein langes Vordeck nötig, so daß die Dschunke vermutlich 20 bis 25 Meter lang war.

Modell einer Hsianghsitouk'ou-(Xiangxidoukou-) Dschunke.
Quelle: Spencer

SHOUK'OUMAYANGTZU-(SHOUKOUMAYANGZI-) DSCHUNKE

Länge: 12 bis 46 m
Breite: etwa 6 m
Tragfähigkeit: bis 100 t
Anzahl der Segel/Masten: 3/3
Segelform: geneigte Rahe, abgerundetes Achterliek
Besatzung: 12

Diese Dschunken befuhren, genau wie die Mayangk'uatzu-(Mayangkuazi-) Dschunken, den Flußabschnitt zwischen Ich'ang (Yichang) und Ch'ungch'ing (Chongqing). Sie waren aber auch flußabwärts in Shashih (Shashi) und weiter flußaufwärts von Ch'ungch'ing (Chongqing) in Luchou (Luzhou) im Einsatz. Der gesamte Flußabschnitt hat etwa eine Länge von 800 Kilometern.

Die Dschunke besaß, im Gegensatz zu den anderen Fahrzeugen, die den Namen Mayang tragen, drei Masten. Der Besanmast stand hinter dem Ruderbaum nach backbord versetzt. Das Schotensystem wurde über eine Heckspiere geführt. Der Großmast war, wenn man das von Spencer beschriebene Modell zu Grunde legt, mittschiffs angeordnet. Bei den anderen Dschunkentypen setzte man es in die Mitte, um die Besatzung des Heckruders beim Treideln zu erhalten. Das Schotensystem wurde über die Kreuzhölzer geführt. Der Fockmast stand vor dem ersten Querholz. Das vordere Deckshaus war kürzer und bereits einer Handels-Dschunke angepaßt. Malereien schmückten die Seiten des mittleren Deckshauses der früheren Reise-Dschunke. Oberhalb des vorderen Deckshauses war ein Auflagerahmen für das Großsegel. Der faßförmige Rumpf hatte eine Höhe von 2,6 Metern, und der Tiefgang betrug bei einer Zuladung von 100 Tonnen 1,7 Meter.

Die Mattenabdeckung der Deckshäuser war im Farbton unterschiedlich: Bei den neueren Dschunken hell und bei den älteren dunkel. Der Unterschied resultierte daraus, daß der Dschunkenmann das Bambusgeflecht des Mattendaches zur besseren Haltbarkeit mit T'ung-(Tong-) Öl einstrich und mit der Anzahl der Schutzanstriche das Dach dunkelte. Somit kann der Farbton mit zu Rate gezogen werden, wenn das

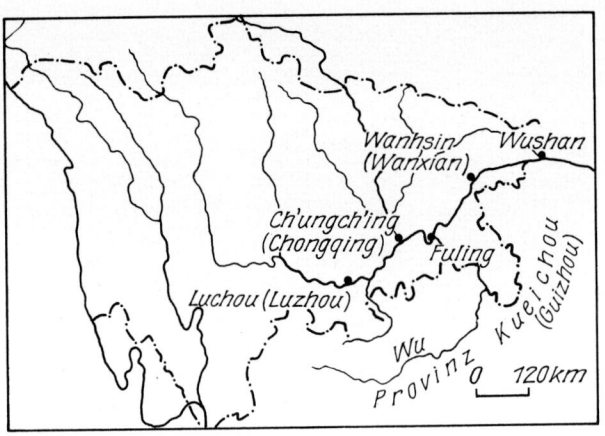

Die Provinz Szech'uan (Sichuan) mit den Zuflüssen des oberen Ch'angchiang (Changjiang).

Ruderblatt mit Ruderbaum.   Quelle: Spencer

Heckpforte für den Heckriemen und Kreuzhölzer am oberen Heckschott.   Quelle: Spencer

Modell einer Shouk'oumayangtzu-(Shoukoumayangzi-) Dschunke.   Quelle: Spencer

Alter des Daches und im weitesten Sinne das der Dschunke bestimmt werden soll.

Die Besatzung teilte sich folgendermaßen auf: Ein Dschunkenmeister, der gleichzeitig mit seiner Familie das hintere Deckshaus bewohnte, ein Proviant- oder Zahlmeister, ein Schiffsraum- oder Ladungsverwalter, ein Steuermann, zwei Quartiermeister, ein Koch und im Verkehr flußaufwärts ein Treidlermeister. Die Familie stellte den zweiten Koch und half dort aus, wo Not am Mann war. Zum Treideln wurden durch den Treidlermeister laut Spencer 70 bis 100 Treidler gemietet. Zum Rudern flußabwärts wählte der Treidlermeister von den zur Verfügung stehenden Treidlern ausreichend Ruderer aus und setzte sie für diese Arbeit ein.

In der Literatur werden noch einige Dschunken beschrieben oder auch nur erwähnt, die den Namen Mayang in der Bezeichnung führen. Hierzu gehört die Hsiaomayang- (Xiaomayang-) Dschunke aus Ch'angte (Changde), die eine Tragfähigkeit von unter 5 Tonnen und 2 bis 3 Besatzungsmitglieder hatte.

Audemard beschreibt weiterhin die Shouk'oumayangtzu- (Shoukoumayangzi-) Dschunke vom Flußoberlauf aus Wanhsin (Wanxian). Bei einer Tragfähigkeit von 24 Tonnen waren 6 Mann Besatzung an Bord sowie flußabwärts 20 Treidler notwendig.

Mayangk'uatzu-(Mayangkuazi-) Dschunke

Länge: 21,5 bis 30,5 m
Breite: 4,6 bis etwa 6,0 m
Tragfähigkeit: 20 bis 35 t
Anzahl der Segel/Masten: 1/1
Segelform: geneigte Rahe, leicht ausgestelltes Achterliek
Besatzung: etwa 8 (geschätzt)

Diese Dschunke führte ebenfalls die Bezeichnung Mayang im Namen. Die charakteristischen Merkmale des Rumpfes, des Deckshauses und des Segels entsprachen der ausgewogenen Bauform des Grundtyps. Die Dschunke war von Ich'ang (Yichang) bis Ch'ungch'ing (Chongqing) am Oberlauf des Ch'angchiang (Changjiang) im Einsatz, einem Streckenabschnitt, der die Provinzen Hupei (Hubei) und Ssuch'uan (Sichuan) miteinander verbindet. Von den mehr als 1 300 Flüssen der Provinz Ssuch'uan (Sichuan) können über 400 von der Binnenschiffahrt befahren werden. Der Oberlauf des Ch'angchiang (Changjiang) wird bis Ch'ungch'ing (Chongqing) mit Schiffen bis zu einer Tragfähigkeit von 1 000 Tonnen befahren.

Die Mayangk'uatzu-(Mayangkuazi-) Dschunke besaß einen faßförmigen Rumpf mit drei bis vier Barkhölzern auf jeder Seite. Das große Balanceruder hatte an der Oberkante eine abgerundete Blattform. Bei anderen Dschunken ist sie der Heckform mehr angepaßt und endet spitz. Der Bug- und die vier Seitenriemen, deren Dollen auf Querhölzern angebracht waren, sowie der Großmast vor der Mitte ermöglichten es, daß die Dschunke gut zu treideln war und die Fahrt flußabwärts mit zusätzlicher Riemenunterstützung angetreten werden konnte. Das geräumige Deckshaus zwischen Großmast und dem mittleren, dem eigentlichen Steuerhaus, ist ein eindeutiger Hinweis dafür, daß dieses Fahrzeug von einer Passagiervariante abstammte. Verzierungen, sonst sehr wenig bei Fracht-Dschunken anzutreffen, befanden sich an den Seiten des mittleren Deckshauses und auf dem Dach. Die großen Schiebefenster unterstrichen ebenfalls die Herkunft der Dschunke. Gut erkennbar ist auf dem Foto die Höhe des Großmastes, dessen Meterzahl mit der Länge des Rumpfes etwa übereinstimmt. Damit wollte man den benötigten Fahrtwind oberhalb der Uferbefestigungen maximal

Modell einer Mayangk'uatzu-(Mayangkuazi-) Dschunke.

Quelle: Spencer

ausnutzen. Diese Segelanbringung finden wir auch heute noch auf chinesischen Dschunken.

Die ersten Dampfschiffe fuhren in der Anfangszeit nur bis vor die großen Schluchten nach Ich'ang (Yichang). Ab 1926 fuhren sie bereits in drei Tagen von Ich'ang (Yichang) nach Ch'ungch'ing (Chongqing). Eine Dschunke brauchte für die gleiche Strecke etwa zehn Tage. Flußabwärts benötigten sie sogar nur ein bis zwei Tage, so daß die Passagier-Dschunken nach und nach dieser Konkurrenz unterlagen und heute nicht mehr verkehren.

YUCHÊNG-(YOUZHENG-) DSCHUNKE

Länge: 12 m
Breite: etwa über 2 m
Tragfähigkeit: etwa 1 t (geschätzt)
Anzahl der Segel/Masten: 1/1
Segelform: geneigte Rahe, leicht ausgestelltes Achterliek
Besatzung: etwa 3

Diese Post-Dschunke, wie die chinesische Bezeichnung übersetzt heißt, verkehrte zwischen den Städten Ich'ang (Yichang) und Ch'ungch'ing (Chongqing) am oberen Ch'angchinag (Changjiang). Die kleine Dschunke beförderte Post zu den Städten und Dörfern, die an der Strecke lagen. Der Posttransport auf dem Wasser mit einer Dschunke erfolgte relativ spät, da man in China bereits lange vor der Zeitrechnung Straßen baute und diese u. a. zur Beförderung von Postsendungen nutzte. Im 3. Jahrhundert v. u. Z. wurde die einheitliche Wagenspur eingeführt. Die Straßen verliefen sternförmig von der Hauptstadt in alle Himmelsrichtungen. Sie bestanden aus festgestampftem Schotter. Die Entfernung der Rasthäuser betrug im Schnitt 17 Kilometer. Hier gab es meistens eine Poststation und die Möglichkeit zum Pferdewechsel. Zum Überqueren der Flüsse baute man seit frühester Zeit Brücken.

Die organisierte Postbeförderung auf dem Wasser wurde seit 1861 durch die in China ansässigen Europäer gefördert. Seit 1866 gab es bei der Post und beim Zoll gute Voraussetzungen für einen organisierten Post-Pendelverkehr. Bis 1906 war die Chinesische Reichspost den Flußzollbehörden unterstellt. Danach wurde sie selbständig. Auf der Strecke am oberen Ch'angchiang (Changjiang), die 1897 eröffnet wurde, kam ab 1899 die Yuchêng-(Youzheng-) Dschunke im Postverkehr zum Einsatz. Die Anzahl dieser Dschunken bewegte sich zwischen 50 und 60.

Die kleine Post-Dschunke war ein Mischtyp, die einzelne Elemente der Mayangtzu-(Mayangzi-) Dschunke, des Wupan-(Wuban-) Typs und des Sampans aus Ich'ang (Yichang) auf sich vereinigte. Das offene Heck oberhalb des Decks, das Segel und das Flachwasserruder waren vom Wupan-(Wuban-) Typ, die Seitenriemen vom Sampan und die zwei Barkhölzer auf jeder Rumpfseite von der Mayangtzu-(Mayangzi-) Dschunke übernommen worden. Das im mitt-leren Drittel befindliche massiv gebaute Deckshaus diente dem Schutz der Postsendungen und als Unterkunft für die Besatzung, die mitunter über Tage und Wochen unterwegs war. Es ist anzunehmen, daß man die Dollen nicht auf dem vorderen Querholz anordnete, sondern daß die Seitenriemen in kleine Schlingen gesteckt wurden, die man an den im Dollbord steckenden Zapfen befestigte.

1926 begann der Einsatz von Dampfschiffen im oberen Flußabschnitt und damit die schrittweise Zurückdrängung der Dschunken. Aus dem Jahre 1935 sind die letzten Einsätze der kleinen Post-Dschunke am oberen Ch'angchiang (Changjiang) bekannt.

Yuchêng-(Youzheng-) Dschunkenmodell.   Quelle: Spencer

WUSHANCH'ÊNPOTZU-(WUSHANCHENBOZI-) DSCHUNKE

Länge: 13,5 bis 16,5 m
Breite: 1,7 bis 2,0 m
Tragfähigkeit: 2 t
Anzahl der Segel/Masten: 1/1
Segelform: geneigte Rahe, kaum ausgestelltes Achterliek
Besatzung: etwa 5 (10 bis 14 Ruderer)

Diese Ch'ênpotzu-(Chenbozi-) Dschunke aus der Stadt Wushan in der Provinz Ssuch'uan (Sichuan) war auf dem Taningho (Daninghe), der bei Wushan in den Ch'angchiang (Changjiang) mündet, beheimatet. Auf dem Taningho (Daninghe) mit seinen drei kleinen Schluchten verkehrte auch die Hsianghsitouk'ou-(Xiangxidoukou-) Dschunke. Die Ch'ênpotzu-(Chenbozi-) Dschunke befuhr ebenfalls den Ch'angchiang (Changjiang) mit den drei großen Schluchten von Wanhsien (Wanxian) bis Ich'ang (Yichang).

Audemard beschreibt aus diesem Gebiet eine mittelgroße Ch'ênpotzu-(Chenbozi-) Dschunke mit einer Tragfähigkeit von 18 bis 24 Tonnen, einer Besatzung von 16 Mann und 61 Ruderern. Als Heimathafen wird Ich'ang (Yichang) angegeben. Der elegant wirkende Rumpf der Wushanch'ênpotzu-(Wushanchenbozi-) Dschunke war schlank. Das schwungvoll hochgezogene Heck ähnelte einem Vogelschwanz, der auslaufend breiter wird. Das Flachwasserruder paßte sich gut an die Heckform an. Der Rumpf war flachbödig und besaß einen faßförmigen Querschnitt. Die Festigkeit wurde durch je ein Barkholz an den Rumpfseiten und eine Anzahl Schotten erreicht. Der Großmast stand vor dem Deckshaus, das an beiden Seiten aus Holz war und ein Mattendach hatte. Bei dem im Foto abgebildeten Modell liegen mehrere zusätzliche Matten befestigt auf dem Deckshaus. Wahrscheinlich stand der Steuermann nur bei gutem Wetter ungeschützt an der Ruderpinne. Aus den zusätzlich mitgeführten Matten ließ sich vermutlich mit wenigen Handgriffen ein Wetterschutz zusammensetzen. Das flache Vordeck war den Ruderern vorbehalten. Vier Seitenriemen – wie auch dem Modell beigelegt – müssen für diese kleine Dschunke ausreichend gewesen sein. Die oftmals mitgeführten Stangen wurden, wenn der Dschunkenmann im seichten Wasser in Ufernähe anlegen wollte, um das Fahrzeug in den Grund ge-

steckt, um es am gewünschten Ort zu halten. Stangen mit Markierungen bieten sich auch zur Messung der Fahrwassertiefe an oder können beim Ab- und Anlegemanöver Verwendung finden. Mit einem Tiefgang von 90 bis 120 Zentimetern konnte man mit der Dschunke auch flache Gewässerstellen befahren und die Stangen zum Fortbewegen benutzen.

Bis 1930 fuhren diese Dschunken überwiegend in Gruppen von sechs bis zwölf Fahrzeugen, um sich gegen Flußpiraten zu schützen. Die Piraten konnten nur durch das geschlossene Auftreten der Dschunkenbesatzungen von einem Überfall abgehalten werden, da oftmals die Polizei nicht zur rechten Zeit am rechten Ort war. Nach 1930 ist der Einsatz der Dschunke nicht mehr bekannt.

Modell einer Wushanch'ênpotzu-(Wushanchenbozi-) Dschunke.
Quelle: Spencer

WAIP'IKU-(WAIPIGU-) DSCHUNKE

Länge: 15 bis 20 m (21 bis 27,5 m)
Breite: 2,5 bis 3 m
Tragfähigkeit: etwa 15 t (etwa 25 t)

Anzahl der Segel/Masten: kein/1
Segelform: entfällt
Besatzung: 10 bis 12

Diese mittelgroße Dschunke mit dem verwundenen Heck ist auf dem Wuchiang (Wujiang) oder, wie der Fluß auch genannt wird, dem Ch'ienchiang (Qianjiang) beheimatet. Der Fluß mündet bei Fuling in der Provinz Ssuch'uan (Sichuan) in den Ch'angchiang (Changjiang). Das Ssuch'uan-(Sichuan-) Becken, wegen seiner roten Erde auch »Rotes Becken« genannt, gehört mit zu den am dichtesten besiedelten Gebieten Chinas. Die Provinz ist eine wichtige Kornkammer, wobei vor allem Reis, Mais, Knollengewächse, Baumwolle, Ölpflanzen und Zuckerrohr zu den Agrarprodukten gehören.

Das Wasser des Wuchiang (Wujiang) erreicht durch das starke Gefälle zwischen den Felswänden stellenweise Geschwindigkeiten von beinahe 30 Kilometern pro Stunde. Fahrzeuge, die hier beheimatet sind, müssen für das Befahren von Wildwasser gebaut sein. Die hier beheimatete Waip'iku-(Waipigu-) Dschunke ist ein ungewöhnliches Fahrzeug, das dem Erfindergeist der Dschunkenbauer ein glänzendes Zeugnis ausstellt. Zum Bau wird ein bei Fuling wachsendes Hartholz, das sogenannte hungch'un (hongchun), verwendet. Diese Holzart gehört zur Familie Meliaceae der Gattung Cedrela bzw. Toona chinensis, die mit 40 Arten u. a. in Südasien und letztere auch in Nordchina verbreitet ist. Beide Hölzer sind besonders biegsam, so daß sie für die verwundene Plankenform der Dschunke Verwendung finden. Der Bau beginnt, indem etwa fünf Planken,

teilweise durch Anlegen und Verlaschen, auf das gewünschte Bodenmaß des Rumpfes verlängert werden. Durch seitliches Zusammenfügen erreicht man die Bodenbreite. Diese Bodenkonstruktion legt man mit dem zu biegenden Teil über ein etwa 1,50 Meter tiefes Feuerloch. Die schräg verlaufende Beugelinie wird von unten mit Schlamm beschichtet, von oben angefeuchtet und mit Steinen beschwert. Innerhalb von zwei Stunden erreicht man so die gewünschte Beugeform für den verwundenen Heckabschluß, die so fixiert werden muß, um auszukühlen und zu trocknen. Auf die Fugen der Bodenplanken nagelt man nun halbierte Baumstämme, die gleichzeitig als Bilgenkanal dienen. Auf den Bodenplanken werden die Schotten gesetzt und danach die Rumpfbeplankung vorgenommen. Der Rumpf wird kräftig gebaut und erhält seine Festigkeit durch zwölf Schotten und Barkhölzer auf jeder Seite. Das Vordeck ist für die Ruderer frei gehalten und nur mit einigen Zapfen am Bug und auf dem Dollbord für die Fixierung des Bugriemens und der Seitenriemen versehen. Vor dem großen Deckshaus finden wir manchmal ein Querholz mit Dollen, vereinzelt auch zwei Deckspoller und den kurzen Mast, der nicht für ein Segel, sondern zur Befestigung der Schlepptrosse genutzt wird. Der etwa 15 Meter lange Bugriemen wird von sechs bis acht Bugsteuerleuten bedient. Etwa sechs Ruderer handhaben die Seitenriemen. Die Fahrt in den Stromschnellen erfordert noch zwei gut abgestimmte Heckriemen, um schnell auf die

Waip'iku-(Waipigu-)
Dschunke.
Quelle: Audemard

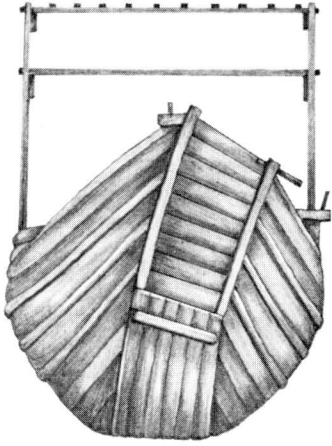

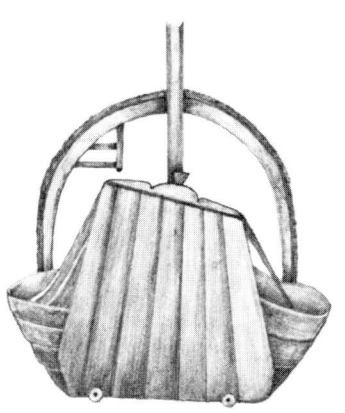

unterschiedlichen Strömungsverhältnisse reagieren zu können. Der große Heckriemen ist 46 bis 57 Meter lang, hat seinen Dreh- und Auflegepunkt an der höchsten Heckstelle und somit durch die verwundene Bauart in der Mittellinie des Rumpfes. Geführt wird der große Heckriemen durch den Dschunkenmeister, den Laota (Laoda). Er steht auf einer 2 bis 3 Meter langen und 50 bis 60 Zentimeter breiten Laufplanke, die sich durch Verwendung einer Stellage oberhalb des Deckshauses befindet. Zur Balance des großen Heckriemens werden in der Nähe des Griffendes oft Steine befestigt, so daß die Handhabung nicht so kraftaufwendig ist. Zusätzlich gibt es eine Leinenverbindung vom Griffende zur Stellage, um die Handhabung im Bereich der Laufplanke zu begrenzen. Trotzdem braucht der Dschunkenmeister langjährige Erfahrungen und manchmal etwas Glück beim Befahren der Wildwasser, da ein Sturz von der Laufplanke viele Gefahren mit sich bringt. Der kleine Heckriemen hat seinen Dreh- und Auflagepunkt auf der tiefer gelegenen Heckecke. Seine Handhabung ist weniger gefährlich, aber nicht minder notwendig.

Flußaufwärts wurde öfter getreidelt. Je nach Bedarf wurden Treidler angemietet. Die Befestigung der Schlepptrosse erfolgt wie bei der Mayangtzu-(Mayangzi-) Dschunke, nur das Trossenende wird, da kein Spill vorhanden ist, um einen Deckspoller gelegt.

Heck- und Bugansicht der Waip'iku-(Waipigu-) Dschunke.

LAOYACH'IU-(LAOYAQIU-) DSCHUNKE

Länge: 30 bis 40 m
Breite: 4,3 bis 5,2 m
Tragfähigkeit: 50 bis 80 t
Anzahl der Segel/Masten: 1/1
Segelform: hochkant rechteckig, gerade Rahe
Besatzung: etwa 5 (10 und 22 Treidler)

Diese große Dschunke war auf den Flüssen der Provinz Ssuch'uan (Sichuan) am Oberlauf des Ch'angchiang (Changjiang) beheimatet. Sie befuhr den Chialingchniag (Jialingjiang) und seine Nebenflüsse, die sich beide etwa 60 Kilometer vor der Stadt Ch'ungch'ing (Chongqing) mit dem Hauptfluß vereinen und hier in den Ch'angchiang (Changjiang) münden. Ch'ungch'ing (Chongqing) liegt am Berghang und wird auch aus diesem Grund »Bergstadt« genannt. Hier befindet sich das größte Industrie- und Handelszentrum Südwestchinas. 1980 wurde für die heute sechs Millionen zählende Stadt eine neue Brücke über den Ch'angchiang (Changjiang) fertiggestellt.

Der Rumpf der Dschunke hatte zum relativ spitz zulaufenden Heck einen Decksprung, in dem das hintere Deckshaus harmonisch eingefügt war. Beide Deckshäuser, auch das vordere, waren an den Seiten aus Holz und besaßen ein Mattendach. Die dunkle Färbung des Modells auf dem Foto zeigt auf das oftmalige Anstreichen der Dächer mit T'ung-(Tong-) Öl hin. Der Großmast stand vor dem vorderen Deckshaus und somit vor der Mitte des Rumpfes. Die besondere Segelform – Segellatten wurden nicht verwendet und

Modell einer Laoyach'iu-(Laoyaqiu-) Dschunke.   Quelle: Spencer

Die Küstenlinie des Ostchinesischen Meeres

Das Ostchinesische Meer grenzt im Westen an das chinesische Festland und im Norden an das Gelbe Meer, das am Nordufer der Mündung des Ch'angchiang (Changjiang) beginnt. Im Osten erstreckt es sich bis zur japanischen Inselkette Ryukyu und bis zum südlichen Ende der T'aiwan-(Taiwan-) Straße als Grenzlinie zum Südchinesischen Meer. Das Ostchinesische Meer umfaßt eine Fläche von 770 000 Quadratkilometern und hat eine durchschnittliche Wassertiefe von 370 Metern. Die größte Tiefe im Okinawa-Graben beträgt 2 719 Meter. Die stark zerklüftete Küste des Festlandes weist eine Vielzahl von Buchten und Inseln auf. Die größte Bucht ist die Hangchou-(Hangzhou-) Bucht. Die wichtig-

Zugbahnen der Taifune in den Monaten Juli/August von 1974 bis 1984.

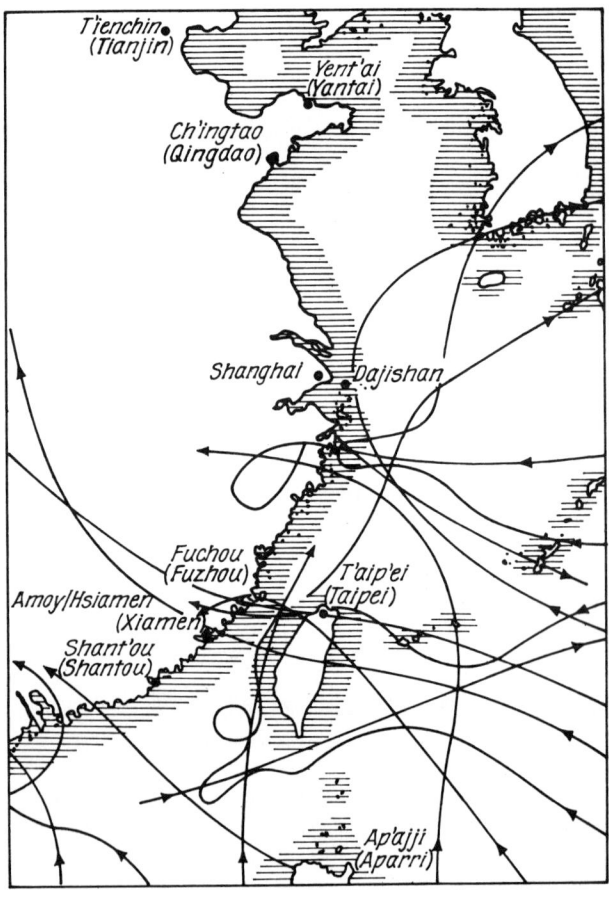

somit entfiel auch das bekannte Schotensystem – war für diese Region keine Ausnahme. Diese Segelarten sollen auch in der Umgebung der Stadt Wanhsien (Wanxian) gebräuchlich gewesen sein. Audemard beschreibt mehrere Dschunken vom Oberlauf mit derartigen Großsegeln, wobei ein abgebildetes Segel zwar die gleiche Form hat, jedoch Segellatten und das Schotensystem fehlen. Zwei weitere dargestellte Segel weisen eine Rahe, aber keinen Großbaum auf. Alle anderen Abbildungen sind vergleichbar mit dem Segel, wie es das Modell besitzt.

1930 wurden am Oberlauf auch noch Segel verwendet, die aus fünf bis sieben Matten bestanden, wobei eine etwa einen Meter hoch und so breit wie das Deck war. Man setzte das Segel am Oberlauf vorrangig für Fahrten flußabwärts und bei achterlichem Wind zur Unterstützung der Ruderer. Dafür reichte das einfache Segel aus. Zehn bis zweiundzwanzig Ruderer handhaben die Seitenriemen. Flußabwärts konnte die Dschunke bei einem Tiefgang von etwa einem Meter bis zu 80 und flußaufwärts bis zu 50 Tonnen transportieren.

Die Laoyach'iu-(Laoyaqiu-) Dschunke transportierte nach Möglichkeit alle angebotenen Waren. Durch die Unterteilung des Rumpfes mit Schotten konnten, sofern erforderlich, die unterschiedlichen Waren getrennt gestaut werden.

sten Inseln im Ostchinesischen Meer sind T'aiwan (Taiwan), die Inselgruppe Choushan (Zhaushan) und die P'ênghu- (Penghu-) Inselgruppe.

Die über 40 Flüsse in diesem Gebiet, die eine Länge von mehr als 100 Kilometern haben, münden in das Ostchinesi- sche Meer. Dazu gehören der Ch'angchiang (Changjiang), der Ch'ient'ang (Qiantang), der Ouchiang (Oujiang), der Minchiang (Minjiang) und der Choshuihsi (Zhuoshuixi).

An der Küste des Ostchinesischen Meeres liegen so be- kannte Städte wie Hangchou (Hangzhou), Ningpo (Ningbo), Wênchou (Wenzhou), Santuao (Sanduao), Fuchou (Fuzhou) und Amoy/Hsiamên (Xiamen). Der Küstenbereich ge- hört zu den von Wirbelstürmen (Taifunen) stark heimge- suchten Gebieten. Die tropischen Wirbelwinde entstehen am häufigsten im nordwestlichen Pazifischen Ozean. Die Seegebiete weisen mindestens eine Wassertemperatur von 26 bis 27 °C auf und liegen häufig zwischen etwa 8 bis 13° Breite (Nord bzw. Süd), manchmal bis 20° und bei Japan so- gar bei 30° nördlicher Breite. Die größten Windstärken herr- schen außerhalb des windschwachen »Auges des Taifuns«. Sie erreichen gewöhnlich die Stärke 12 nach Beaufort, wenn der Luftdruck im Zentrum auf 990 Millibar gefallen ist. Ein- hergehend entsteht eine ausgeprägte Dünung. Die Wander- geschwindigkeit ist recht unterschiedlich. Als Richtwert gel- ten 10 Knoten (240 Seemeilen im Etmal). Es sind auch 30 Knoten und mehr sowie Stillstand bekannt. Die beigefügte

Karte des Ostchinesischen Meeres mit den Bahnen der Tai- fune zeigt die Problematik der Vorhersage. Die Zugbahnen der Wirbelstürme sind im »klassischen« Fall parabelförmig gekrümmt. Sie weisen eine Richtungstendenz von Südost zur chinesischen Küste auf. Auf der Reede von Shanghai hatte die »Altenburg« 1974, da nicht mehr gelotst wurde, ei- nen Taifun (x) abzuwettern. Der damalige Offizier und heu- tige Kapitän W. Köpke erinnerte sich an 12 Meter hohe Wel- len, bis zu 50° Schlagseite, und das Schiff trieb in Windrich- tung, obwohl der Maschinentelegraph »voll voraus« an- zeigte. Ein zweites Schiff überstand den Taifun auf der Reede vor Shanghai nicht. Es zerbrach, da es den Anker nicht früh genug einholen konnte und rechtzeitig in die of- fene See gefahren war.

Dschunken aus dem Küstenbereich des Ostchinesischen Meeres haben mit extremen Wetterbedingungen zu kämp- fen. Sie gelten seit früher Zeit als seetüchtig, was vor allem von den kleinen Fischerei-Dschunken gesagt werden kann. Selbst heute trifft man vereinzelt noch kleine Fischerboote an, die bei grober See ihrer Tätigkeit nachgehen, auch wenn von den in ihrer Anzahl ständig zurückgehenden traditionel- len chinesischen Handels-Dschunken die Schutzhäfen ange- laufen oder die Heimathäfen gar nicht erst verlassen werden.

Aus diesem Küstengebiet sollen 13 Dschunken beschrie- ben werden, von denen heute nur vereinzelte und dann auch überwiegend modernisierte Nachfolger bekannt sind.

CHÊCHIANG-(ZHEJIANG-) DSCHUNKE

Länge: 16 bis 17 m
Breite: etwa 5 m
Tragfähigkeit: 20 bis 30 t
Anzahl der Segel/Masten: 2/2, Besanmast
zusätzlich möglich
Segelform: geneigte Rahe, leicht abgerundetes Achterliek
Besatzung: etwa 5

Diese Küsten-Dschunke ist in der Provinz Chêchiang (Zhe- jiang), die südlich des Mündungsgebietes des Ch'angchiang (Changjiang) liegt, beheimatet. Die 2 200 Kilometer lange und stark zerklüftete Küstenlinie der Provinz hat eine Viel- zahl von Buchten. Über 2 000 Inseln sind der Küste vorgela- gert, von denen die Choushan-(Zhoushan-) Inselgruppe am bekanntesten ist. Sie befindet sich im Nordosten der Provinz und umfaßt über 600 Inseln. Die Hauptinsel mit 524 Qua- dratkilometern gab der Inselgruppe ihren Namen. Das Ge- wässer um die Insel ist als reicher Fischfanggrund bekannt, da hier kalte und warme Meeresströmungen zusammensto- ßen und den Fischreichtum begünstigen.

Die hier beheimatete Dschunke war in den 50er Jahren unseres Jahrhunderts in den Küstengewässern noch im Ein- satz. Der Rumpf ist kräftig gebaut, an jeder Seite mit drei Barkhölzern und etwa sechs Schotten versehen. Das Heck- schott ist schräg nach achtern geneigt und in der Höhe des Decks durchbrochen. Ferner befinden sich ein Zapfen, even- tuell als Dolle für einen Heckriemen verwendbar, und eine Toilettenpforte am Heck. Das Ruder kann unter Verwen- dung eines waagerechten Spills bei Tiefseefahrten gefiert und im Flachwasser gehievt werden, wobei es dem Dschun- kenmann beim Absenken des Ruders vorrangig um die Schwertwirkung geht. Am Bug finden wir einen zentralen Balken, der vom Unterwasserteil bis zum trapezförmigen Bugschott verläuft. Die Rumpfplanken überragen das Bug- schott schwingenartig um etwa einen Meter. Diese Bugform ist an der Küste des Südchinesischen Meeres üblich. Der Un- terwasserteil der Dschunke erinnert an eine Jolle; ein schlan- kes, spitzes Vorschiff, dem sich ein flachbödiges Mittel- und Achterschiff anschließt. Am Bug befindet sich etwa in Höhe der Wasserlinie ein dreieckiges Speigatt im Rumpf als Zu-

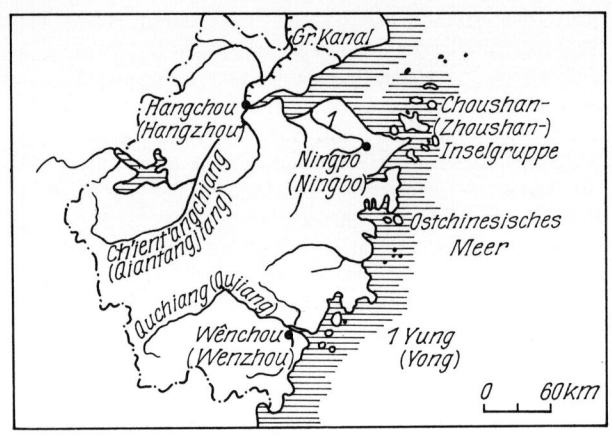

Die Provinz Chêchiang (Zhejiang) am Ostchinesischen Meer.

und Abfluß eines abgeschlossenen Bugraums. Führt die Dschunke Stampf- und/oder Tauchbewegungen durch, so läuft beim Eintauchen der Bugraum voll Wasser und entleert sich beim Auftauchen. Dieser Vorgang wirkt dämpfend auf die Stampf- und Tauchbewegungen und kann wohl als Vorläufer der heutigen technischen Dämpfungsanlagen für Schiffskörperbewegungen angesehen werden. Vor dem Großmast steht ein Bratspill für zwei Buganker, die auf dem Bug zwischen Zapfen abgelegt sind. In den 50er Jahren unseres Jahrhunderts waren es bereits eiserne Stockanker. Das hier abgebildete und im Besitz des Rostocker Schiffahrtsmuseums befindliche Modell besitzt Anker aus Holz. Das 169 Zentimeter lange und in China angefertigte Modell trägt noch die Inventarnummer des früheren Museums für Meereskunde in Berlin.

Modell einer Chêchiang-(Zhejiang-) Dschunke aus dem Schiffahrtsmuseum Rostock.
Foto: H. Meier

Der Rumpf der Chêchiang-(Zhejiang-) Dschunke ist schwarz mit abgesetzten weißen augenförmigen Motiven am Bug, das Dollbord und die Topps der Masten sind dagegen weiß. Vereinzelt findet man ein rotes Bugschott und ein grünes Schanzkleid, das oberhalb der augenförmigen Motive schmaler wird und spitz an den schwingenartigen Bugseiten endet. Das Modell hat am Bug noch einen Stab, der am Kopf mit einem rotbraun gefärbten Büschel aus Stoffstreifen geschmückt ist und eventuell der Bannung böser Geister diente. Rote Fähnchen mit und ohne Inschriften sind heute noch, besonders zu Festtagen, bei kleineren Schleppern, Prahmen, Dschunken und Sampanen verbreitet.

Beide Masten des Modells sind Pfahlmasten. Der Fockmast hat ein Wantenpaar und der Großmast außer Seitenwanten auch zwei Backstage, die, als Klappläufer ausgeführt, am Heck befestigt wurden. Abspannungen werden, außer zum Mastlegen, für den Mast eines chinesischen Segels nicht benötigt, und man findet sie auch erst nach intensiven Kontakten mit europäischen Seefahrern in Südchina. Die Takelung des Modells ist einfach.

HANGCHOU-(HANGZHOU-) DSCHUNKEN

1. Küsten-Dschunke für den Handel
Länge: 25 bis 30 m
Breite: 2 bis 3 m
Tragfähigkeit: bis 180 t
Anzahl der Segel/Masten: 3/3
Segelform: geneigte Rahe, fast gerades Achterliek
Besatzung: 6 bis 8

2. Küsten-Dschunke für die Fischerei
Länge: etwa 18 m
Breite: 2 bis 3 m
Tragfähigkeit: 50 bis 70 t
Anzahl der Segel/Masten: 2/2
Segelform: geneigte Rahe, fast gerades Achterliek
Besatzung: 6

Die Stadt Hangchou (Hangzhou), eine der alten Hauptstädte Chinas, liegt an der gleichnamigen Bucht etwa 300 Kilometer südlich von Shanghai am Südende des Großen Kanals. Bereits zur Zeit der Südlichen Sung-(Song-) Dynastie (1127 bis 1279) war die damalige Hauptstadt, die seit frühester Zeit auf dem Wasserweg mit Peking (Beijing) verbunden ist, als Handelszentrum bekannt. Auch heute ist die Provinzhauptstadt bedeutender Umschlagplatz, vor allem für Seide und Tee. Die über 1 Million Einwohner zählende Stadt liegt am Westsee, der wegen seiner Schönheit als berühmtester See Chinas gilt. Es gibt in dieser Stadt viele Sehenswürdigkeiten, wie Klöster, seltsame Bergformationen, Pagoden und Tempel.

In der Hangchou-(Hangzhou-) Bucht und am Unterlauf des Flusses kommt es bei Springfluten zu einem interessanten Naturereignis. Eine Flutwelle von mehreren Metern Höhe läuft, wie es auf dem Foto zu erkennen ist, in die trichterförmige Flußmündung hinein. An den Ufern des Flusses gibt es Bollwerke, auf denen die Dschunkenbesatzungen ihr Fahrzeug bei Hochwasser aufsetzen.

Die Handels-Dschunke aus Hangchou (Hangzhou) zählt zu den eindrucksvollsten Wasserfahrzeugen Chinas. Der mittelgroße Rumpf ist flachbödig und kastenförmig. Seine Festigkeit wird durch Schotten, Längsdecksbalken und Barkhölzer erreicht, so daß die Untiefen und Sandbänke in der Flußmündung keine Gefahr darstellen. Das Bugschott

Flutwelle in der Hangchou-(Hangzhou-) Bucht.
Foto: Sammlung Autor

besteht aus einem oberen und einem unteren Teil, die quer beplankt sind. Beide Teilflächen stehen im stumpfen Winkel zueinander. Ein kleines Deckshaus aus Matten dient als Wetterschutz für den Steuermann und die Besatzung. Das gesamte Deck besteht aus einer langen Ladeluke. Charakteristisch für die Hangchou-(Hangzhou-) Dschunke sind auch die Seitenschwerter und die drei Masten, die durch Kniehölzer abgestützt werden. Charakteristisches Erkennungszeichen für diese Dschunke ist die Bemalung. Das Bugschott schmückt ein Tigergesicht, dessen Schnauze plastisch hervorgehoben ist. Das Stirnzeichen des Tigers bedeutet König. In China hat der Tiger ehrenwerte Eigenschaften, denn die bösen Dämonen kann man mit seinem Abbild in Schrecken versetzen, so daß der Tiger als Beschützer vor bösen Geistern verehrt wird. Das Gesicht des Tigers wird überwiegend in grün, blau, rot und weiß dargestellt. Die großen weißen Zähne kann man bereits aus der Ferne erkennen. An den Rumpfseiten des Bugs sind schmale Ornamentbänder aufgemalt sowie das Yin-Yang-Symbol abgebildet. Das Symbol wird den frühesten der sagenhaften Urkaiser (um 3 300 v. u. Z.) zugeschrieben. Yin bedeutet dunkel, weiblich, passiv und Yang hell, männlich, aktiv. Der Chinese strebt immer die Harmonie der Gegensätze an, denn im Maximum des einen ist der Keim des anderen enthalten. Umgeben werden die Yin-Yang-Symbole von den acht Trigrammen. Am Heck der Dschunke finden wir an beiden Seiten den Vogel

Buganischt einer Hangchou-(Hangzhou-) Dschunke.
Quelle: Worcester

Heckansicht einer Hangchou-(Hangzhou-) Dschunke.
Quelle: Worcester

fêng (feng). Er ist dem Element Wasser zugewandt und soll dadurch den Herrscher des Meeres wohlwollend stimmen. An der Heckreling befinden sich weitere Ornamente. Trotz einer gewissen massiven Rumpfform übertrifft diese Dschunke an farblicher Schönheit alle anderen Fluß-Dschunken, die früher bis nach Shanghai kamen um Handel zu treiben.

Die Fischerei-Dschunke besitzt diese prächtige Bemalung nicht. Sie ist kleiner und hat nur zwei Masten. Die Handels-Dschunke befördert Holz, Holzkohle und Baumwolle, die Fischerei-Dschunke dagegen sucht die Fischgründe in der Bucht und vereinzelt auch die der vorgelagerten Inseln auf. Vorrangig werden hier der große und kleine Gelbfisch, der Tintenfisch und der Bandfisch gefangen.

NINGPO-(NINGBO-) DSCHUNKEN

1. See-Dschunke für den Handel
Länge: 35 bis 55 m
Breite: 6,5 bis 8,5 m
Tragfähigkeit: 180 bis 400 t
Anzahl der Segel/Masten: 3/3
Segelform: geneigte Rahe, abgerundetes Achterliek
Besatzung: 38 bis 42 (60)

2. Küsten-Dschunke für die Fischerei
Länge: 15 bis 21 m
Breite: 3,5 bis 4,5 m
Tragfähigkeit: etwa 50 t (geschätzt)
Anzahl der Segel/Masten: 3/3
Segelform: stark geneigte Rahe, gewölbtes Achterliek
Besatzung: 6 bis 10

Die Stadt Ningpo (Ningbo) liegt etwa 15 Kilometer von der Küste des Ostchinesischen Meeres und etwa 150 Kilometer Luftlinie südöstlich von Hangchou (Hangzhou) entfernt am Yungchiang (Yongjiang). Durch ihre Lage 70 Kilometer flußabwärts hat sie den direkten Wasserweg zur Hangchou-(Hangzhou-) Bucht. In der T'ang-(Tang-) und Sung-(Song-) Dynastie war Ningpo (Ningbo) ein bekannter Hafen für den Außenhandel. Ab Mitte des 19. Jahrhunderts entwickelte sich Shanghai zum Umschlagplatz für den Außenhandel und lief Ningpo (Ningbo) den Rang ab. Heute zählt die Stadt fast 5 Millionen Einwohner.

Von der See-Dschunke aus Fuchou (Fuzhou), dem Grundtyp, stammten die Ningpo-(Ningbo-) und auch die Amoy/Hsiamên-(Xiamen-) Dschunke ab. Zu erkennen ist der Unterschied an der Breite des elliptischen Heckschotts. Die Fuchou-(Fuzhou-) Dschunke hatte ein breiteres Heck-schott. Die umfangreiche Bemalung des Hecks besaß sowohl die Ningpo-(Ningbo-) als auch die Fuchou-(Fuzhou-) Dschunke. Das abgebildete Heck der Fuchou-(Fuzhou-) Dschunke wurde um 1930 fotografiert und verdeutlicht anschaulich die Vielfalt der Motive. Das Heckboot ist etwa 15 Meter hoch und 3 bis 4 Meter breit. Der Umfang der Bemalung ist somit ohne weiteres mit einem größeren »Wandge-

mälde« vergleichbar. Die durchstoßenden Decksbalken oder überstehenden Querhölzer, deren Zuordnung aus dem Foto nicht eindeutig ersichtlich sind, wurden zur Auflage von Planken oder zur Befestigung von Stellagen verwendet, um nötige Arbeiten an der Außenhaut zu ermöglichen.

Ganz oben an der Reling ist ein rundes Schild zu erkennen, worauf sich das Yin-Yang-Symbol befindet. Das zentrale Motiv ist der Vogel fêng (feng), der aus den Wellen emporsteigt und von zwei mythischen Vögeln links und rechts an den Außenkanten des Heckschotts flankiert wird, die ins

Große Fuchou-(Fuzhou-) Dschunke. Foto: Sammlung Autor

Wasser hinabsteigen. Der Dschunkenmann möchte mit dieser Darstellung den Herrscher der Meere gütig stimmen. Zentral sind zwei Schriftzeichen zu erkennen. Sie bedeuten: t'ai (tai) = glücklich, günstig, hoch, erhaben; an = Ruhe, Frieden, Wohlergehen, ruhig, friedlich. Zwischen den Schriftzeichen ist meistens ein dreibeiniges Gefäß dargestellt, dessen Beine nach neuerer Deutung die drei Religionsphilosophien des Laotzu (Laozi), des Konfuzius/K'ungtzu (Kongzi) und des Buddha verkörpern. Unter den Schriftzeichen sind die acht Unsterblichen dargestellt, die durch taoistische (daoistische) Praktiken ewiges Leben und geheimen Sinn erlangten. Das untere Drittel des Heckschotts ist mit Ornamenten in Leisten- und Medaillonform ausgefüllt.

Die große dreimastige Ningpo-(Ningbo-) Dschunke hatte eine Tragfähigkeit bis zu 400 Tonnen, obwohl sie für chinesische Verhältnisse mit einem Längen- zum Breitenverhältnis von etwa 6 zu 1 relativ schlank gebaut war. Der Rumpf hatte

an jeder Seite vier Barkhölzer und einen Deckssprung, vor allem zum Heck hin. Der Fockmast stand zum Bug geneigt und der Besanmast so nahe am Heckschott, daß das Schotensystem über eine Spiere bedient werden mußte. Am Heck fand man, wie auch auf dem Foto zu erkennen, oft Laternen und am Vorschiff die Zollnummer mit einem chinesischen Schriftzeichen. Außer der Bemalung war der Dschunkenrumpf schwarz mit einem weißen Dollbord. Das große Heckruder konnte in der Höhe verstellt werden. Man konnte es auch als Schwert bei Tiefseepassagen verwenden, indem es weit gefiert wurde. Das bei diesen Dschunken oft verwendete »Fallreep« statt einer Laufplanke zum Land soll auf europäischen Einfluß zurückgehen.

Interessant ist auch die Bug- und Heckbemalung dieser See-Dschunke. Der Bug, in der südchinesischen Bauweise oberhalb des Decks schwingenförmig offen, was auch als v-förmig auseinanderfallend bezeichnet werden kann, war

Seitenansicht und Draufsicht der See-Dschunke aus Ningpo (Ningbo).

Bugansicht einer Ningpo-(Ningbo-) Dschunke.
Quelle: Worcester

Heckansicht einer Ningpo-(Ningbo-) Dschunke.
Quelle: Worcester

Modell einer kleinen Ningpo-(Ningbo-) Dschunke für den Handel.
Foto: Johasson

mit einem Fischmaul bemalt, wie wir es von der Chihfu-(Zhifu-) Dschunke an der nordchinesischen Küste her kennen. Zwei weiße Mondsicheln stellten die Zähne dar, und das Fischmaul schnappte nach einer weißen Perle. Das Bugschott war unterhalb der Zähne in Grün und oberhalb in Rot gehalten. Die augenförmigen Motive an den Bugseiten ergänzten den Fischkopf.

Neben der hier beschriebenen großen See-Dschunke für den Handel sind auch dreimastige Fahrzeuge bekannt, die 24 bis 120 Tonnen Tragfähigkeit hatten und von 7 bis 16 Personen gefahren wurden. Die Risse zeigen eine Dschunke dieser Größe. Die abgebildete Dschunke war 21 Meter lang, 4,6 Meter breit, sie hatte an jeder Rumpfseite vier Barkhölzer, und der Rumpf war auf acht Schotten aufgebaut.

Eines der wenigen neueren Dschunkenmodelle baute Johansson. Es ist eine Küsten-Dschunke aus Ningpo (Ningbo) für den Handel. Der Rumpf des Modells weist auf jeder Seite drei Barkhölzer auf und hat ein durchgehendes

Schanzkleid mit Dollbord. Ein in der Höhe verstellbares Heckruder sowie ein Arbeitsboot quer am Heck gehören mit zur Ausstattung. Der zum Bug geneigte Fockmast, der nach Backbord versetzte Besanmast, dessen Schotensystem über eine Spiere geführt ist, sowie viele Details der Takelage und Decksausrüstung machen dieses Standmodell sehenswert.

Bei der Weltmeisterschaft für Schiffsmodellbau 1983 in Lüttich errangen Modellbauer aus der Volksrepublik China mit Dschunkenmodellen je eine Gold- und Silbermedaille in der Klasse C 1. Die preisgekrönten Modelle stellten eine Fluß-Dschunke aus der Sung-(Song-) Dynastie und eine See-Dschunke, die unter der Bezeichnung Peichihli (Beizhili) bekannt ist, im Maßstab 1 : 30 dar.

Die Fischerei-Dschunke aus Ningpo (Ningbo) war häufig bei der bereits erwähnten Choushan-(Zhoushan-) Inselgruppe im Einsatz. Hier trafen sich Fischerei-Dschunken aus vielen Häfen, so daß nach einer Aufzeichnung aus dem Jahre 1873 8 000 bis 9 000 Dschunken mitunter Tintenfisch anlandeten. In der Hauptsaison vom Frühling bis zum Herbst war die Anzahl der Fahrzeuge besonders groß. 1875 waren etwa 20 000 Bewohner der Küste um Ningpo (Ningbo) und der Inselgruppe im Fischereigewerbe tätig.

Donelly schreibt im Jahre 1924, daß sich die im Gebiet der Inselgruppe eingesetzten Fischerei-Dschunken praktisch alle im Besitz der Einwohner von Ningpo (Ningbo) befanden. Der verwendete Dschunkentyp war eine kleinere Variante der Handels-Dschunke, die als seetüchtig eingeschätzt wurde und ein gutes Schanzkleid und somit ein hohes Freibord hatte. Das schlanke und schnelle Fahrzeug mit drei Masten und südchinesischem Bug, das oberhalb des Decks schwingenförmig auslief, wurde nicht so motivreich bemalt wie die Handels-Dschunke. Das Bugschott- und das Dollbord waren rot, der Rumpf bläulich. Ebenfalls führte die Dschunke an beiden Bugseiten die augenförmigen Motive und am Rumpf des Hecks an beiden Seiten je ein Schlangenmotiv.

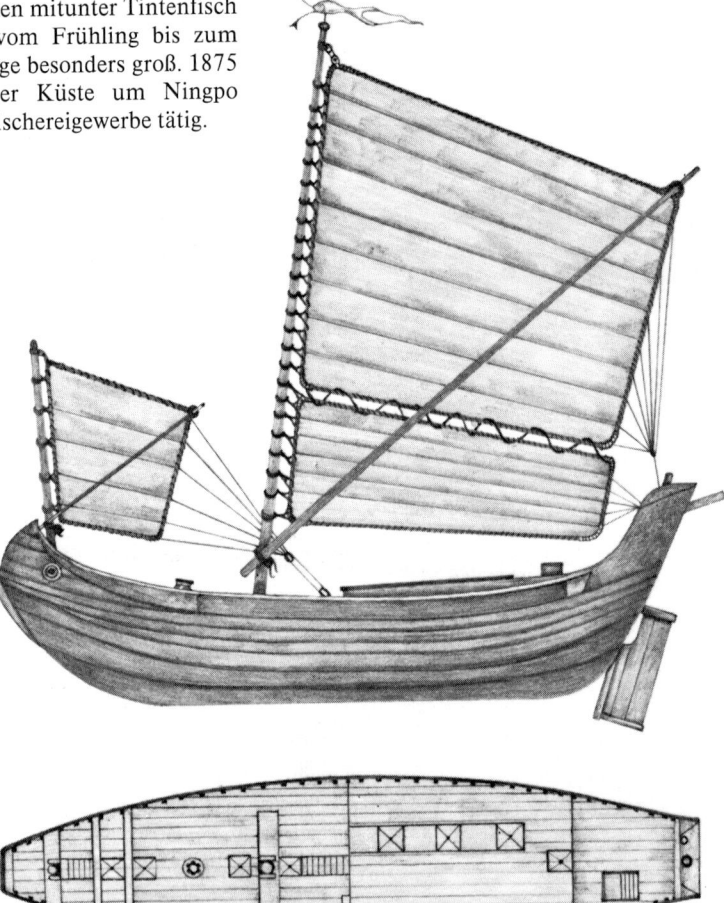

Seitenansicht und Draufsicht der Fischerei-Dschunke aus Ningpo (Ningbo).

Im Bereich der Inselgruppe gab es eine typische Fischerei-Dschunke von 24 Metern Länge und 5,8 Metern Breite. Sie war zweimastig und hatte Sprietsegel. Neben der weit verbreiteten Takelung mit Luggersegeln gab es in China vereinzelt auch Sprietsegel. An einem Pfahlmast waren, wie in der Zeichnung der Risse dargestellt, Segeltuchbahnen zusammengenäht und mit einem Liektau versehen. Ein Bambusstab diente als Spriet, der diagonal vom unteren Rand, wo das Segel angeschlagen wurde, zur Piek verlief. Jede Segel-tuchbahn wurde mit einem Schot versehen und diese zu einem Schotensystem zusammengefaßt. Die Sprietsegel und die Takelung sind uns von der Choushan-(Zhoushan-) Inselgruppe, vom unteren Ch'angchiang (Chanjiang) und von der Küste der Provinz Fuchien (Fujian) bekannt.

Die zweimastige Fischerei-Dschunke von der Choushan-(Zhoushan-) Inselgruppe hatte einen schwarzen Rumpf, ein grün abgesetztes Dollbord und rot abgesetzte Ränder oder Planken am Bug und Heck sowie am Süll der Ladeluke.

WÊNCHOU-(WENZHOU-) DSCHUNKE

Länge: 9 bis 18 m
Breite: 3 bis 3,6 m
Tragfähigkeit: 10 bis 20 t (geschätzt)
Anzahl der Segel/Masten: 3/3
Segelform: stark geneigte Rahe, ausgestelltes Achterliek
Besatzung: etwa 4

Die Stadt Wênchou (Wenzhou) liegt an der gleichnamigen Bucht an der Küste des Ostchinesischen Meeres etwa 220 Kilometer Luftlinie südlich von Ningpo (Ningbo) entfernt. In die Wênchou-(Wenzhou-) Bucht mündet der Ouchiang (Oujiang), so daß die Stadt über einen geschützten Seehafen und die nötigen Wasserstraßen ins Landesinnere verfügt. Hier entwickelte sich früh der Seehandel. Bereits aus dem 11. bis 12. Jahrhundert sind Handelsaktivitäten mit Ländern Südostasiens bekannt. Heute zählt die Stadt etwa 500 000 Einwohner. Sie verfügt über den größten Seehafen im Süden der Provinz Chêchiang (Zhejiang). Die Fischgründe vor der Küste waren schwierig zu befahren, da eine Vielzahl von Inseln und Felsen dem Festland vorgelagert sind, was bereits in den Berichten von europäischen Seglern überliefert wurde. Es soll auch heute noch das am schwierigsten zu befahrende Gebiet der chinesischen Küste sein.

Hier war die kleine Fischerei-Dschunke, mit der überwie-

Gezeichnete Wênchou-(Wenzhou-) Dschunke.
Quelle: Donelly

gend in größerer Anzahl vor der Küste gefischt wurde, beheimatet. Sie hatte einen kräftigen Rumpf mit einem Längen-Breiten-Verhältnis von 3:1 bzw. 5:1. Es gab somit Rümpfe, die Nußschalen ähnelten, aber auch schlankere Bauformen. Ein reichliches Freibord verlieh der Dschunke einen guten Schutz bei schwerer See. Zu Bug und Heck hatte das Deck einen Sprung. Die kleineren Bauformen trugen keine Deckshäuser. Sie hatten aufgestellte Matten als Wetterschutz. Die Unterkünfte für die Fischer waren unter Deck.

Durch die sinnvolle Unterteilung des Rumpfes mit Schotten konnten auf den Fischereifahrzeugen die einzelnen Abteilungen vorteilhaft für die Einlagerung des Fanges genutzt werden. Je nach Strömung und Windrichtung wurden die Segel gesetzt. In früheren Zeiten behielten die Fischer das Focksegel die ganze Fangsaison oben, damit sollte der Fang immer gut ausfallen. Da derartige Segel schnell verwitterten, benutzten die Fischer noch lange Zeit für die Fock Mattensegel.

Die Bemalung der Fischerei-Dschunke unterscheidet sich kaum von der auch hier ansässig gewesenen Handels-Dschunke. Am Bug befindet sich das bereits beschriebene Fischmaul mit mondsichelförmigen Zähnen, die eine weiße Perle schnappen wollen. Das Bugschott ist oben rot und unter den Zahnreihen rotbraun. Die augenförmigen Motive sind seitlich am Bug angebracht und grün ummalt. Das schwingenförmige Schanzkleid am Bug ist unterhalb des Dollbords mit einer Ornamentleiste verziert.

Noch heute trifft man moderne Fischereikutter 30 bis 40 Kilometer vor der Küste, wo das Fanggebiet liegt. Sie betreiben in Gruppen von 20 bis 30 Fahrzeugen die Schleppnetzfischerei. Die Rümpfe sind oftmals blau und die Aufbauten grün gestrichen.

SANTUAO-(SANDUAO-) DSCHUNKE

Länge: 18 bis 21 m
Breite: 3,6 bis 4,5 m
Tragfähigkeit: 50 bis 60 t
Anzahl der Segel/Masten: 3/3
Segelform: geneigte Rahe, gerades Achterliek
Besatzung: etwa 6

Der gesamte Küstenstreifen des Festlandes an der Straße von T'aiwan (Taiwan) gehört zur Provinz Fuchien (Fujian). Am nördlichen Eingang zur Straße liegt die Stadt Fuchou (Fuzhou) am Fluß Minchiang (Minjiang), der in eine große Bucht mündet. Nördlich der Einmündung liegt in derselben Bucht die Stadt Santuao (Sanduao). Anfang des 20. Jahrhunderts war der kleine Hafen von Santuao (Sanduao) als Teehafen bekannt. Die geographische Nähe der alten Hafenstadt Fuchou (Fuzhou) hatte zur Folge, daß die hier ansässige Fischerei-Dschunke große Ähnlichkeit mit der Fuchou-(Fuzhou-) Dschunke hatte. Nur war die Santuao-(Sanduao-) Dschunke wesentlich kleiner als ihr großes Vorbild.

Die Santuao-(Sanduao-) Dschunke besaß ein glattes Deck mit geringem Sprung und hohem Schanzkleid. Der mit Schotten unterteilte Rumpf bestand aus Kiefernholz und war mit Barkhölzern versehen. Der Bug und das Heck schlossen jeweils mit einem Schott ab. Oberhalb des Bugschotts war der Rumpf offen. Das Schanzkleid verlief, typisch für südchinesische Dschunken, schwingenförmig auseinander. Zwei große eisenbeschlagene Holzanker, die durch ein vor dem Fockmast aufgestelltes Bratspill gefiert oder gehievt werden konnten, waren bei Nichtgebrauch zwischen den Zapfen auf dem Bugschott abgelegt. Mit je einem Bratspill zu beiden Seiten des Großmastes konnte das Großsegel gesetzt werden. Wie es für chinesische Luggersegel typisch ist, waren alle drei Segel mit einem Fall ausgestattet. Für das Großsegel standen zwei Auflagerahmen zur Verfügung, davon stand einer vor dem Deckshaus. Das eigentliche Decks-

Gezeichnete Santuao-(Sanduao-) Dschunke.   Quelle: Donelly

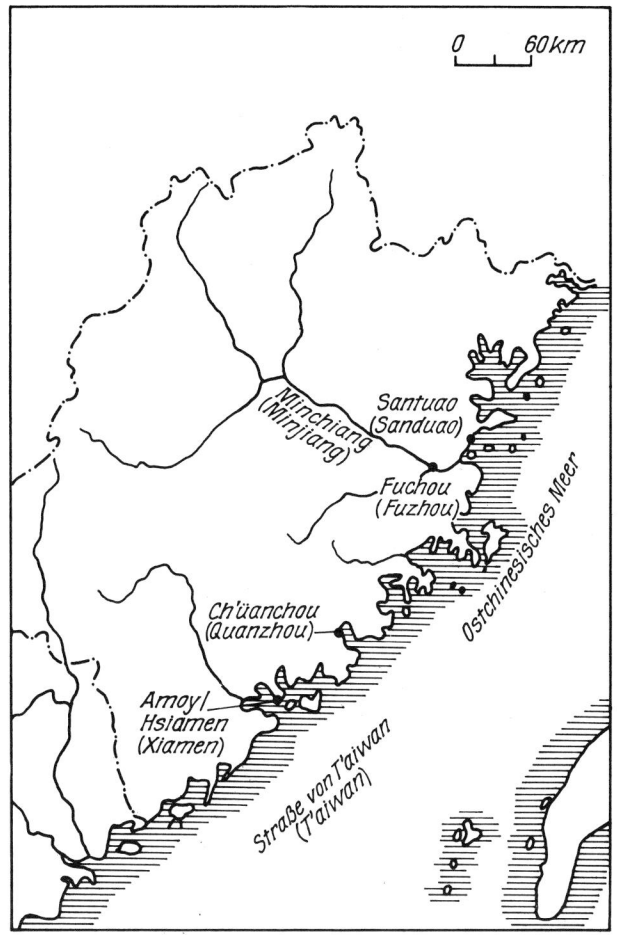

haus war sehr vorteilhaft zwischen den hochgezogenen Rumpfseiten am Heck eingepaßt. Es diente als Unterkunft für die kleine Besatzung. Von hier bediente der Steuermann die Ruderpinne. Das Schotensystem des Besansegels wurde über eine Spiere geführt.

Die Bemalung war nicht sehr umfangreich. An beiden Rumpfseiten des Bugs gab es das augenförmige Motiv und am Heck die Schlange. Damit ist dieser Dschunkentyp vergleichbar mit den Fischerei-Dschunken der Inselgruppe Choushan (Zhoushan), denn auch die Rumpfform beider Typen stimmt überein.

Die Santuao-(Sanduao-) Dschunke ging in ihrer Anzahl am Anfang des 20. Jahrhunderts zurück. Sie wurde 1924 nur noch selten gesehen.

Die Provinz Fuchien (Fujian) am Ostchinesischen Meer und an der Straße von T'aiwan (Taiwan).

FUCHOU-(FUZHOU-) DSCHUNKEN

1. See-Dschunke für den Handel
Länge: etwa 50 m
Breite: 7,5 m
Tragfähigkeit: 720 t
Anzahl der Segel/Masten: 3/3 (vereinzelt Toppsegel am Großmast)
Segelform: geneigte Rahe, gerades Achterliek
Besatzung: etwa 40

2. Küsten-Dschunke für den Handel
Länge: 35 bis 55 m
Breite: 6,5 bis 8,5 m
Tragfähigkeit: 180 bis 400 t
Anzahl der Segel/Masten: 3/3
Segelform: geneigte Rahe, gering abgerundetes Achterliek
Besatzung: 25 bis 35

3. See-Dschunke für die Fischerei
Länge: etwa 20 bis 25 m
Breite: etwa 3 m
Tragfähigkeit: 15 bis 25 t (geschätzt)
Anzahl der Segel/Masten: 3/3
Segelform: geneigte Rahe, ausgestelltes Achterliek
Besatzung: etwa 6

4. Küsten-Dschunke für die Fischerei
Länge: etwa 10 m
Breite: 2 bis 3 m
Tragfähigkeit: 10 bis 15 t
Anzahl der Segel/Masten: 2/2 (vereinzelt 3/3)
Segelform: geneigte Rahe, ausgestelltes Achterliek
Besatzung: 4 bis 5

Fuchou (Fuzhou) ist seit altersher ein wichtiger Seehandels-platz in China. Arabische Handelsschiffe transportierten lange vor den Europäern ihre Waren, vor allem Perlen, in diese Stadt und tauschten sie gegen Tee, tropische Früchte, Seide, Porzellan, Zucker, Holz und Fisch. Die Stadt liegt etwa 20 Kilometer flußaufwärts am Minchiang (Minjiang), der in eine große Bucht des Ostchinesischen Meeres mündet.

See-Dschunke für den Handel aus Fuchou (Fuzhou).
Foto: Natural History

Die Küste der Provinz Fuchien (Fujian) ist 3 300 Kilometer lang, stark zerklüftet und hat viele vorgelagerte Inseln. Zusätzlich erschwerend für die Schiffahrt sind die von Juli bis September gehäuft auftretenden Taifune. Die wichtigste Binnenwasserstraße ist der Minchiang (Minjiang), dessen Einzugsgebiet die Hälfte der Fläche der Provinz ausmacht.

Fuchou (Fuzhou) hatte Ende des 19. Jahrhunderts 600 000 und Mitte des 20. Jahrhunderts über eine Million Einwohner. Etwa 2 000 Dschunken waren in den Jahren 1882 bis 1891 hier im Einsatz.

1. Der Grundtyp der See-Dschunken aus Fuchou (Fuzhou), von dem die anderen Dschunkentypen abgeleitet sind, wurde seit früher Zeit im Seehandel eingesetzt. Bereits zur Zeit der Ming-Dynastie (1368 bis 1644) unternahm der Chinese Chêng Ho (Zheng He), der von 1371 bis 1435 lebte, insgesamt sieben Reisen nach Indien, zum Persischen Golf und nach Afrika. 1405 liefen 62 Fahrzeuge zur Erkundung der Seewege im Indischen Ozean mit mehr als 27 800 Mann an Bord aus. Von diesen See-Dschunken stammte eine größere Anzahl aus Fuchou (Fuzhou). Vom 6. Dezember 1846 bis zum 28. März 1848 segelten etwa 40 Mann eine Fuchou-(Fuzhou-) Dschunke von Hongkong um das Kap der Guten Hoffnung nach New York und Boston und zurück über den Nordatlantik nach England, um die Seetüchtigkeit dieses Dschunkentyps unter Beweis zu stellen. Der deutsche Maler und Weltreisende Professor Eduard Hildebrandt brachte

Modell einer See-Dschunke aus Fuchou (Fuzhou) für den Handel.
Foto: Museum für Völkerkunde, Leipzig

Gezeichnete Küsten-Dschunke aus Fuchou (Fuzhou).
Quelle: Donelly

103

von seiner Weltreise ein 1863 gemaltes Aquarell einer dieser Dschunken mit. Zu erkennen ist die Dschunke am großen Rumpf mit den offenen, nicht nach außen fallenden Bugflügeln, den aufgemalten Stückpforten sowie der geöffneten Seitenpforte, die in Deckshöhe liegt und zum Be- und Entladen per Hand benutzt wurde. Die typische Querbrücke im Heckbereich ist auf dem Aquarell kaum erkennbar. Die Bemalung, vor allem des Heckschotts, ist mit der der Ningpo- (Ningbo-) Dschunke vergleichbar. Zwei große Holzanker, die mit einem Bratspill, das vor dem Großmast stand, gehievt oder gefiert wurden, gehörten mit zur Ausstattung. Ein sehenswertes Modell im Bestand des Museums für Völkerkunde zu Leipzig, das der typischen See-Dschunke nicht in allen Merkmalen folgt, hat aufgemalte Stückpforten, eine Ladeluke im Rumpf, zwei große Holzanker mit Bratspill und das breite Heckschott. Das Modell weist ebenfalls den hellen Unterwasseranstrich und die zwei Seile, die vom waagerechten Bugspill den Bug hinunter beiderseits des Kiels bis zum Ruderblatt laufen, auf. Durch Anziehen der beiden Seile wird das Ruder im gefierten Zustand zusätzlich gehalten, indem es an das Heck herangezogen wird.

2. Die Küsten-Dschunke für den Handel wird in der Literatur oft als Pfahl-Dschunke bezeichnet, da sie im Küsten- und Flußbereich häufig mit Pfählen gesehen wurde. Sie war in der Größe mit der See-Dschunke vergleichbar und als Küsten-Dschunke wohl die längste ihrer Art. Der alle 2,5 Meter durch Schotten unterteilte Rumpf bestand aus Tannenholz. Insgesamt gab es 14 bis 22 wasserdichte Abteilungen.

Alle 1,2 Meter waren zusätzlich noch Längsschotten vorhanden. Der Rumpf erhielt durch je zwei Barkhölzer auf jeder Rumpfseite eine erhöhte Festigkeit. Die Unterteilung diente auch kommerziellen Zwecken. Bei längeren bzw. günstigen Reisen mieteten einzelne Besatzungsmitglieder Abteilungen, lagerten eigene Waren ein und konnten so zusätzlich zum Borddienst durch den Kleinhandel verdienen. Das Deck der Dschunke war relativ glatt gestaltet, die Bugform oberhalb des Schotts schwingenförmig offen, farbig und mit den augenförmigen Motiven an jeder Rumpfseite versehen. Ein massives Deckshaus am Heck, dessen Dach gleichzeitig ein Poopdeck war, wurde vom Steuermann als Standort genutzt.

Durch das hochgezogene Schanzkleid hatte die Dschunke ein beträchtliches Freibord, so daß eine große Menge längs gelegter Baumstämme, auf Deck und an der Rumpfaußenhaut befestigt, transportiert werden konnte. Senkrecht stehende Hölzer und Bambustrossen bildeten den Halt beim Stauen. Die Bambustrossen wurden zum Teil auch unter dem Rumpf, der flachbödig war, hindurchgezogen.

Ein flachbödiger und ohne Kiel ausgeführter Rumpf entsprach den Anforderungen der Fahrtgebiete in den Flußmündungen mit ihren Sandbänken und Untiefen, die einer ständigen Veränderung unterliegen.

Pfahltransport mit interessanter Stauanordnung auf einer Mayang-Dschunke.
Quelle: Worcester

3. Die chinesische See-Dschunke, die hier beschrieben wird, war wesentlich größer als die Küsten-Dschunke. Sie verfügte über ein großes Freibord, um bei schlechtem Wetter der Mannschaft genügend Schutz bieten zu können. Die Dschunken fischten paarweise und nutzten die Treibnetz- und Schleppnetzfischerei. In der Literatur wird darauf hingewiesen, daß diese Fischerei-Dschunken erst bei Taifungefahr oder sehr schlechtem Wetter den Schutz der Häfen oder die vorgelagerten Inseln aufsuchten.

Die Dschunke hatte den bekannten offenen Bug und ein Deckshaus, das im hochgezogenen Heck harmonisch eingefügt war.

4. Die Küsten-Dschunke fischte im Bereich der Buchten und vorgelagerten Inseln in der Straße von T'aiwan (Taiwan).

Sie hatte ein glattes Deck mit einem Sprung zum Bug, führte drei oder mitunter nur zwei Masten. Sie verfügte über kein massives Deckshaus, sondern nur über ein Mattendach als Wetterschutz. Das Mattendach war relativ weit zum Großmast versetzt, vielleicht um der kleinen Mannschaft im Heckbereich genügend Schutz zu bieten. Neben der Fischerei wurde den Wasserpflanzen als zusätzliche Nahrungsquelle schon seit früher Zeit große Aufmerksamkeit geschenkt.

Gezeichneter Küstenfischer aus Fuchou (Fuzhou).

Quelle: Donelly

See-Dschunke aus Fuchou (Fuzhou) für die Fischerei.
Foto: Sammlung Autor

Chʼüanchou-(Quanzhou-) Dschunke

Länge: etwa 23 m
Breite: etwa 4,5 m
Tragfähigkeit: 30 t (geschätzt)
Anzahl der Segel/Masten: 3/3
Segelform: geneigte Rahe, nach unten breiter
Besatzung: 6 bis 8

Die Stadt Chʼüanchou (Quanzhou) in der Provinz Fuchien (Fujian) liegt etwa 150 Kilometer südlich von Fuchou (Fuzhou) am Chinchiang (Jinjiang). Marco Polo erwähnt in seinem Reisebericht die Stadt Zaytun, die vermutlich der Stadt Chʼüanchou (Quanzhou) entspricht. Die islamischen Gräber und eine Moschee aus dem Jahre 1009 sind heute noch Hinweise für den Seehandel mit Arabern und Persern vor mehr als 1000 Jahren. Das Museum für Seeverkehr ist heute in einem alten buddhistischen Tempel untergebracht. Hier sind Dschunkenmodelle sowie Dokumente über die historischen chinesischen Handelsbeziehungen ausgestellt.

Mitte der 70er Jahre unseres Jahrhunderts gruben Archäologen an der Chʼüanchou-(Quanzhou-) Bucht in der Provinz Fuchien (Fujian) ein hölzernes Schiff aus, das aus der Sung-(Song-) Dynastie stammt. Der freigelegte Fund ist im Foto zu sehen. Diese große Dschunke wurde vor ca. 1000 Jahren gebaut. Sie hatte eine Länge von etwa 52 bis 53 Metern und eine Breite von 10 Metern. Es sind 15 bis 20 Schotten, die durch aufgesetzte Leisten oder angesetzte Rahmen verstärkt waren, zu erkennen. Zur besseren Dichtigkeit waren die Schotten in die Rumpfplanken eingelassen. Der Rumpf wurde in Kraweelbauweise hergestellt. An der Form der Schotten ist zu erkennen, daß es sich nicht um einen nordchinesischen kastenförmigen, sondern um einen südchinesischen Rumpf handelt, dessen Bug und Heck gleichfalls in einem Schott enden. Die Anzahl der Masten kann nur geschätzt werden. Sie liegt wahrscheinlich bei 9 bis 10. Die solide Bauweise des Rumpfes und seine Länge lassen vermuten, daß es sich um eine seegängige Dschunke han-

delte, die keine Fischerei, sondern Handel betrieb. Der Fund dieses alten chinesischen Wasserfahrzeuges ist ein Beweis dafür, daß in China bereits damals durchdachte bootsbauliche Konstruktionen, wie beispielsweise die Schotten als wasserdichte Abtrennung im Rumpf, verwendet wurden, bevor sie in Europa bekannt waren. Dieser hohe technische Stand war gleichzeitig Grundlage für den Bau von See-Dschunken, wie wir sie aus Fuchou (Fuzhou) her kennen. Weitere archäologische Funde, beispielsweise der eines 10 Meter hohen und 0,5 Meter dicken Ruderbaumes 1962 bei Shanghai,

Modell einer Chʼüanchou-(Quanzhou-) Dschunke.
Quelle: China im Bild

Ausgegrabenes hölzernes Boot.
Foto: Natural History

deuten darauf hin, daß es See-Dschunken von 120 bis 180 Meter Länge gab. Diese frühe Entwicklung wurde durch die am Hof herrschende Aristokratie, vermutlich nach dem Tode von Chêng Ho (Zheng He), wieder rückläufig beeinflußt.

Die noch in den 20er Jahren unseres Jahrhunderts in Ch'üanchou (Quanzhou) gebaute Dschunke soll in den Fahreigenschaften den damaligen europäischen Seglern um nichts nachgestanden haben. Vorrangig betrieb der Chinese mit diesen Fahrzeugen den Handel mit Häfen in Nordchina. Für die mittelgroße Dschunke findet man in der Literatur vereinzelt auch Längenangaben über 23 Meter. Die Dschunke besaß ein beträchtliches Freibord und einen kräftigen Decksprung zum Heck. Das Deckshaus war harmonisch eingefügt. Der Steuermann konnte die Ruderpinne bedienen, indem er hinter dem Deckshaus oder in der aufgeschobenen Dachluke des Deckshauses stand. Das Heck-

schott war in der Form elliptisch, und das Bugschott verjüngte sich nach unten. Das sonst übliche schwingenförmige Schanzkleid am Bug besaß diese Dschunke nicht. Die Bugform erweckte den Eindruck, als ob beide Schwingen in Deckshöhe abgesägt wären. Der Holzanker hing am Bugschott. Der Rumpf hatte mehrere Barkhölzer an jeder Seite und keinen Kiel. Das große Ruder konnte in der Höhe verstellt werden, wozu ein waagerechtes Spill am Heck diente.

Die Bemalung war mit der der südchinesischen Dschunken vergleichbar. Am Bug befanden sich neben dem Fischmaul unter den augenförmigen Motiven an den Rumpfseiten je ein langer heller Keil. Neben dem Schlangenmotiv hatte diese Dschunke aufgemalte Stückpforten, ähnlich der Dschunke aus Santuao (Sanduao) und der See-Dschunke aus Fuchou (Fuzhou), die bereits in der Ming-Dynastie über die aufgemalten Stückpforten verfügte.

Ch'üanchou-(Quanzhou-)Dschunke.   Quelle: Donelly

AMOY-DSCHUNKEN

1. Küsten-Dschunke für den Handel
Länge: 27,5 m
Breite: etwa 10 m
Tragfähigkeit: bis 480 t (150 t)
Anzahl der Segel/Masten: 3/3
Segelform: stark geneigte Rahe, gerade Lieks
Besatzung: 25 (geschätzt)

2. Küsten-Dschunke für die Fischerei
Länge: 21 m
Breite: 5,5 m
Tragfähigkeit: 25 t
Anzahl der Segel/Masten: 1/1 (3/3)
Segelform: stark geneigte Rahe, gerade Lieks (Fock- und Besansegel auch hochkant rechteckig)

Modell einer See-Dschunke für den Handel aus Amoy/Hsiamên (Xiamen).
Quelle: Worcester

Besatzung: 5 bis 7, zusätzlich 2 bis 10 Floßbesatzungen mit je 2 bzw. 3 Mann

Die Stadt Hsiamên (Xiamen), früher Amoy, liegt auf der Festlandseite der Straße von T'aiwan (Taiwan) auf einer Insel in der gleichnamigen Bucht. Die Insel ist durch einen Damm mit dem Festland verbunden. Seit Jahrhunderten ist die Stadt als Zentrum der Fischerei und des Handels bekannt. Nach den Opiumkriegen (1839 bis 1842 und 1856 bis 1860) entwickelte sich der Handelshafen in starkem Maße. Heute hat die Stadt beinahe eine Million Einwohner.

Die Handels-Dschunke, die große Ähnlichkeit mit der Fuchou-(Fuzhou-) Dschunke hatte, wurde im Küstenbereich eingesetzt. Sie war um einige Meter länger als die Fischerei-Dschunke. In der Literatur findet man unterschiedliche Größenangaben. Audemard vermerkt, daß es 1878 etwa 20 unterschiedliche See- und Fluß-Dschunken in Amoy gab. Für die großen Dschunken gibt er die obenstehenden technischen Daten an. Donelly vergleicht die Handels-Dschunke ebenfalls mit der Fuchou-(Fuzhou-) Dschunke, gibt als Tragfähigkeit aber nur 150 Tonnen an.

Um 1920 wurden in der Region noch viele Handels-Dschunken registriert, die bei den angegebenen Größen wahrscheinlich seegehende Fahrzeuge waren, obwohl die Küstenfahrt überwog. Die Rumpfform und die Heckbemalung waren von der Fuchou-(Fuzhou-) Dschunke beeinflußt.

Dreimastige Amoy-Dschunke für die Fischerei.   Quelle: Brennecke

Das abgebildete Modell zeigt eine seegehende Dschunke, wie sie in Amoy beheimatet war. Die Dschunke hatte einen kräftigen Rumpf mit Schanzkleid und vier Barkhölzer an jeder Rumpfseite. Oberhalb des Decks war der Bug schwingenförmig offen. Zwei große Anker wurden bei Nichtgebrauch zwischen den Zapfen abgelegt. Oberhalb des Bugschotts befand sich ein waagerechtes Spill, von dem zwei Seile, am Bug

Einmastige Amoy-Dschunke für die Fischerei. Quelle: Donelly

109

durch Klampen gehaltert, an beiden Seiten des Kiels entlang bis zum Ruderblatt liefen. Bei südchinesischen Dschunken gab es Kiele, die wahrscheinlich auf arabischen Einfluß zurückgehen. Durch Festziehen der Seile konnten die Ruderwirkung verbessert und der Ruderbaum bei einem tief gefierten Ruder zusätzlich gehaltert werden. Das Fallreep und die Bauformen des vorderen und mittleren Deckshauses sowie der Stockanker werden auf europäischen Einfluß zurückgeführt. Durch den Decksprung und das hochgezogene Schanzkleid zum Heck hin erschien das hintere Deckshaus mehr wie ein kleiner Aufbau. In Höhe des Poopdecks befand sich das Spill zur Höhenverstellbarkeit des großen Heckruders. Neben einer Hecklaterne fand man hier auch eine Spiere für das Schotensystem des Besanmastes. Der Fockmast war zum Bug geneigt und wie der Großmast mit einem Knieholz abgestützt. Auflagerahmen für die Segel waren oberhalb des vorderen und mittleren Deckshauses angebracht. Einen nur auf der Steuerbordhälfte aufgebauten Auflagerahmen gab es zusätzlich am Großbaum. Zwischen den vorderen Deckshäusern befanden sich zwei Ladeluken mit Süll. Die Bemalung am Heck wie den hellen Unterwasseranstrich hatte man von der Fuchou-(Fuzhou-) Dschunke übernommen. Das Bugschott war weiß, und an den Rumpfseiten befanden sich am äußeren Schanzkleid Ornamente sowie das augenförmige Motiv.

Die Fischerei-Dschunke soll besonders schnell und seetüchtig gewesen sein. Sie hatte meist drei Masten, vereinzelt jedoch auch nur einen Mast. Mit der Dschunke wurde die Schleppnetz- und Hakenfischerei betrieben. Bei der Netzfischerei holte man das Netz ein, indem dieses auf ein Spill gewickelt wurde, wobei mehrere Fischer das Spill mit Handspaken drehten. Die Fanggründe lagen etwa 20 bis 40 Kilometer vor der Küste, wo die kleinen Boote auch bei schlechtem Wetter anzutreffen waren. Die kleinen Dschunken besaßen kein Deckshaus, hatten nur einen Mast. Sie waren mit drei Mann besetzt, verfügten über einen hellen Unterwasseranstrich und die bekannte Bemalung des Bugs mit einem Fischmaul sowie die augenförmigen Motive an den Rumpfseiten.

Mit der dreimastigen Dschunke wurde vorwiegend die Hakenfischerei betrieben. Sie hatte, genau wie die einmastige Dschunke, kein Deckshaus und eine lange Ladeluke. Die Segelformen unterschieden sich mitunter, so daß das Fock- und Besansegel hochkant rechteckig waren und das Großsegel eine geneigte Rahe und ein ausgestelltes Achterliek hatte. Zur Hakenfischerei nahm die Dschunke mehrere Bambusflöße an Bord, die erst am Fangplatz ausgesetzt wurden. Die Floßbesatzung zum Auslegen der Angelschnur bestand aus zwei und die zum Einholen aus drei Mann. Das Floß bestand aus zehn Bambusstämmen, wobei die Enden einen kleinen Sprung hatten. Bewegt wurde es mit Seitenrie-

men. Ein Mann ruderte, der zweite steckte die Köder auf die Haken bzw. entfernte den Fisch vom Haken und der dritte holte die Hakenschnur ein. Auf den Dschunken sollen auch Frauen, die u. a. für das leibliche Wohl sorgten, mitgefahren sein.

Noch heute kann man Fischerei-Fahrzeuge zwischen Hsiamên (Xiamen) und Shant'ou (Santou) beobachten, die die Hakenfischerei von Flößen aus betreiben. Die kleinen Kutter sind von der Größe her mit ihren Vorgängern vergleichbar. Sie transportieren drei Bambusflöße, die quer auf dem Deck liegen. Die Länge beträgt etwa 8 Meter und die Breite bis maximal 2 Meter. Ein Schwimmer mit einer kleinen Fahne zeigt den Anfang der ausgelegten Hakenleine. Jeder Fischer hat seine eigene Fahnenfarbe bzw. Farbenkombination. Diese motorisierten Fischerei-Dschunken sind heute, im Gegensatz zu ihren Vorgängern, deren Rümpfe rot, grün, gelb oder blau gestrichen waren, mit blauen Rümpfen versehen. 1921 gab es noch 200 Amoy-Dschunken in der Region. Doch verringerte sich schnell diese Anzahl.

Der Hsichiang (Xijiang) mit der Küstenlinie des Südchinesischen Meeres

Die Küstenprovinz Kuangtung (Guangdong) erstreckt sich vom südlichen Ausgang der Straße von T'aiwan (Taiwan) bis zur Bucht von Tungching (Dongjing). Die stark zerklüftete und buchtenreiche Küste hat viele vorgelagerte Inseln, unter ihnen die zweitgrößte Insel Chinas, Hainan. Das Südchinesische Meer, Randmeer des Stillen Ozeans, ist durch die Straße von T'aiwan (Taiwan) mit dem Ostchinesischen Meer verbunden. Es ist etwa sechsmal so groß wie die Nordsee, bis zu 5 420 Meter tief und wegen seiner Taifungefahr gefürchtet. Die Küstenlinie der Provinz beträgt 4 300 Kilometer. Die größte Bucht an der Küste der Provinz Kuangtung (Guangdong) liegt zwischen den Städten Hongkong/Hsiangkang (Xianggang) im Norden und Macao/Aomên (Aomen) an der Südseite. Die Bucht ist am Ausgang etwa 40 Kilometer breit und ca. 12 Kilometer tief. In der Umgebung von Macao/Aomên (Aomen) münden in die Bucht und teilweise in das Südchinesische Meer die zahlreichen Arme des Hsichiang-(Xijiang-) Deltas. Kanton/Kuangchou (Guangzhou) liegt westlich des Tungchiang (Dongjiang), der im inneren Teil der Bucht an einem Nebenarm des Hsichiang (Xijiang) im Deltagebiet mündet. Mit weiteren Nebenflüssen bilden die beiden Flüsse das größte Flußsystem in Südchina. Der Hauptfluß entspringt in der Provinz Yünnan (Yunnan) und ist 2 197 Kilometer lang.

In Südchina war die Schiffahrt seit früher Zeit ein wichtiges Verkehrsmittel. Ihre Bedeutung war immer größer als in

Nordchina. Die Gesamtlänge der Schiffahrtswege in der Provinz Kuangtung (Guangdong) beträgt 16 000 Kilometer.

In diesem Küstenbereich kamen vor mehr als 400 Jahren die ersten europäischen Segler an. Sie umsegelten das Kap der Guten Hoffnung, entdeckten Indien und fanden die Malakka-Straße. Sie segelten um die Südspitze des damaligen Sultanats Malakka, an der sich später aus einem Fischerdorf der Stadtstaat Singapur entwickelte, in das Südchinesische Meer. Hier trafen europäische Segler wahrscheinlich das erste Mal auf Dschunken. Diesen Seeweg nutzte auch Marco Polo, als er im 13. Jahrhundert nach Europa zurücksegelte. In seinem Reisebericht finden wir auch die für Europa ersten umfangreichen Beschreibungen von chinesischen Dschunken. Noch heute werden auf diesen alten Handelswegen versunkene Schiffe oder deren Ladungen geborgen, die Einblick in den Seehandel vergangener Zeiten gewähren.

Aus dem Gebiet Südchinas sollen 14 Dschunken bzw. Wasserfahrzeuge vorgestellt werden.

SHANT'OU-(SHANTOU-) DSCHUNKE

Länge: 9 bis 12 m (14 bis 18 m)
Breite: 2,5 bis 3,0 m
Tragfähigkeit: etwa 20 t
Anzahl der Segel/Masten: 2/2 (vereinzelt 1/1)
Segelform: geneigte Rahe, ausgestelltes Achterliek
Besatzung: 5 bis 7

Shant'ou (Shantou) ist eine Hafenstadt in der Provinz Kuangtung (Guangdong). Sie liegt in einer geschützten Bucht, in die der Hanchiang (Hanjiang) fließt. Er entspringt als T'ingchiang (Tingjiang) in der Provinz Fuchien (Fujian), vereint sich mit dem Meichiang (Meijiang) und heißt im Unterlauf Hangchiang (Hanjiang). Shant'ou (Shantou) hatte

Die Provinz Kuangtung (Guangdong) am Südchinesischen Meer.

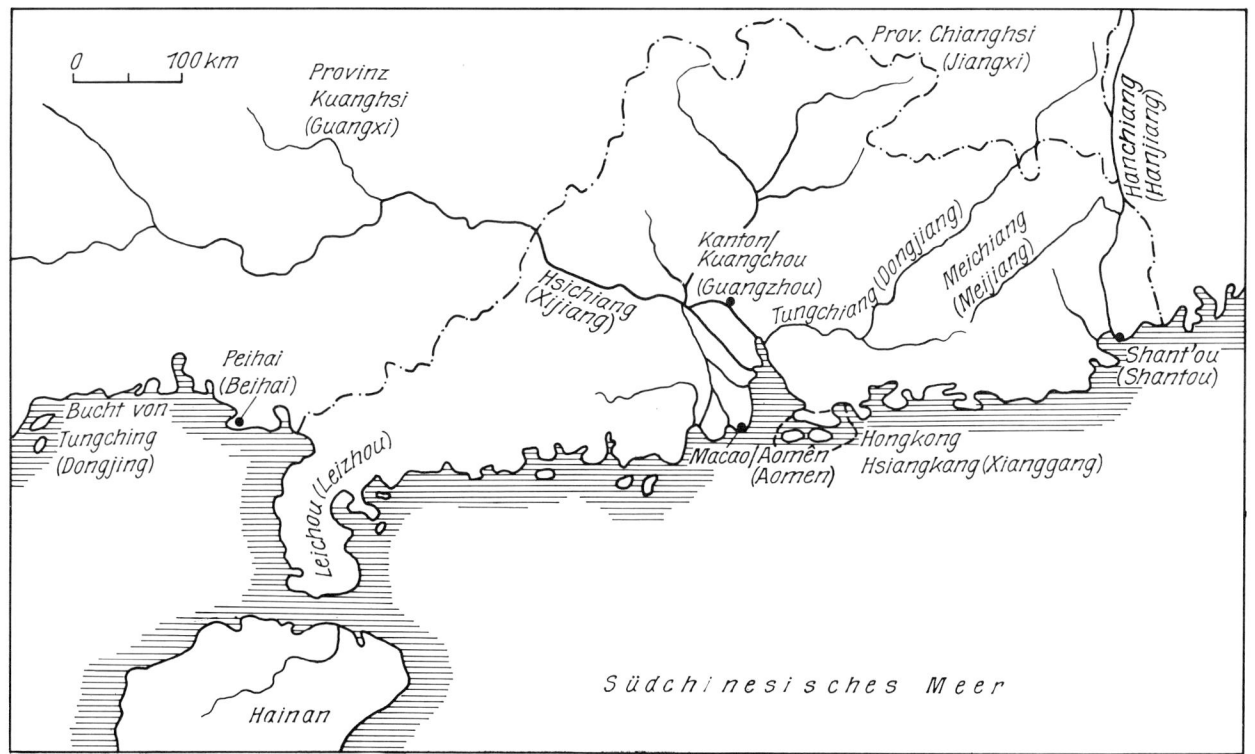

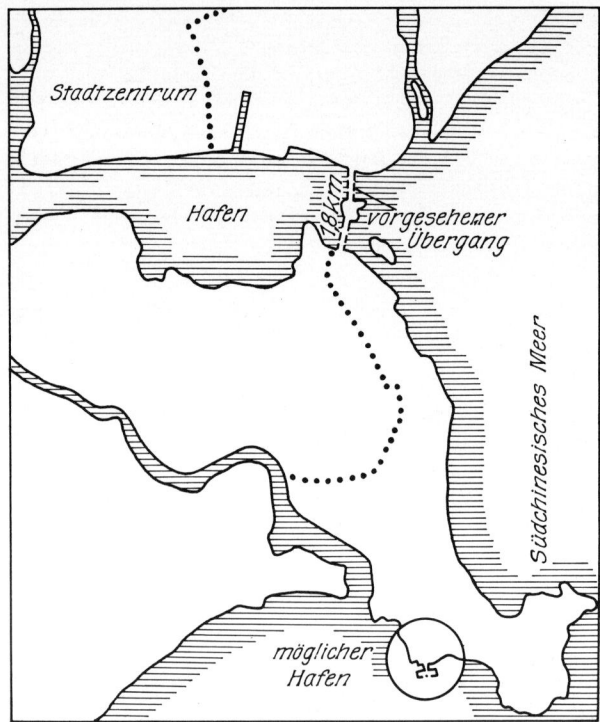

Der Hafen von Shant'ou (Shantou).

pezförmiges Bugschott und ebenfalls die augenförmigen Motive an den Rumpfseiten.

Die frühere Shant'ou-(Shantou-) Dschunke für die Fischerei wird in der Literatur, wie aus den vorangestellten technischen Daten ersichtlich, mit unterschiedlichen Größen angegeben. Audemard spricht von mehreren Fischerei-Dschunken, die schnell und wendig wie die Amoy-Dschunke waren. Die bei Donelly beschriebene Dschunke hatte mittschiffs einen völligen Rumpf und ein Bugschott in Form eines großen T. Die beiden Bugseiten waren in Schanzkleidhöhe hell gestrichen und mit augenförmigen Motiven bemalt. Die Fischerei-Dschunke führte meist zwei Masten. Die Segel hatten ein stark ausgestelltes Achterliek und mehr Segellatten als üblich. Jede Segellatte war mit einem Schot versehen. Der dunkle Rumpf wurde mit T'ung-(Tong-) Öl getränkt. Er hatte einige Barkhölzer, die an den Bugseiten zum Teil rot angestrichen waren.

Bei den Küsten- und See-Dschunken für den Handel gab es in Shant'ou (Shantou) eine größere Anzahl von Typen. Audemard spricht von jeweils fünf Dschunkentypen, die Handel betrieben, die hier jedoch nicht einzeln vorgestellt werden sollen.

Eine kleine Handels-Dschunke war etwa 40 Kilometer flußaufwärts auf dem Hanchiang (Hanjiang) beheimatet. Sie hatte im Rumpfbau und in der Takelung Ähnlichkeit mit der Shant'ou-(Shantou-) Dschunke und wird in der Literatur als Ch'aochou-(Chaozhou-) Dschunke bezeichnet.

um die Mitte des 19. Jahrhunderts 60 000 Einwohner, und nicht weniger als 400 Dschunken liefen 1858 den Hafen an. 1869 waren es noch 300, 1882 nur 110 und 1891 80 Dschunken. Die rückläufige Tendenz wurde durch die Konkurrenz der Dampfschiffahrt, das Aufblühen anderer, in der Nähe liegender Häfen und die Abwertung gewisser Produkte verursacht. Umfangreichen Handel betrieb man vorrangig mit getrocknetem und gesalzenem Fisch, da die Küstengewässer mit zu den fischreichsten zählen. Die Stadt zählt heute über 700 000 Einwohner. Die Abmessungen der motorisierten Kutter der einheimischen Fischereiflotte stimmen mit denen der früheren Dschunken in vielen Fällen überein. Die Kutter haben am Heck ein Deckshaus und führen an den Bugseiten das augenförmige Motiv. Ein roter Farbkeil verläuft am Schanzkleid von der Spitze bis unterhalb der Augen. Mit fünf Personen besetzt, fischen sie etwa 20 Kilometer vor der Küste. Hier trifft man auch kleinere, 8 bis 9 Meter lange und 2 bis 2,5 Meter breite Fischereifahrzeuge sowie 6 Meter lange und 2 Meter breite Kutter mit einer Vier-Mann-Besatzung, die mit Haken fischen. 50 bis 100 Fahrzeuge sind oft gleichzeitig auf dem Fangplatz zu sehen. Die kleinsten von ihnen haben als Erkennungszeichen ein tra-

Shant'ou-(Shantou-) Dschunke. Quelle: Donelly

LIUP'ÊNG-(LIUPENG-) DSCHUNKE

Länge: 16,8 m
Breite: 3,2 m
Tragfähigkeit: etwa 15 t
Anzahl der Segel/Masten: 3/4 bis 5
Segelform: rechteckige Spreizsegel, aufgestellte Matten
Besatzung: 3 bis 5 (geschätzt)

Die Dschunke war am Oberlauf des Hanchiang (Hanjiang), der in diesem Abschnitt den Namen T'ingchiang (Tingjiang) trägt, beheimatet. Der Flußlauf ist etwa 350 Kilometer lang. Der Oberlauf durchfließt das Gebirge, welches den Provinzen Fuchien (Fujian) und Chianghsi (Jaingxi) als Grenze dient. Der Gebirgszug weist Erhebungen bis über 1000 Meter auf. Der Oberlauf hat viele Stromschnellen, so daß die hier beheimateten Fahrzeuge für Wildwasserfahrten geeignet sein mußten.

Die Liup'êng-(Liupeng-) Dschunke hatte einen langgestreckten flachbödigen Rumpf. Charakteristisch war der in einem Winkel von etwa 45 Grad bis 3 Meter hochgezogene Bug, der in den Stromschnellen einen guten Schutz gegen

überkommendes Wasser bot. Der Rumpf besaß 15 Schotten und ein kräftiges offenes Heck mit einer interessanten Ruderkonstruktion. Das Ruderblatt wurde durch eine diagonale Leiste am Ruderbaum und an der Pinne gehaltert, und eine zweite Leiste hielt die drei zusammengesetzten Bretter des Ruderblattes. Das Deckshaus nahm etwa ein Drittel der Rumpflänge und die gesamte Rumpfbreite ein. Es maß vom Rumpfboden bis zum Mattendach über 3 Meter. Auf einer Grundfläche von über 15 Quadratmetern befanden sich die Kombüse und die Unterkünfte für die Besatzung. Bei schlechtem Wetter oder auch nachts konnte ein Seil vom Deckshaus zum Bug gespannt und mit Matten überdeckt werden, so daß ein zeltartiger Vorbau entstand, der es erlaubte, neben Papier- und Holzkohleladungen auch Passagiere zu befördern. Um Untiefen und Felsen zu umfahren, benutzte der Dschunkenmann eine lange Stange mit einer Eisenspitze, die er in den Grund steckte oder mit der er sich gegen die Felsen stemmte, um die Dschunke vor Grundberührungen zu schützen. Bei günstigem achterlichem Wind spannte er Spreizsegel zwischen behelfsmäßigen Gaffeln auf. Als Segelfläche wurden auch Matten aufgestellt, um den Wind günstig ausnutzen zu können.

Ein 30 Zentimeter langes Standmodell dieses Dschunkentyps befindet sich im Museum der Bertholdsburg in Schleusingen. Es ist mit dem Karteivermerk »China 1881« versehen. Die helle Kalfaterung der Plankenstöße, die auf dem Foto gut zu erkennen ist, deutet auf eine chinesische Arbeit hin. Der charakteristisch hochgestellte Bug und die in Höhe des Deckshauses bogenförmig hochgezogenen Rumpfseiten sind typische Merkmale für dieses Fahrzeug. Liup'êng (Liupeng) bedeutet »sechs Matten«, was in der zugänglichen Literatur nicht weiter erklärt wird.

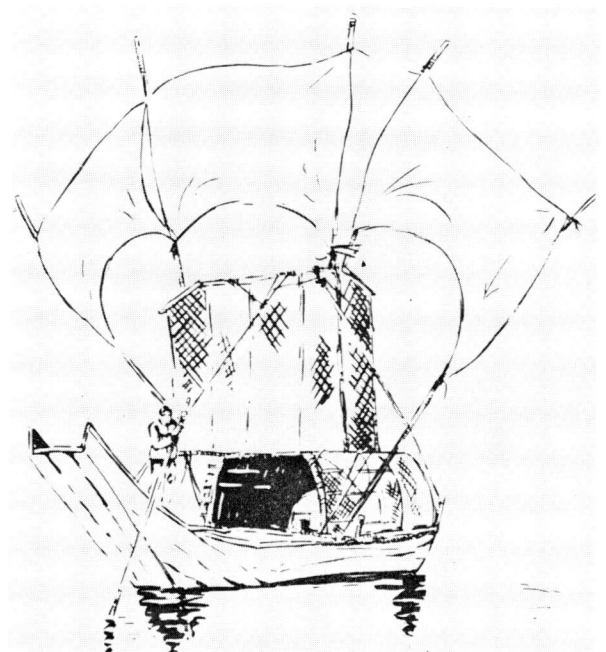

Spreizsegel einer Liup'êng-(Liupeng-) Dschunke.
Quelle: Worcester

Modell einer Liup'êng-(Liupeng-) Dschunke.
Foto: Spielzeugmuseum Sonneberg/Bertholdsburg Schleusingen

1. See-Dschunke für den Handel
Länge: 28 m
Breite: 6,3 m
Tragfähigkeit: 120 bis 200 t
Anzahl der Segel/Masten: 3/3
Segelform: geneigte Rahe, ausgestelltes Achterliek
Besatzung: 20 (geschätzt)

2. See-Dschunke für die Fischerei
Länge: 22,4 m
Breite: 4,5 m
Tragfähigkeit: etwa 30 bis 50 t
Anzahl der Segel/Masten: 2/2

Segelform: stark geneigte Rahe, ausgestelltes Achterliek
Besatzung: 5 bis 10 (geschätzt)

Die Provinz Kuangtung (Guangdong), einschließlich der zweitgrößten Insel Chinas Hainan, hat einen inselreichen Küstenstreifen mit tropischer und subtropischer Vegetation, Monsunwinden und Taifungefahr. Der feuchtwarme Sommermonsun weht vom Meer im Südchinesischen Meer von Mai bis September mit Stärken von 4 bis 5 (nach Beaufort) aus Süd bis Südwest und der trockenkalte Wintermonsun weht von Land von Oktober bis April mit Stärken von über 5 (nach Beaufort) aus Nordost. Für die Segler sind somit zeitlich günstige Fahrtrichtungen von der Natur vorgegeben,

Seitenansicht und Draufsicht der See-Dschunke für den Handel der Provinz Kuangtung (Guangdong).

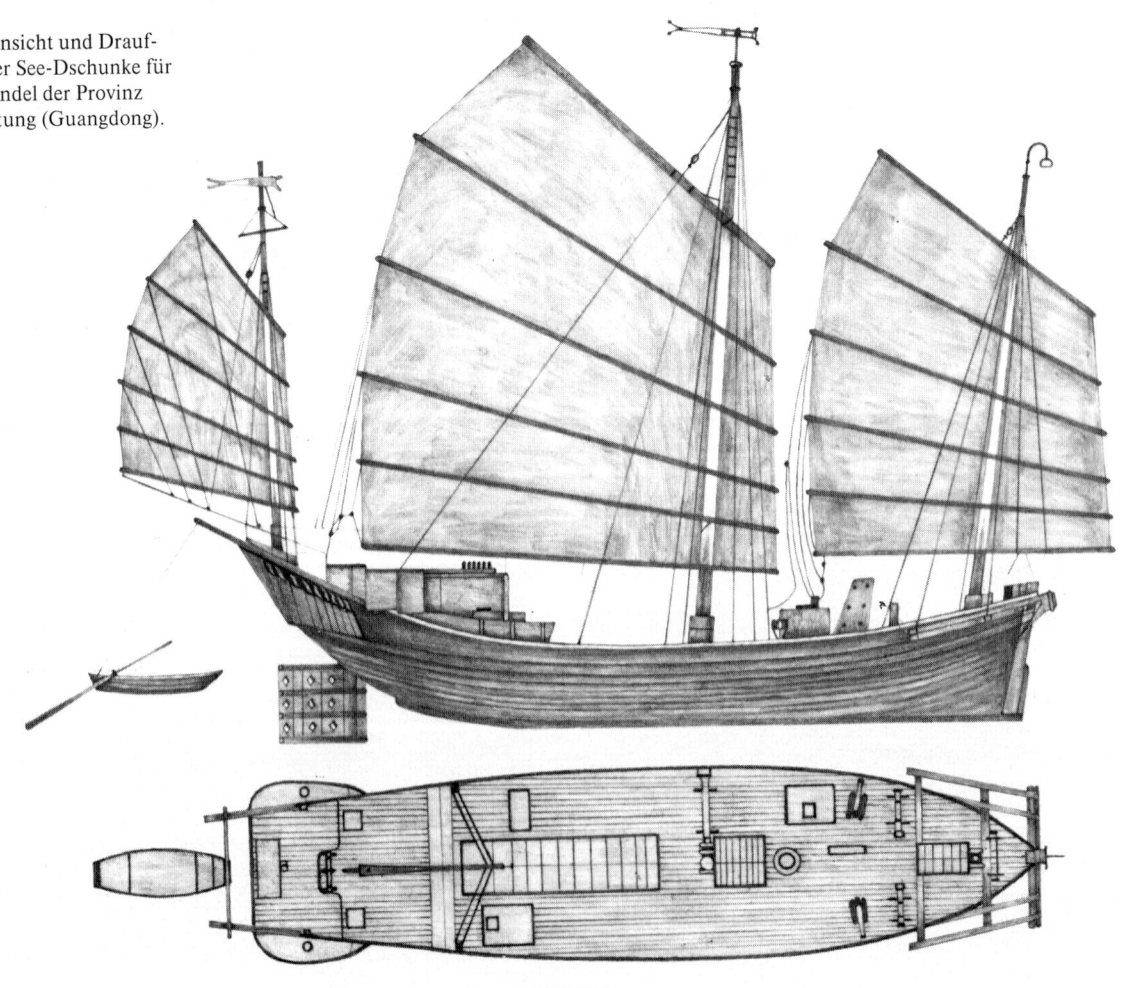

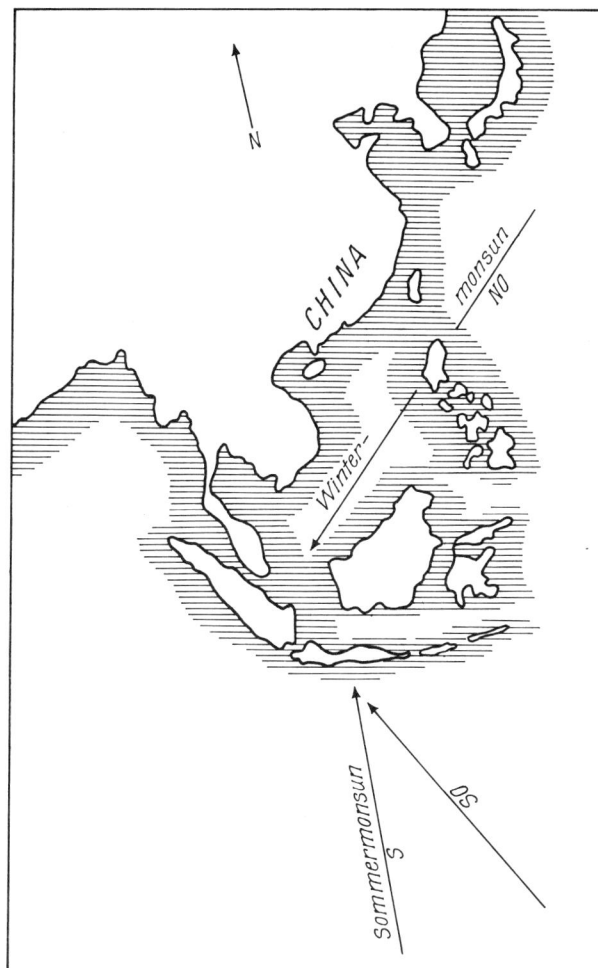

Richtungen der Monsunwinde im Südchinesischen Meer.

was früher besonders die Besatzungen von See-Dschunken nutzten, die mit Indonesien und Malaysia Handel trieben. Am Anfang des Jahres verließ man den Heimathafen und kehrte zum Ende des ersten Halbjahres wieder heim.

Die mittelgroße Handels-Dschunke Südchinas unterscheidet sich stark von den Bauformen in Nordchina. Der Rumpf ist ein Spantenbau mit Kiel und spitzem Bug. Zwei Barkhölzer auf jeder Rumpfseite, ein durchbrochenes vorderes Totholz, die Durchbrechungen des Ruderblattes zur Verbesserung der Strömungseigenschaften, der Bugausbau zur Ablage der Anker und die beiden Kranbalken für das Arbeitsboot charakterisieren die südchinesische Dschunke. Zu den wichtigen Merkmalen gehören neben der Rumpfbauweise weiterhin das Zentralschwert vor dem Großmast und

die netzartigen »Ausflechtungen« in den Segeln. Der Eingeweihte erkennt an der Art der »Ausflechtung« den Heimathafen der Dschunke. Diese Kennzeichnung in den Segeln und die Abspannung der Masten mit Wanten findet man auch bei den Dschunken aus Hainan und öfter auch bei denen aus Hongkong. Am Heck steht das Deckshaus, auf dessen Poopdeck ein Schrein für Reliquien angebracht ist. Die Mannschaft hat unter Deck ihre Unterkünfte. Eine größere Anzahl von waagerechten Spills wird für die Höhenverstellbarkeit des Heckruders, für das Hieven und Reffen der Segel sowie für die Anker verwendet. An Bord befinden sich chinesische Holzanker sowie ein Eisenanker. Zum Verstauen der Handelswaren gibt es eine große und zwei kleine Luken. Gehandelt wird überwiegend mit Salzfisch, Kokosnüssen, Öl und Kokosfasern.

1925 waren in den Häfen der Provinz etwa 6 000 Fischerei-Dschunken beheimatet. Durch die Motorisierung um 1940 mußte hinsichtlich der Anzahl eine rückläufige Tendenz verzeichnet werden.

In den 20er Jahren verwendete der Chinese in Südchina zum Fischen ein etwa 75 Meter langes kegelförmiges Netz, das von zwei Dschunken gezogen wurde. Scherbretter kamen nicht zur Anwendung.

Seitenansicht und Draufsicht der Küsten-Dschunke für die Fischerei der Provinz Kuangtung (Guangdong).

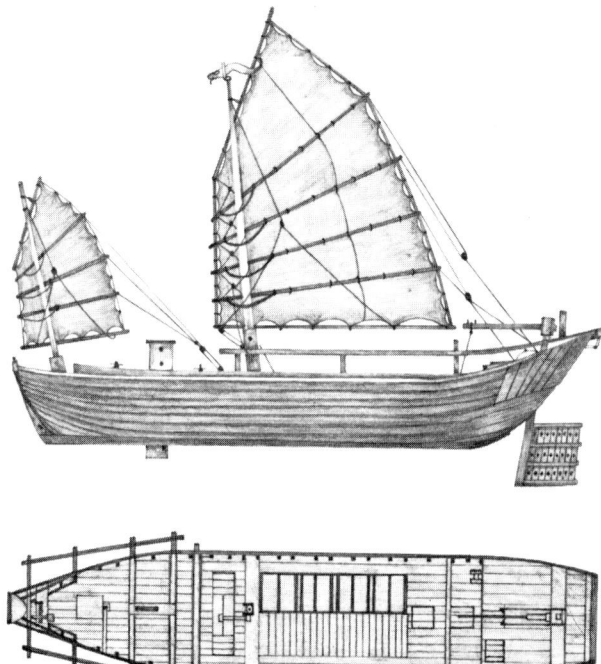

Die Fischerei-Dschunke war kleiner als die Handels-Dschunke. Sie hatte nur zwei statt drei Masten. Beide Masten waren zum Bug geneigt. Auch hier war das Zentralschwert vor dem Großmast angeordnet. Hinter dem Großmast befand sich eine etwa 5,5 Meter länge und 3 Meter breite Ladeluke. Eine große Netzwinde gab es nicht an Bord, so daß das Netz mit der Hand eingeholt werden mußte. Ferner besaß die Dschunke das durchbrochene Ruderblatt, das vordere Totholz sowie den Bugausbau zur Ablage der Anker. Ein Deckshaus gab es nicht. Die Unterkünfte befanden sich im Heck- und Bugbereich unter Deck. An Bord waren mitunter auch Frauen und Kinder. Sie wohnten mit den Männern im Heckbereich. Männer, die keine Familie an Bord hatten, waren im Bugbereich untergebracht.

Die Fischerei-Dschunke wird in der Literatur als Tsatpongtor-Dschunke bezeichnet. Ein Name (er bedeutet »Schiff zur Beförderung von Tributreis auf dem Wasserweg«), der jedoch nicht zutrifft. Die Handels-Dschunke könnte diese Bezeichnung in Anspruch nehmen, da mit ihr in den letzten Jahrhunderten bis 1911 Tributreis nach Nordchina über den Ch'angchiang (Changjiang) und den Großen Kanal nach Peking (Beijing) transportiert wurde.

HONGKONG-DSCHUNKEN

1. See-Dschunke für den Handel
Länge: 18 bis 20 m
Breite: 4 bis 5 m
Tragfähigkeit: 120 bis 200 t
Anzahl der Segel/Masten: 1/1
Segelform: geneigte Rahe, gerades Liek, unten breiter
Besatzung: 5 bis 6

2. See-Dschunke für die Fischerei
Länge: etwa 18 m
Breite: 3 bis 4 m
Tragfähigkeit: 120 t
Anzahl der Segel/Masten: 2/2
Segelform: geneigte Rahe, stark ausgestelltes Achterliek
Besatzung: 10 bis 15 (geschätzt)

3. Motorisierte Küsten-Dschunke für den Handel
Länge: 16 bis 18 m
Breite: etwa 6 m
Tragfähigkeit: 100 bis 200 t
Anzahl der Segel/Masten: keine
Segelform: entfällt
Besatzung: 4 bis 6

Der Name Hongkong, im Chinesischen Hsiangkang (Xianggang), kann als »Duftender Hafen« übersetzt werden. Es wird angenommen, daß die Bezeichnung auf den Geruch des früheren Gewürzhandels zurückgeht. Die meisten der 235 vorgelagerten Inseln sind felsig, buchtenreich und nur gering bewaldet. Im allgemeinen Sprachgebrauch versteht man unter Hongkong das gesamte Gebiet der noch von Großbritannien verwalteten Kronkolonie. Die Insel Hongkong, die Halbinsel Kowloon, des Festlandgebiet New Territories und die kleinen und größeren Inseln haben zusammen eine Fläche von 959 Quadratkilometern. Hongkong hat mildes tropisches Klima. Je 1,3 Millionen Menschen leben auf der Insel Hongkong und auf der Halbinsel Kowloon sowie 2,4 Millionen in den New Territories. 98,5 Prozent der Einwohner sind Chinesen. Jedem Einwohner stehen 2 bis 3,5 Quadratmeter Wohnfläche zur Verfügung.

Die seegehende Handels-Dschunke aus Hongkong war, wie auch die Kuangtung-(Guangdong-) Dschunke, auf Spanten statt auf Schotten und Rahmen gebaut. Sie hatte einen Kiel und einen spitzen Bug, die rautenförmigen Durchbrechungen im Ruderblatt und vorderen Totholz sowie mit Wanten abgespannte Masten. Im oberen Teil der Wanten befanden sich Webleinen. Zum Besteigen der Masten nutzte der Dschunkenmann anfänglich die Segellatten, dann die Webleinen und im Topp die Knaggen, wie sie auch in Nordchina verwendet wurden. Die Anzahl der Masten war unterschiedlich.

Das Territorium von Hongkong/Hsiangkang (Xianggang).

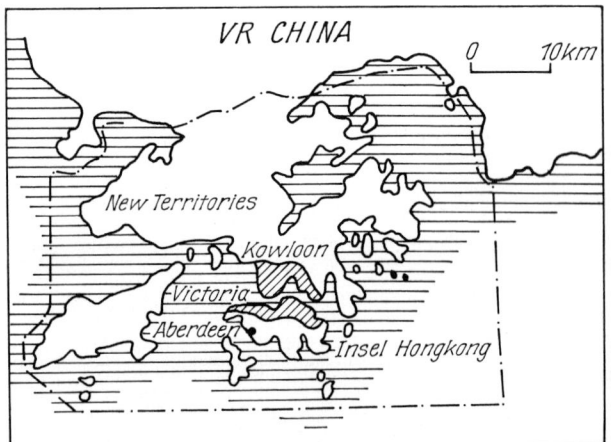

See-Dschunke aus Hongkong um 1914.   Foto: Lübeck

Das Foto zeigt eine einmastige Hongkong-Dschunke zwischen 1910 und 1914. Die erwähnten Ausflechtungen sind im Segel nicht vorhanden. Das Großsegel liegt auf einem Auflagerahmen und hat mindestens fünf Segellatten. Der etwa 16 Meter lange Heckriemen besitzt eine Halteleine vom Griff zum Deck, auch bekannt beim Wriggen von Sampanen. Die Dollen für die beiden etwa 10 Meter langen Seitenriemen befinden sich auf den überstehenden Enden eines Querholzes. Das Bratspill vor dem Großmast für den Stockanker, die Taljen für die Ruderpinne und die Seilbefestigung am Ruderblatt – wobei das Seil zum Spill führt –, sind auf der Abbildung gut zu erkennen. Bei dieser Hongkong-Dschunke finden wir auch keine Barkhölzer, sondern zwei aufgesetzte Planken in Höhe des Schanzkleides und zusätzliche Fender. Der Rumpf sowie alle Holzteile wurden zum Schutz mit T'ung-(Tong-) Öl eingestrichen.

Mit der seegehenden und seetüchtigen Fischerei-Dschunke aus Hongkong, die etwas kleiner als die Handels-Dschunke war, betrieb der südchinesische Dschunkenmann die Schleppnetzfischerei. Gefischt wurde überwiegend im Küstenbereich. Das Fahrzeug hatte alle typischen Merkmale einer Hongkong-Dschunke, zwei Masten und zum Unterschied zur Handels-Dschunke eine große Netzwinde. Das etwa 5 Meter breite waagerechte Spill wurde beim Einholen des Netzes von mehreren Fischern gedreht. Mit ganzer Kraft mußten sie sich förmlich an die Handspaken hängen, um das Netz zu hieven. Der Fischer wickelte nicht nur die Leinen, sondern auch Teile des Netzes mit auf das Spill, nachdem er den Fang entnommen hatte.

Heute werden auf den etwa 20 Helgen in Hongkong-Aberdeen noch annähernd die gleichen Dschunkenrümpfe, jedoch für motorisierte Fahrzeuge, hergestellt. Der spitze Bug,

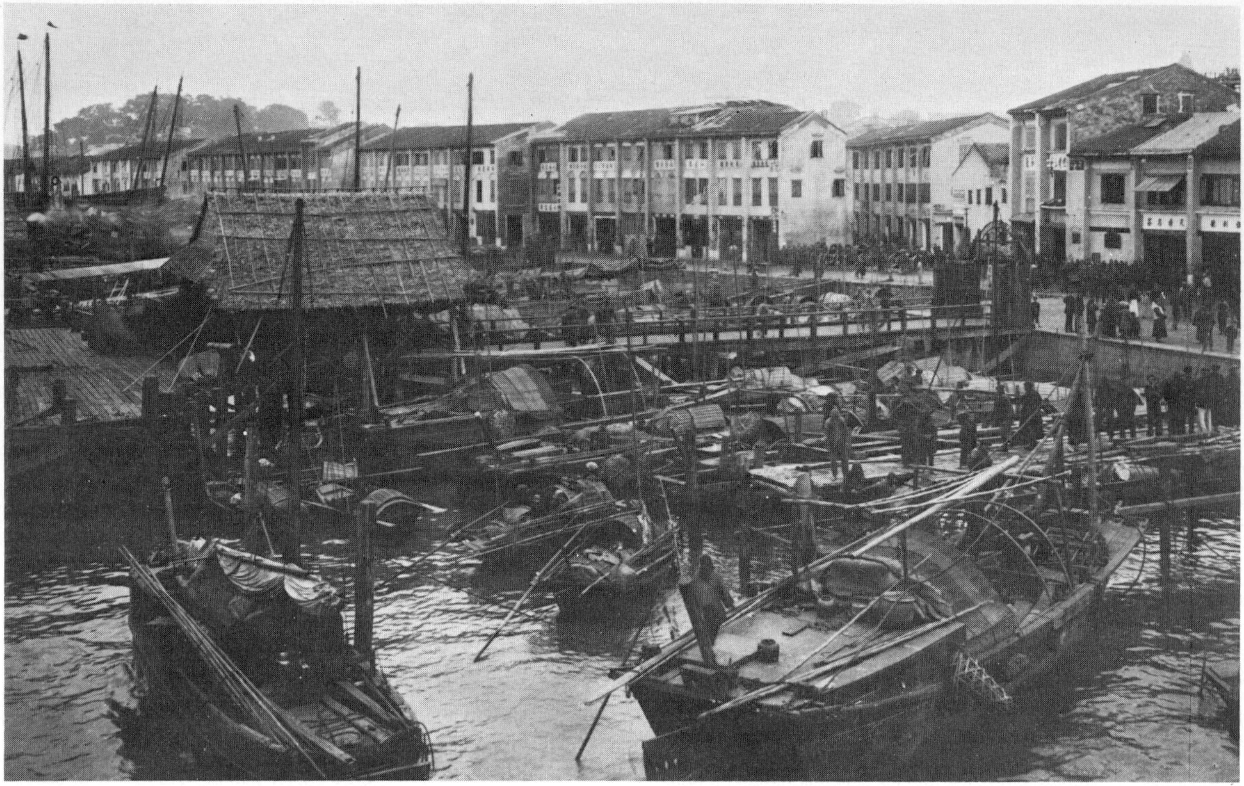

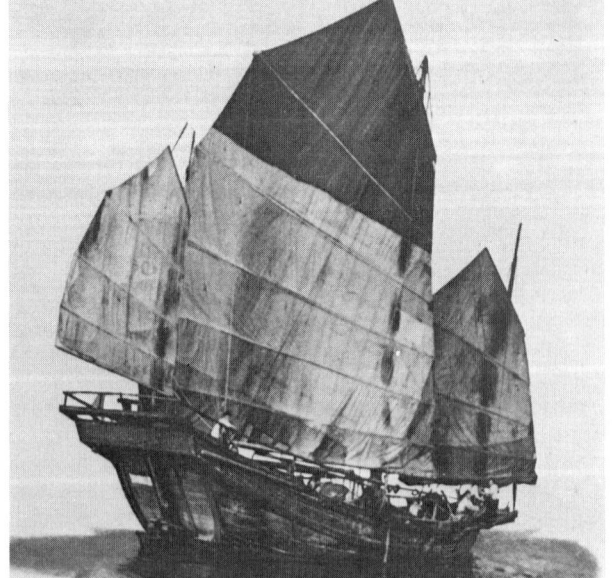

Südchinesische Hafenansicht um 1912. Foto: Lübeck

die Spantenbauweise und das eckige hohe Heck sind immer noch typische Merkmale. Das in der Höhe verstellbare Ruder und die rautenförmigen Durchbrechungen im Ruderblatt finden wir nicht mehr. Das Ruderblatt besitzt kleine, im Durchmesser unterschiedliche runde Durchbrechungen, die ebenfalls zur Verbesserung der Strömungseigenschaften beitragen sollen. Ganz vereinzelt gibt es auch noch eine Durchbrechung im Bug, wie sie sonst nur von dem Chê-chiang-(Zhejiang-) Modell her bekannt ist, um die Stampfbewegungen im Seegang zu dämpfen. Die Besatzung besteht aus vier bis fünf Mann, die auch heute noch vereinzelt auf den Fischerei-Dschunken wohnen, da in Hongkong der Wohnraum knapp ist und die Mieten hoch sind.

Die motorisierte Dschunke findet man heute in großer Anzahl im Hafengewässer von Hongkong. Mir ihr werden vor allem lebendes Vieh sowie Stück- und Schüttgüter transportiert. Der Bug ist oberhalb des Wassers mit einem mehr

Fischerei-Dschunke aus Hongkong um 1927.
Foto: Sammlung Autor

Hafenansicht in Südchina um 1912.

Foto: Lübeck

Fischerei-Dschunke mit
großer Netzwinde aus
Hongkong.
Foto: Villers

oder minder breitem Bugschott abgeschlossen. Der Rumpf weist eine aufgesetzte Planke in Höhe des Schanzkleides und zusätzliche Fender statt eines Barkholzes auf. Das große Deckshaus nimmt etwa ein Drittel der Rumpflänge ein, ist über das Rumpfende hinaus gebaut und mit den üblichen Schiebefenstern ausgestattet. Auf das Poopdeck gelangt man über eine Außenleiter. Hier unter dem Wetterdach hält sich die Familie auf. Frauen und Kinder sind auf den meisten Arbeitsbooten im Hafengebiet anzutreffen, da der Dschunkenmeister gleichzeitig an Bord wohnt. Die einzelnen Familienmitglieder haben meist ihre feste Tätigkeit, wie Kochen, Wartung, Pflege sowie Be- und Entladung an Bord. Auf dem Poopdeck steht gelegentlich ein zusätzliches Steuerhaus. Der Rumpf ist überwiegend nur geölt; vereinzelt findet man helle Unterwasseranstriche sowie die helle Kalfaterung. Interessant ist, daß besonders zu Feiertagen, wie beispiels-

Bug einer Hongkong-
Dschunke 1987.
Foto: Autor

Heck einer Hongkong-
Dschunke mit Schrift-
zeichen, die den Wunsch
ausdrücken, daß die
Dschunke lange genug hält,
um 10 000 Meilen zurück-
zulegen.
Foto: Autor

weise zum Neujahrsfest, rote Fähnchen, kleine rote Spruchbänder mit goldenen Schriftzeichen und kleine Blumengebinde an Stangen oder Pfosten gebunden werden. Die Stangen mit derartigen Elementen, die auf dem Foto auf Seite 121 gut sichtbar sind, befinden sich oft am Bug. Ornamente am Heck findet man nicht. Wenn Schriftzeichnungen an die Dschunke angebracht wurden, dann befinden sie sich, ähnlich wie bei der Fouchou-(Fouzhou-) Dschunke, auf einer waagerechten Heckplanke an den Seiten eines zentral angeordneten Ornaments.

HONGKONG-SAMPAN

Länge: 10 m
Breite: unter 2 m
Tragfähigkeit: 2 bis 5 t (geschätzt)
Anzahl der Segel/Masten: 1/1
Segelform: geneigte Rahe, ausgestelltes Achterliek
Besatzung: 3 bis 6

Diesen Sampantyp gab es nur als Zubringer und Leichter in Hongkong. Mit der Erweiterung des Hafens nach 1840 wurde erstmalig das Fahrzeug, das den Hafenbedingungen gut angepaßt war, gebaut. Der Rumpf läßt europäischen Einfluß erkennen, so daß man davon ausgehen kann, daß Europäer den Sampan mit erdacht und gebaut haben. Abweichend von den sonstigen Sampanen, die kein Deck aufwiesen, hatte diese Bauart vom Großmast bis zum Heck ein durchgehendes Deck. Der Sampan besaß ein relativ kleines Ruderblatt. Um im Hafengebiet die erforderliche Manövrierfähigkeit zu haben, nutzte der Steuermann zusätzlich einen Heckriemen. Damit wurde eine Mischung aus europäischer und chinesischer Ruderblattechnik angewandt. Das Deckshaus bestand aus Matten, und der Mast war mit Wanten abgespannt. Das chinesische Luggersegel hatte fünf Segellatten, Fangleinen und ein Schotensystem.

Heute sind die Sampane in Hongkong motorisiert, etwa 5 Meter lang, 2 Meter breit, mit eckigem Heck und fester Überdachung. Sie befördern in der Mehrzahl Touristen.

Seitenansicht und Draufsicht des Hongkong-Sampans.

LORCHA

Länge: 37 m
Breite: 9 m
Tragfähigkeit: 40 bis 150 t (bis 300 t)
Anzahl der Segel/Masten: 3/3
Segelform: geneigte Rahe, fast gerades Achterliek
Besatzung: 20

Das Territorium von Macao/Aomên (Aomen) liegt im Mündungsdelta des Hsichiang (Xijiang). Es besteht aus der kleinen Landzunge und den Inseln Taipa und Coloane. Beide sind über einen Damm bzw. eine Brücke vom Festland zu erreichen. In der Größe mit der Ostseeinsel Hiddensee vergleichbar, gehören die Inseln jedoch mit etwa 450 000 Einwohnern zu den am dichtesten besiedelten Gebieten der Erde. Bereits Anfang des 16. Jahrhunderts kamen die ersten portugiesischen Seefahrer bis zur Flußmündung. 1557 verpachtete das chinesische Kaiserhaus die Insel Macao als Handelsniederlassung an Portugal. Nach den Opiumkriegen verlor die Niederlassung als Seehandelsplatz ihre Bedeutung. Daran hatte die Nähe und Entwicklung Hongkongs einen wesentlichen Anteil. Macao war lange Zeit ein rückständiges Gebiet, in dem kleine Handwerksbetriebe vorherrschten.
In den 60er Jahren unseres Jahrhunderts entwickelten sich eine bedeutende Textilindustrie und eine breite Palette von Verarbeitungsbetrieben. Fast sämtliche Rohstoffe müssen

eingeführt werden; dafür exportierte Macao über 90 Prozent seiner Erzeugnisse.

Die hier von den Portugiesen ab 1843 etwa 20 Jahre lang gebaute Lorcha war ein schiffbaulicher Mischtyp. Sie hatte einen europäischen Rumpf und wurde nach chinesischem Vorbild getakelt. Der Rumpf war schlank mit einem geraden Kiel, hatte einen Bugspriet, aber keinen Klüver. Das Deck verfügte nur über einen geringen Sprung. Der Rumpf war aus Teak- und Kampferholz gebaut. Man erkannte die Lorcha an einem weißen Deckshaus, das in der Mitte zwischen Groß- und Besanmast frei auf dem Deck stand. Es war 5 Meter lang und 3,6 Meter breit, so daß man an beiden Seiten das Hauptdeck in einer Breite von etwa 2,3 Meter begehen konnte. Das hintere Deckshaus war, ähnlich der chinesischen Bauart, dem Decksprung angepaßt und nahm die gesamte Decksbreite ein. Das Poopdeck erreichte man über eine Außentreppe. An zwei Kranbalken hing quer zum Heck ein Arbeitsboot. Ein Fallreep gehörte zur Ausrüstung, ebenso ein Auflagerahmen für das Großsegel. Zwei Querhölzer in Höhe des Focksegels, das leicht zum Bug geneigt stand, dienten zur Halterung zweier Anker. Der Rumpf hatte an beiden Seiten je zwei Barkhölzer und ein nichteuropäisches Heck. Der Stockanker und das Fallreep, das mit einem Drehdavit sowie einer Talje ausgesetzt wurde, waren neben dem vorderen Deckshaus und der Back keine chinesischen Ergänzungen.

Das Territorium von Macao/Aomên (Aomen).

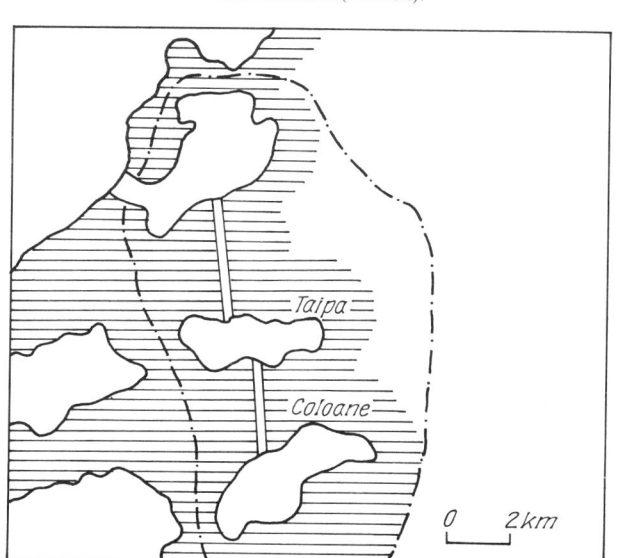

Modell einer Lorcha.   Quelle: Worcester

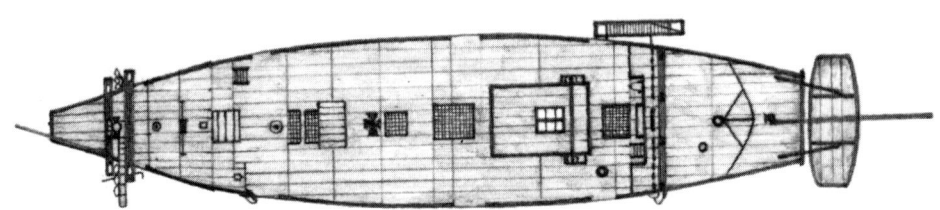

Die Lorcha diente vorrangig zur Absicherung der Seewege um Macao. Sie war schnell, bewaffnet, lavierte leicht und wurde erfolgreich gegen Piraten eingesetzt. Die Besatzung bestand meist aus Chinesen und portugiesischen Offizieren.

Durch ihre auffällige Farbgebung war die Dschunke gut zu erkennen. Der Rumpf hatte einen dunkel- bis schmutzigroten, die Poop einen gelben und das vordere Deckshaus einen weißen Anstrich.

Boot der Shuishangchümin (Shuishangjumin)

Länge: etwa 5 m
Breite: 2 m
Tragfähigkeit: etwa 1 t (geschätzt)
Anzahl der Segel/Masten: keine

Besatzung: 5 bis 10

In der chinesischen Geschichte werden für die Flußmündungen und Buchten der südchinesischen Provinz Kuangtung (Guangdong) oft größere Wohnsiedlungen auf dem Wasser erwähnt. Auf diesen Booten wohnten seit Generationen Menschen. Das Boot wurde vom Vater auf den Sohn vererbt. Die Bezeichnung der Bewohner ist Shuishangchümin (Shuishangjumin), was soviel wie »Die auf dem Wasser Wohnenden« bedeutet. Für die Shuishangchümin (Shuishangjumin) war und ist zum Teil heute noch ihr Boot Wohnung und Arbeitsmittel gleichzeitig. Für die Herkunft der Bootsleute gibt es mehrere Hypothesen; eine geht davon aus, daß sie den Fluß heruntergekommen sind und nicht an Land durften, eine andere, daß es frühere Aufständische waren. Die Shuishangchümin (Shuishangjumin) bilden eine in sich geschlossene Gemeinschaft mit eigener Lebensweise. In früheren Zeiten gab es keine familiären Verschmelzungen mit der Bevölkerung an Land.

Das kleine Wohnboot hatte ein Deckshaus aus Bambusmatten, das oftmals den gesamten Bootsrumpf überdeckte sowie eine Kochecke. Das Deckshaus war meist in zwei Abteilungen untergliedert. In der Kochnische wurde für die gesamte Familie, die auf einem Boot lebte, gekocht. Die Hauptnahrung bestand aus Reis, etwas Gemüse und selbstgefangenem Fisch. Auf Grund der Enge wurden viele Gegenstände außen an das Deckshaus gehängt. Die Liegeplätze der Boote befanden sich in geschützten Buchten. Die Boote lagen eng zusammen, waren miteinander vertäut und auch mit Laufplanken verbunden. Die Bootsleute betrieben mit ihren Booten Fischfang, transportierten und schmuggelten Waren.

Eine der ersten bildlichen Wiedergaben dieser Boote verdanken wir dem deutschen Maler Eduard Hildebrandt, der Anfang der 60er Jahre des 19. Jahrhunderts bei einer Weltreise auch China besuchte. Das Aquarell zeigt ein Wohnboot aus Hongkong.

Bemerkenswert ist, daß sich die Wohnboote in den letzten 100 Jahren kaum verändert haben, was auch die Fotos von O. Lübeck aus dem Jahre 1914 und von G. Kiesling aus dem

1866 entstandenes Aquarell eines Wohnbootes von Hildebrandt.   Foto: Staatliche Museen zu Berlin

Wohnboot um 1914.

Foto: Lübeck

Jahre 1956 (Wohnboote bei Kanton/Kuangchou (Guangzhou) beweisen. Die einzige äußere Veränderung scheint das verwendete Material für das Deckshaus zu sein. Zur Fortbewegung wurden und werden heute noch ein oder zwei Seitenriemen, deren Dollen auf dem Dollbord befestigt sind, verwendet. Vereinzelt wurde und wird auch ein Wriggriemen benutzt.

Die Wriggriemen sind überwiegend länger als die Bootsrümpfe. Bei Nichtgebrauch werden sie aus dem Wasser genommen; die Griffenden, die dann über den Bug hinausragen, werden als Wäschetrockner genutzt. In den engen Kanälen und übervollen Buchten nutzt man den Wriggriemen auch einfach als Stange zum Abstoßen, wenn der Liegeplatz gewechselt wird.

126

Wohnboot 1956.

Foto: Kiesling

Länge: um 10 m
Breite: 2 bis 3 m
Tragfähigkeit: 2 bis 5 t (geschätzt)
Anzahl der Segel/Masten: keine
Segelform: entfällt
Besatzung: 5 bis 10

Wasserfahrzeuge, die als Restaurant genutzt wurden, gab es in allen Hafenstädten. Vom kleinen Sampan bis zur Dschunke waren alle Größen vertreten. Oftmals errichtete man auf dem Rumpf ausgedienter Handels- oder Fischerei-Dschunken ein Restaurant. In der Literatur findet man für diesen Bootstyp auch die Bezeichnungen Blumenboot oder schwimmendes Restaurant. Diese kleinen gastronomischen Einrichtungen wurden überwiegend von Gästen, die den Abend in geschlossener Gesellschaft verbringen wollten, gemietet. In der Dunkelheit wurden Lampions aufgehängt, so daß sich die abendlichen Vergnügungsfahrten großer Beliebtheit erfreuten. Geführt wurden diese Restaurants oftmals nur von Frauen. Das einzige männliche Besatzungs-

mitglied war der Ruderer, der das Fahrzeug mit einem Wriggriemen fortbewegte.

Das Deckshaus nahm über die Hälfte der gesamten Rumpflänge ein. Es gab auch Dschunken, auf denen der Rumpf insgesamt mit einem Deckshaus überbaut war. Eine größere Anzahl von verschließbaren Seitenöffnungen und ornamenthaften Ausmalungen des Deckshauses und des Rumpfes waren typisch für diesen Bootstyp. Die Deckshäuser hatten zumeist drei Räume. Ein kleiner Vorraum stand als Aufenthaltsraum für das Bedienungspersonal zur Verfügung. Hier konnten auch Gäste bewirtet werden, die, solange das schwimmende Restaurant am Ufer vertäut lag, nur eine kleine Erfrischung zu sich nehmen wollten. Zur Vorbereitung der vielfältigen Speisen stand ebenfalls ein Raum zur Verfügung. Der Aufenthaltsraum für die Gäste war anspruchsvoll, teilweise sogar prunkvoll ausgestattet. Die Wände waren mit Bildern und Schnitzereien geschmückt, Trennwände hoben die intime Atmosphäre hervor, und die Beleuchtung war dieser angepaßt.

Von den schwimmenden Restaurants existieren in den

Innenansicht einer
Restaurant-Dschunke.
Foto: Wegener

Modell einer Restaurant-Dschunke.

Foto: Verkehrsmuseum Dresden

Museen in ihrer Ausführung unterschiedliche Modelle. Ein einfaches Modell mit Schmuckelementen am Heck und den augenförmigen Motiven an den Rumpfseiten des Bugs befindet sich im Verkehrsmuseum Dresden, ein aus Elfenbein hergestelltes prunkvolles Modell aus dem 19. Jahrhundert ist im Besitz des Nationaal Scheepvaartmuseum in Antwerpen und eine sehenswerte farbige Darstellung auf transparentem Papier – ein Mitbringsel eines Kapitäns vom Fischland Ende des 19. Jahrhunderts – im Besitz des Schiffahrtmuseums Rostock. Das Elfenbeinmodell besitzt zwei Restaurantdecks – somit eine größere Anzahl von Räumlichkeiten – und im oberen Deck einen Dachgarten. Schiffbaulich interessant sind, sofern es sich nicht nur um eine Verzierung handeln sollte, die Durchbrechungen des Ruderblattes, wie wir sie von der südchinesischen Küste her von Dschunken kennen.

Spencer beschreibt eine Restaurant-Dschunke, die den Rumpf einer Mayangtzu-(Mayangzi-) Dschunke hat. Der Großbaum ist demontiert, und auf dem freien Vordeck befinden sich nur noch zwei Deckspoller sowie das senkrechte Spill für den Draggen. Das Deckshaus nimmt etwa zwei Drittel der Rumpflänge ein und wird als Teehaus genutzt. Die Einrichtung des Teeraumes besteht aus einfachen Stüh-

Zeichnung einer Restaurant-Dschunke auf Reispapier.
Quelle: Schiffahrtsmuseum

129

len und Tischen. Für die Teezubereitung steht ein kleiner Extraraum mit Kochherd zur Verfügung. Vergleichbar ist diese Restaurant-Dschunke mit den einfachen Teehäusern an Land, die es in großer Anzahl in China gibt.

Heute sind' die »Schwimmenden Restaurants« beispielsweise aus Hongkong-Aberdeen bekannt. Sie sind auf großen Pontons aufgebaut und eine farbige Touristenattraktion. Nachts sind die Restaurants, die in der Mitte der Bucht verankert liegen und nur mit Zubringerbooten erreichbar sind, hell erleuchtet. Sie bieten jedoch für den Liebhaber und Interessenten chinesischer historischer Wasserfahrzeuge wenig Sehenswertes.

KANTON-SCHAUFELRAD-DSCHUNKE

Länge: etwa 25 m
Breite: etwa 5 m
Tragfähigkeit: 50 bis 80 t
Anzahl der Segel/Masten: 1/1
Segelform: geneigte Rahe, ausgestelltes Achterliek
Besatzung: 10 (zuzüglich Tretradbesatzung)

Im wasserreichen Süden Chinas hatten die Flüsse und Seegebiete für die Schiffahrt schon seit früher Zeit eine große Bedeutung. Der Riemen- und Segelantrieb waren bekannt. Laut Böttger werden aus dem 5. oder 8. Jahrhundert u. Z. durch Treträder angetriebene Radboote erwähnt. Aus der Sung-(Song-) Dynastie (960 bis 1279) sind Wasserfahrzeuge

Schaufelrad-Dschunke aus Kanton.

Foto: Sammlung Autor

mit vier Schaufelrädern bekannt. Es soll aber auch Antriebe mit 20 Schaufelrädern gegeben haben. Eingesetzt wurden diese Schaufelrad-Dschunken vorrangig von der Marine zur Bekämpfung der See- und Flußpiraten. Die größten unter ihnen konnten bis zu 300 Soldaten an Bord nehmen. Zur Bedienung der Treträder wurden, je nach Anzahl, 28 bis 300 Personen benötigt.

Auf einem Aquarell von Christian Rave aus dem 19. Jahrhundert ist eine einmastige mittelgroße Dschunke dargestellt. Sie wird durch ein Schaufelrad am Heck angetrieben.

Durch die hohe, nach hinten gezogene Bauweise des Hecks konnte das Schaufelrad unterhalb des Hauptdecks eingebaut werden. Das Ruderblatt befindet sich hinter dem Schaufelrad und ist an einem langen und freitragenden Ruderbaum befestigt. Auf dem überdachten Heck, wo auch der Steuermann steht, befindet sich eine größere Anzahl Mitreisender, was darauf hindeutet, daß es sich um eine Reise-Dschunke handelt. Da äußerlich keine Dampfmaschine oder ein Schornstein zu erkennen ist, kann man davon ausgehen, daß die Dschunke durch ein Tretrad angetrieben wurde.

HAINAN-DSCHUNKE

Länge: 12 bis 16 m
Breite: 6 m
Tragfähigkeit: etwa 30 t
Anzahl der Segel/Masten: 3/3
Segelform: geneigte Rahe, ausgestelltes Achterliek
Besatzung: 5 bis 10

Die Insel Hainan hat bei einer Fläche von 34 380 Quadratkilometern eine Küstenlinie von 1 440 Kilometern. Die wichtigsten Häfen sind Haik'ou (Haikou) und Yülin (Yulin). Hainan liegt an der Südküste Chinas im Südchinesischen Meer. Im Norden ist die Insel durch die 15 bis 30 Kilometer breite Ch'iungchou-(Qiongzhou-) Straße vom Festland getrennt. Das Klima ist tropisch heiß. Auf der Insel werden zwei Drittel der Landesproduktion an Kautschuk gewonnen sowie Kohle, Eisen, Mangan, Kupfer, Kobalt und Zinn. Kokosnüsse, Tee, Zuckerrohr, Pfeffer, Bananen und Ananas gehören zu den landwirtschaftlichen Produkten. Auch reiche Erdölfelder werden an der Südküste der Insel vermutet.

Die Hainan-Dschunken wurden an der Ostküste der Insel gebaut. 1907 waren es etwa 190 Dschunken, 1936 nur noch 80, und 1945 wurden nur noch einige wenige gezählt. Der Rumpf der Hainan-Dschunke war klein und gedrungen. Sie hatte einen spitzen Bug, ein kräftiges Mittelteil und ein über das Heck hinausragendes Poopdeck mit Reling. Die Poop war als Deckshaus ausgebaut. Barkhölzer sind am Modell, welches das Foto zeigt, nicht vorhanden. Die Spanten sind an der Innenseite des Schanzkleides gut zu erkennen. Das Hauptmerkmal der Dschunke ist das Zentralbrett, welches zwischen Fockmast, der relativ weit vorne sitzt, und dem Großmast angeordnet ist. In China soll das Zentralbrett schon verwendet worden sein, bevor es die Europäer gebrauchten. Die Durchbrechungen am vorderen Totholz und am Ruderblatt finden wir ebenfalls am Modell. Die Segelform und Takelage sowie der nach steuerbord versetzte Besanmast sind von anderen chinesischen Dschunken bekannt.

Am Modell fehlen aber die Ausflechtungen an den Segeln, wie sie auch die Hongkong- und Kuangtung-(Guangdong-) Dschunken meistens führen. Je ein Bratspill für die beiden Stockanker befindet sich auf dem Vorschiff. Die Ladeluke fängt vor dem Großmast an und endet in Höhe des Auflagerahmens für das Großsegel. Das Unterwasserschiff war hell gestrichen.

Zum Schutz gegen Piraten fuhren die Dschunken meistens in Konvois. Vereinzelte Dschunkenbesatzungen hatten die Erlaubnis, zum Selbstschutz an Bord Waffen zu führen, wie es das Modell verdeutlicht. Da die Hainan-Dschunken für den Handel mit Indonesien und Malaysia gebaut wurden, mußte die Dschunkenbesatzung immer mit überraschenden Piratenüberfällen in der unübersehbaren Inselwelt rechnen.

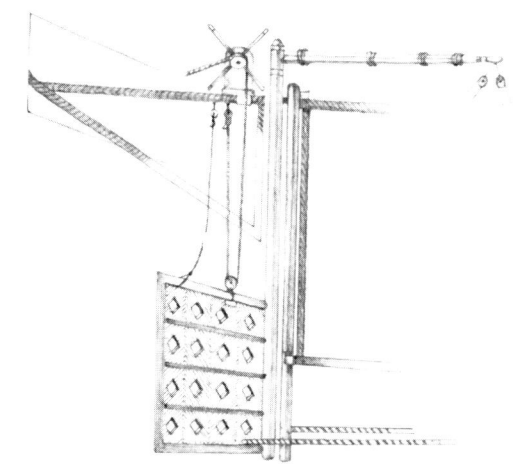

Ruder der See-Dschunke von der Insel Hainan.

TUNGCHINGWAN-(DONGJINGWAN-) SEGLER

Länge: 31 m
Breite: etwa 9,6 m
Tragfähigkeit: 50 bis 100 t (geschätzt)
Anzahl der Segel/Masten: 6 bis 7/2
Segelform: Fock-, Klüver- und Fliegersegel, Gaffelsegel
Besatzung: etwa 15 (geschätzt)

Die große Bucht von Tungching (Dongjing) liegt an der chinesisch-vietnamesischen Küste westlich der Insel Hainan. Der einzige erwähnenswerte chinesische Festlandhafen in der Provinz Kuanghsi (Guangxi) ist Peihai (Beihai). Vor

mehr als 2000 Jahren wurde von dieser Hafenstadt aus mit Südostasien umfangreicher Handel getrieben. Heute wohnen in der Stadt, die einen der größten Fischereihäfen Chinas besitzt, 170000 Einwohner.

In diesen Gewässern konnte man etwa ab 1840 einen großen Segler beobachten, der chinesische und europäische schiffbauliche Merkmale aufwies. Der kraweelgebaute Rumpf war mit dem hellen Gemisch aus gebranntem Kalk und T'ung- (Tong-) Öl kalfatert. Der Rumpf besaß einen geraden Kiel. Das vordere Totholz und das Ruderblatt hatten Durchbrechungen, wie sie bei südchinesischen Dschunken verwendet wurden. Das Ruder konnte in der Höhe nicht verstellt werden. Eine Plattform als Heckausbau mit Reling war für den Segler typisch. Die Spanten hatte man von außen und innen geplankt, wobei in halber Rumpfhöhe und in Höhe des Hauptdecks verstärkte Planken als Barkhölzer verwendet wurden. Die Beseglung war europäisch. Der Lade-

raum des Zweimast-Gaffelschoners lag zwischen Fock- und Großmast und hatte eine Größe von etwa $14 \times 8 \times 3{,}8$ Meter. Ein Teil des Bug- wie auch des Heckausbaus war ähnlich der südchinesischen Bauform gestaltet und diente der Ablage von Gerätschaften, damit das hintere Deck freibleiben konnte. Der Bugausbau reichte bis zum Ende des Klüver-

Seitenansicht und Draufsicht des Tungchingwan-(Dongjingwan-) Seglers.

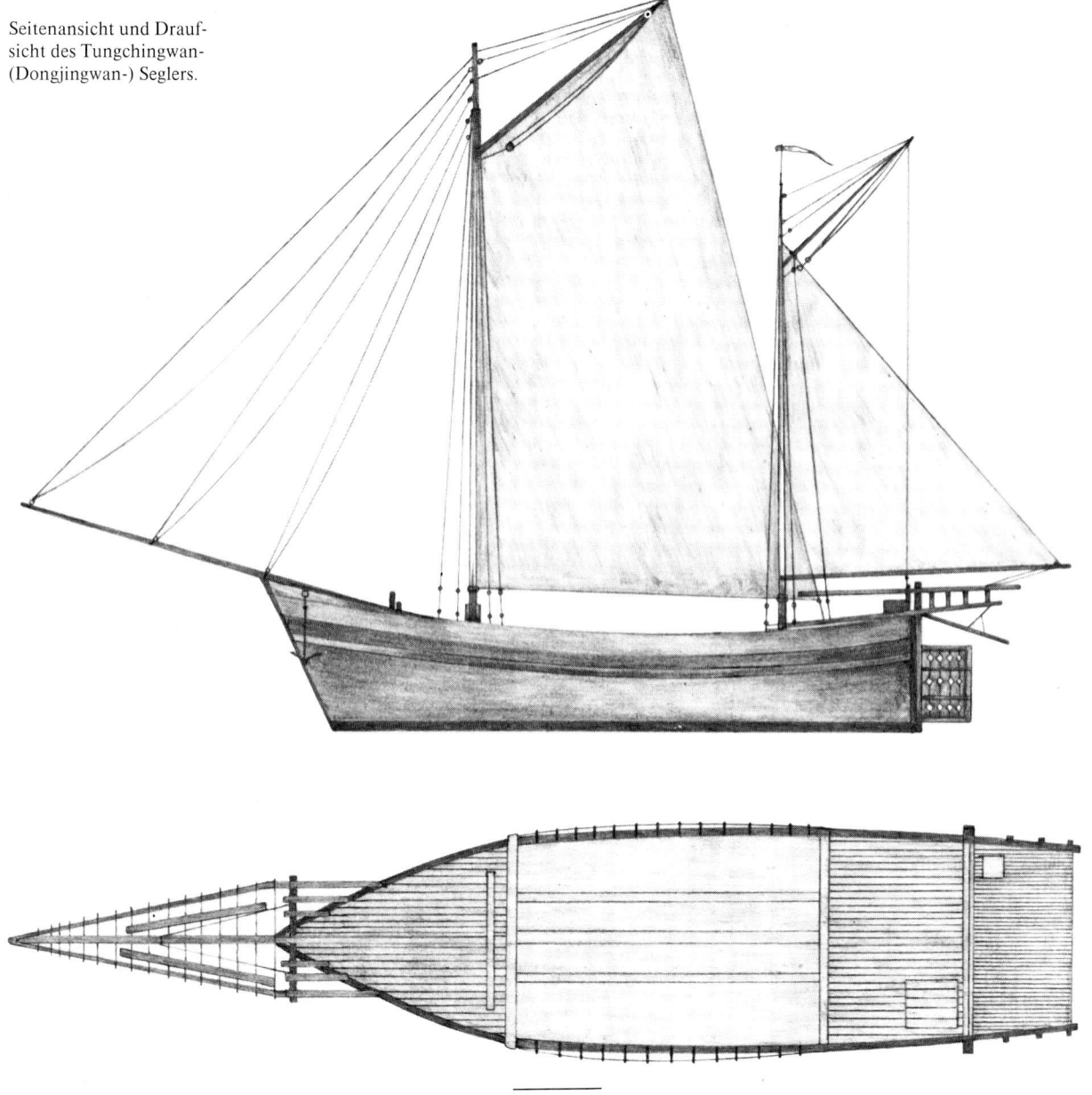

133

baums. Eine Ähnlichkeit des Klüvernetzes mit dem eines europäischen Tiefwasserseglers war vorhanden. Der Ausbau bestand aus einem Lattengerüst. Die Anker lagen nicht auf dem Bugausbau, sondern hingen an den Bugseiten an kurzen Kranbalken. Die Mannschaft war im Heckbereich untergebracht. Der Zugang erfolgte vom Poopdeck durch eine Luke über einen Niedergang.

Dieser Segler wurde grundsätzlich von Chinesen gebaut, die aber nicht in China, sondern im Ausland wohnten. In der Literatur werden Werften in Mersing, Singapur und Kotah Tinggeh erwähnt. In Singapur gab es sogar zwei Werften, deren Eigentümer Chinesen waren und Tungchingwan- (Dongjingwan-) Segler bauten. Interessant ist dieser Segler, da ähnlich der Lorcha ein europäisches Schiff durch die Übernahme von chinesischen Bauformen zum Mischtyp wurde.

Chronologie der chinesischen Dynastien

Dynastien	Zeiten
Hsia-(Xia-)	21. bis 16. Jh. v. u. Z.
Shang-	16. Jh. bis 1122 v. u. Z.
Chou-(Zhou-), westliche	1122 bis 771 v. u. Z.
Chou-(Zhou-), östlich/Frühling- und Herbstperiode	771 bis 475 v. u. Z.
Streitende Reiche-	475 bis 221 v. u. Z.
Ch'in-(Qin-)	221 bis 206 v. u. Z.
Han-, westlich	206 v. u. Z. bis 9 u. Z.
Usurpator Wang Mang-	9 bis 24
Han-, östlich	25 bis 220
Drei Reiche-	220 bis 280
Chin-(Jin-), nördliche und	265 bis 420
südliche	420 bis 589
Sui-	581 bis 618
T'ang-(Tang-)	618 bis 907
Zeit der Fünf-Dynasien	907 bis 960
Sung-(Song-), nördliche	960 bis 1127
Sung-(Song-), südliche	1127 bis 1279
Yüan-(Yuan-)	1271 bis 1368
Ming-	1368 bis 1644
Ch'ing-(Qing-)	1644 bis 1911

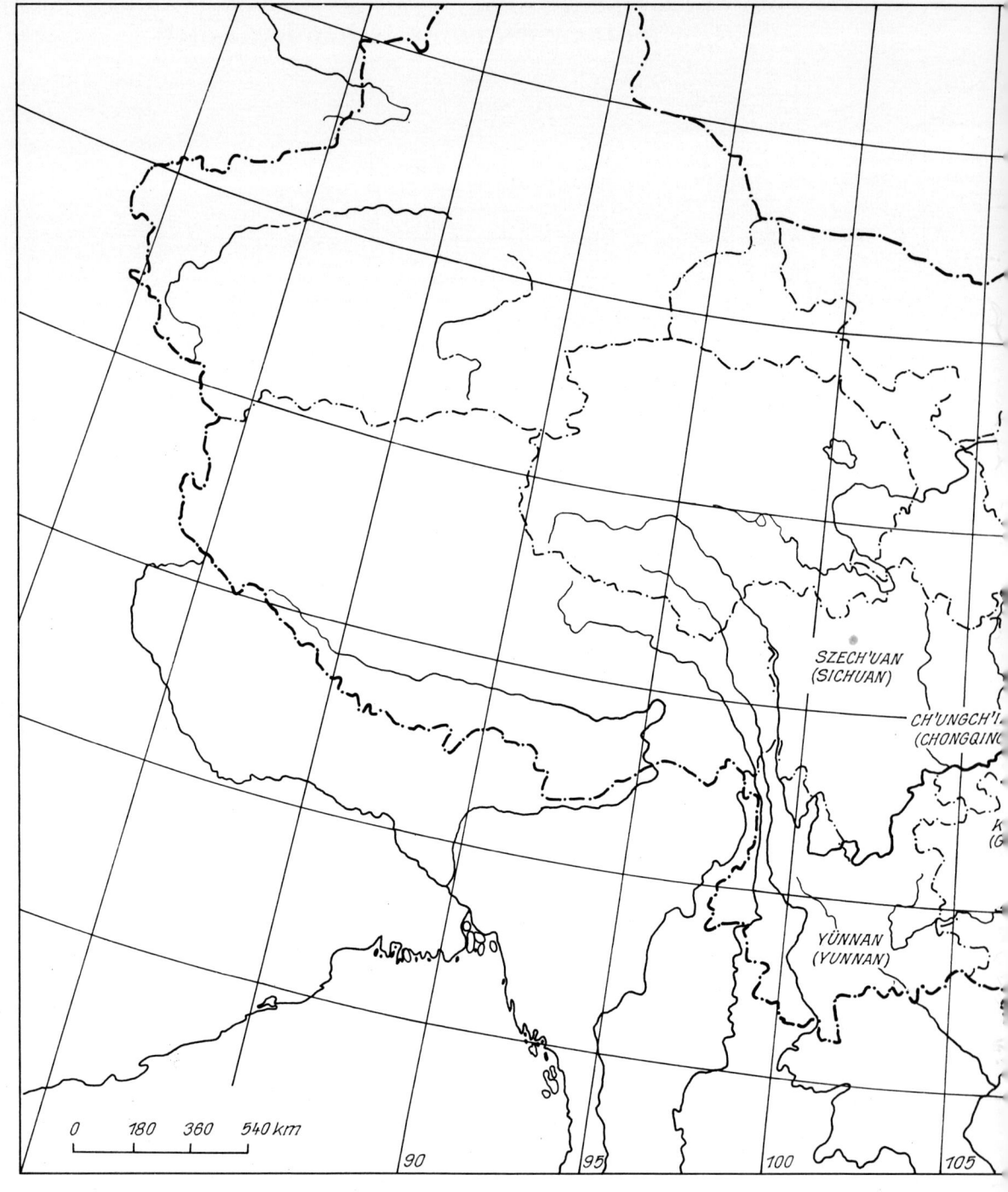

SZECH'UAN
(SICHUAN)

CH'UNGCH'I.
(CHONGQING

YÜNNAN
(YUNNAN)

0   180   360   540 km

90   95   100   105

Übersicht der im Buch erwähnten chinesischen Provinzen und wichtigsten Städte.

LIAONING

Peking
(Beijing)
T'ienchin
(Tianjin)
HEPEI
(HEBEI)
Pohai-
(Bohai-) Meer

Chinan
(Jinan)
SHANTUNG
(SHANDONG)
Gelbes Meer

HONAN
(HENAN)
CHIANGSU
(JIANGSU)
ANHUI

HUPEI
(HUBEI)
Wuhan
Nanching (Nanjing)
Shanghai
Ich'ang
(Yichang)
Shashih (Shashi)
Hangchou
(Hangzhou)
CHÊCHIANG
(ZHEJIANG)
Ostchinesisches
Meer

CHIANGHSI
(JIANGXI)
IOU
IOU)
HUNAN

Fuchou
(Fuzhou)
FUCHIEN
(FUJIAN)

KUANGTUNG
(GUANGDONG)
Kanton/Kuangchou
(Guangzhou)
Hongkong/Hsiangkang
(Xianggang)
Macao/Aomên
(Aomen)
T'aiwan (Taiwan)

UANGHSI
UANGXI)

Hainan
Südchinesisches
Meer

110   115   120   125   130

40

35

30

25

20

Glossar – Erklärung seemännischer Fachausdrücke

abwettern abreiten, einen Sturm oder schweren Seegang überstehen

Ausflechtung auf das Segel im oberen Teil aufgesetzte dunkle Netzausschnitte zur Kennung des Heimathafens

Back Aufbau auf dem Vorschiff, der nach oben durch das Backdeck abgeschlossen wird

Backstag Stag, der vom Mast nach schräg hinten an Deck verläuft und dem Mast in Schiffslängsrichtung zusätzlich Halt gibt

Balanceleine von dem Vorderliek in Abständen der Segellatten um den Mast geführte Leine, mit ihr können der Segelschwerpunkt und die Segelfläche vor dem Mast beeinflußt werden

Balanceruder Ruderkonstruktion, bei der ein Teil der Ruderfläche vor der Ruderachse liegt; im Gegensatz zum Normalruder, wo der Ruderschaft an der Stirnseite angebracht ist

Barkholz unterhalb des Schanzkleides längs des Schiffes laufende hölzerne Scheuerleiste zum Schutz der Bordwand (Bergholz)

belegen zur Befestigung ein Seil- oder Tauende kreuzweise um eine Klampe, einen Belegnagel oder einen Poller legen

Besansegel Segel am hinteren Mast

Bug vorderer Teil eines Wasserfahrzeuges

Deck oberer horizontaler Abschluß des Schiffsrumpfes

Decksbalken allgemein quer zum Schiff angeordnete, zum Decksverband gehörende Balken (Träger); bei Längsspantenbauweise heißen sie Deckslängsbalken, die man sonst Unterzüge nennt

Deckshäuser Aufbauten auf dem Deck, die sich nicht von Bordwand zu Bordwand erstrecken

Deckssprung zum Bug oder zum Heck ansteigender Verlauf des Decks zur Erhöhung der Seetüchtigkeit

Dollbord oberste Bordplanke des Schanzkleides (Bootsbord)

Dolle drehbare Gabel, Holzpflöcke oder Schlingen dienen als Lager für die Riemen im Drehpunkt

Draggen stockloser Anker mit vier bis sechs feststehenden Armen (Flunken), die kreuzförmig angeordnet sind

Drehdavit Vorrichtung zum Aussetzen/Wiederaufnehmen von Beibooten, Fallreeps und ähnlichen Arbeitsmitteln

Fallreep herablaßbare, außenbords über eine Drehplattform mit dem Schiff verbundene Treppe, um von Land oder von Booten an Bord größerer Schiffe zu gelangen

Fangleine Trosse für kleine Boote zum Festmachen an ein größeres Schiff, das z. B. zugeworfen wird; auch Leine zum Auffangen des gerefften Segels (Dirk)

Fender Polster zum Schutz der Bordwand beim Anlegen an Uferbauten oder andere Schiffe

fieren Herablassen einer Last oder Nachlassen einer belasteten Leine

Focksegel am vordersten Mast gesetztes Segel; es können z. B. vom Bug zum Fockmast drei Segel in der Reihenfolge Flieger, Klüver und Fock gesetzt werden

Freibord Höhe des Oberdecks (Freiborddeck) über der Wasserspiegellinie

Gangbord bei Binnenschiffen schmaler Laufgang neben der Ladeluke auf Deck

Gangspill Spill, das von der Kraft mehrerer Menschen bewegt wird, wobei die Männer um das Spill gehen und dieses mit den im Spillkopf stehenden Spillspaken drehen

Gatt Pforten im Schanzkleid oder in der Bordwand (auch Speigatt genannt)

Gräting Gitterwerk aus Holz, Metall oder anderen Materialien; das bestehende Rost dient der Ablage oder als Laufsteg

Handspake Kant- oder Rundholz, das in das Gangspill gesteckt zum Drehen des Spills genutzt wird

heißen	Hochziehen einer Flagge oder eines Segels	Lukensüll	Rahmen bzw. Erhöhung (Wand) um eine Luke, soll ein wasserdichtes Verschließen ermöglichen
hieven	einen Anker oder eine Last anheben		
Kiel	unteres, mittschiffs in Längsrichtung angeordnetes Bauelement eines Schiffes; geht in den vorderen und hinteren Steven über	Mast	Hauptstütze der Takelage, auf kleinen Schiffen aus einem Stück (Pfahlmast)
		mittschiffs	in der Mitte des Schiffes, entweder in seiner Längs- oder in seiner Querrichtung gesehen
Klampe	doppelarmige Vorrichtung am Holz oder Metall zum Belegen von Tauwerk auf dem Deck oder auf dem Schanzkleid	Pforten	Durchbrüche im Heckschott und herausnehmbare Stücke des Schanzkleides zwischen zwei Relingstützen
Klappläufer	Bezeichnung für einen losen Block, mitunter auch für eine Talje	Piek	(1) obere, spitzwinklige Ecke eines Gaffelsegels; (2) äußerste, durch Bug und Heck mehr oder weniger spitz zulaufende Räume im Vor- und Achterschiff.
Klüverbaum	starre oder bewegliche Spiere als Verlängerung des Bugspriets		
Klinkerbauweise	Planken, die sich dachziegelartig überlappen und direkt miteinander verbunden sind	Poller	Holz- oder Metallpfosten auf dem Deck oder auf dem Kai zum Befestigen der Taue
Knaggen	klampenartige Vorrichtung an Masten, Bäumen oder Spieren, die das Abrutschen von Tauwerken verhindern sollen	Poop	gegenüber dem Hauptdeck meist um eine Deckshöhe überhöht angebrachter Achterdecksaufbau unterschiedlicher Länge
Knieholz	natürlich gewachsenes Holz in Knieform zur Abstützung der Masten		
Kreuzhölzer	zwei parallele Holzstangen, die am Heckschott bzw. im Heckbereich angebracht sind und über das Deckshaus hinausragen; sie dienen der Befestigung der Schotensysteme und auch der Stage	pullen	Bezeichnung für Rudern, auch kurzes Ziehen an einem Tau
		Querhölzer	quer zum Schiff oberhalb des Decks angeordnete Hölzer; wenn sie über die Bordwand hinausragen z. B. zur Aufnahme der Dollen
Längsbalken	längsschiffs angeordneter Decksbalken		
laschen	Gegenstände an Bord mit dafür vorgesehenen Laschings (Tauwerk oder Ketten) festmachen	Rack	feste oder fierbare Halterung des Segels am Mast
		Rahe	runde Spiere aus Holz oder Stahl, die horizontal am Mast drehbar befestigt ist und viereckige Segel trägt
Lee	dem Wind abgekehrte Seite des Schiffes; Richtung, in der der Wind weht		
Liek	Kante oder Saum des Segels (z. B. Vor-, Mast-, Unter- oder Achterliek); oft mit angenähtem Tauwerk zur Verstärkung des Segels	Reff	Vorrichtung zum Verkleinern eines Segels
		reffen	Fläche eines Segels zeitweilig verkleinern
		Riemen	am Unterteil schaufelförmig verbreiterte Stange zur Fortbewegung von Wasserfahrzeugen durch Pullen und Wriggen
Luggersegel	Küsten- oder Fischereifahrzeuge mit trapezförmigem Luggersegel an geneigter Rah		
		Schanzkleid	Erhöhung der Außenhaut über die Deckshöhe hinaus
Luke	jede Öffnung im Deck eines Schiffes mit festen Bezeichnungen entsprechend dem Verwendungszweck (z. B. Lade-, Bunker-, Proviantluke)	Schot	Leine zur Regulierung der Segelstellung; wenn mehrere Schoten durch Führungsblöcke und Rollen zusammengeführt werden, spricht man von einem Schotensystem
Lukendeckel	zum Abdecken der Lukenöffnung; es können hölzerne Bohlen, z. B. quer zum Schiff, in das Lukensüll eingehängt werden; auf dem Wetterdeck wird zusätzlich eine Persenning darübergezogen und befestigt; Lukenbalken in Quer- oder Längsrichtung dienen bei größeren Lukenöffnungen in Süllhöhe als Auflage der Lukendeckel	Schott	quer oder längs zum Schiff eingesetzte starke Zwischenwand
		Segellatte	zum Absteifen am Segel befestigte Latte
		Speigatt	Öffnung in der Schiffswand zum Wasserablauf
		Spiere	Sammelbezeichnung für alle Rundhölzer mit Ausnahme der Masten
		Spill	Vorrichtung zum Ziehen schwerer Lasten auf vertikaler Welle

Spriet	leichte dünne Spiere zum Spreizen des Sprietsegels
Stabilität	Bestreben eines Schiffes, sich von selbst aus einer Schräglage wieder aufzurichten
Stag	stehendes Gut, das die Masten in Schiffslängsrichtung abstützt
stampfen	Bewegung eines Schiffes im Seegang um seine waagerechte Querachse
Stenge	auf dem oberen Teil eines Mastes oder Untermastes aufgesetztes Rundholz oder Stahlrohr zur Verlängerung des Mastes; der oberste Abschluß ist der Flaggenkopf
Steven	hochgezogene gebogene Verlängerung des Kiels an Bug und Heck
Talje	Flaschenzug
Topp	Spitze eines Mastes oder einer Stange
Totholz	äußerster Teil des Kiels am Vor- und Achterschiff, der zur Erhöhung der Steuerbarkeit ausgefüllt wird; Durchbrechungen des hinteren Totholzes sollen z. B. die Ruderwirkung erhöhen
Treidel	Zugtau (Schlepptrosse) zum Treideln
treideln	ein Wasserfahrzeug vom Uferweg (Treidelweg) aus durch Ziehen fortbewegen
völlig	Völligkeitsgrad; Verhältniszahl zur Charakterisierung der Form des Unterwasserteils von Schiffen (Kiste = 100 %)
voll abgeladen	Beladen eines Schiffes bis zur Tiefladelinie (Freibordmarke)
Wanten	Tauwerk zum Verspannen eines Mastes
Webleine	»gewebte« Sprosse der Wanten
wriggen	einen Heckriemen zur Vorwärtsbewegung des Schiffes im Wasser seitlich achtförmig hin- und herbewegen

Literaturverzeichnis

Audemard, L.: Les Jonques Chinoises, Bd. I – VI. – Rotterdam, 1957 – 65

Böttger, W.: Kultur im alten China. – Leipzig – Jena – Berlin, 1977

Brennecke, J.: Geschichte der Schiffahrt. – Künzelsau – Thalwil – Salzburg – Antwerpen, 1981

Brück, A.: Die Reisen des Venizianers Marco Polo. – Leipzig, 1845

China-Buchreihe: Geographie. – Beijing, 1984

China: Peking und der Norden. – Hamburg, 1985

China: Shanghai und der Süden. – Hamburg, 1986

Donelly, I. A.: Chinese Junks and other native craft Shanghai, 1924

Erkes, E.: Geschichte Chinas – Berlin, 1956

Fan Wön-lan: Neue Geschichte Chinas. – Berlin, 1959

Gewiese, A.; Weiprecht, L.: Die Schiffahrt Chinas. – In: Seewirtschaft. – Berlin, 1987

Henning, R.: Zur Frühgeschichte des Seeverkehrs im Indischen Ozean. – Berlin, 1919

Hommel, R. P.: China at work. – Cambridge – Massachusetts – London, 1969

Hongkong und Macao. – Hamburg, 1985

Höver, O.: Alt-Asiaten unter Segel. – Braunschweig, 1961

Johansson, D.: Dschunken. – In: modellbau heute. – Berlin, 1974

Klemp, P.: The Oxford Companion to ship and the sea. – London – New York – Melbourne, 1976

Kossak, E.: Professor Eduard Hildebrandt's Reise um die Erde. – Berlin, 1870

Liu, J.: China's Largest River. – Beijing, 1980

Mann, O.: Im Urwald von Xishuangbanna. – In: Wochenpost. – Berlin, 1985

Marx, K.: Englische Greueltaten in China. – MEW Bd. 12, Berlin 1960

Pâris, E.: Souvenirs de Marine, Bd. 1, 2, 4 und 6. – Paris, 1882

Richthofen, F. v.: Schantung und Kiautschou. – 1869

Schönknecht, R.: Binnenschiffe und Wasserstraßen – Stand und Tendenzen, Die Binnenschiffahrt Chinas. – In: Seewirtschaft. – Berlin, 1986

Sigaut, E.: A northern typ of Chinese Junk. – Cambridge, 1960

Spencer, J. E.: Junks of Central China. – Texas – London, 1976

Tey, J. M.: Junco »Rubia«. – Barcelona, 1982

Waters, R. N.: Chinese Junks, an exception: The Tongkung. – Cambridge, 1940

Wegener, G.: Im Innersten Chinas. – Berlin. 1926

Wieg, P.: Chinesische See-Dschunken. – Rostock, 1984

Wieg, P.; Freyer, J.: Chinesische Fluß-Dschunken. – Rostock, 1988

Wolanowski, L.: Zwischen Bangkok und Manila. – Leipzig, 1975

Worcester, G. R. G.: Junks and Sampans of the Yangtze. – Shanghai, 1947

Worcester, G. R. G.: Sail and sweep in China. – London, 1966

Worcester, G. R. G.: Tentoostelling von Chinese Schepprourt. – Rotterdam, 1950

Xiàndài Hànyǔ Cidiǎn (chinesisches Lexikon). – Peking, 1979

Zauberhaftes Guilin. – Peking, 1978

Register

Namen der genannten Wasserfahrzeuge und die Hauptorte der geographischen Ausbreitung (F = Fluß-, K = Küsten- und S = See-Dschunke, Ch. = Ch'angchiang (Changjiang), Pr. = Provinz)

Bezeichnung der Dschunke	Verwendung	Verbreitung	Seite
Amoy- (Hsiamên/Xiamen)	S, Handel	Str. v. T'aiwan (Taiwan)	109
Amoy- (Hsiamên/Xiamen)	S, Fischerei		110
Antung-(Andong-)	S, Handel	Gelbes Meer	25
Ch'antzu-(Chanzi-)	F, Handel	Tungt'ing-(Dongting-) See	69, 81
Ch'aochou-(Chaozhou-)	F, Handel	Hanchiang (Hanjiang)	112
Chêchiang-(Zhejiang-)	K, Handel	Ch.-Mündung	91
Chinan-(Jinan-)	F, Handel	um Chinan (Jinan)	33
Chinchou-(Jinzhou-)	S, Handel	Pohei-(Bohai-) Meer	28
Chingpang-(Jingbang-)	F, Handel	um Wuhan	71
Chingpanghuatzu-(Jingbanghuazi-)	F, Handel	um Shashih (Shashi)	74
Ch'ingtao-(Qingdao-)	K, Handel	um Ch'ingtao (Qingdao)	40
Ch'üanchou-(Qanzhou-)	S, Handel	Str. v. T'aiwan (Taiwan)	106
Chungching-(Chongching-)	F, Handel	Neichiang (Neijiang)	70
Ch'ungming-(Chongming-)	K, Handel	Ch.-Mündung	43
Ch'ungyenpang-(Chongyanbang-)	F, Handel	Pr. Hunan	70, 81
Chihfu-(Zhifu-)	S, Handel	um Yent'ai (Yantai)	35
Ch'iutzu-(Qiuzi-)	F, Handel	Ch.	57, 59
Fuchou-(Fuzhou-)	S, Handel	Südchin. Meer u. Übersee	103
Fuchou-(Fuzhou-)	K, Handel	Süd- u. Ostchin. Meer	104
Fuchou-(Fuzhou-)	K, Fischerei	Süd- u. Ostchin. Meer	105
Fuchou-(Fuzhou-)	S, Fischerei	Süd- u. Ostchin. Meer	105
Hainan-	S, Handel	Südchin. Meer	131
Hangchou-(Hangzhou-)	F, Handel	Ch'ient'angchiang	93
Hangchou-(Hangzhou-)	F, Fischerei	(Qiantangjiang)	95
Hank'ou-(Hankou-)	F, Handel	Ch. u. Nebenflüsse	53
Hongkong (Hsiangkang/Xianggang)	S, Handel	Südchin. Meer	116
Hongkong (Hsiangkang/Xianggang)	S, Fischerei	Südchin. Meer	117
Hongkong (Hsiangkang/Xianggang)	F m. Motor, Handel	Mündung und Bucht	118
Hongkong (Hsiangkang/Xianggang)	Sampan, Transport	Hsichiang (Xijiang)	122
Huangho-(Huanghe-)	F, Handel	Huangho (Huanghe)	32
Hsiangshitouk'ou-(Xiangxidoukou-)	F, Handel	Ch.-Schluchten	82
Hsiangyangpientzu-(Xiangyangbianzi-)	F, Handel	Pr. Hupei (Hubei)	56

Bezeichnung	Verwendung	Verbreitung	Seite
Hsiaomayang-(Xiaomayang-)	F, Handel	um Ich'ang (Yichang)	85
Ich'ang-(Yichang-)	Lastkahn	oberer Abschnitt Ch.	77
Ich'angmayangtzu-(Yichangmayangzi-)	F, Handel	oberer Abschnitt Ch.	61
Ich'ang-(Yichang-)	Sampan, Transport	um Ich'ang (Yichang)	80
Kan-(Gan-)	F, Handel Gut	P'oyang-(Poyang) See	50
Kanton-Schaufelrad-	F, Reise	Mündung Hsichiang (Xijiang)	130
Kualou-(Gualou-)	F, Handel	P'oyang-(Poyang) See	52
Kuangtung-(Guangdong-)	K, Fischerei	Südchin. Meer	116
Kuangtung-(Guangdong-)	S, Handel	Südchin. Meer	115
Laoyach'iu-(Laoyaqiu-)	F, Handel	Pr. Szech'uan (Sichuan)	89
Laohok'ouch'iutzu-(Laohekouqiuzi-)	F, Handel	gesamter Fluß Hanshui	58
Liup'êng-(Liupeng-)	F, Handel	gesamter Hanchiang (Hanjiang)	113
Lorcha	Antipiratenboot	vor Macao (Aomên/Aomen)	123
Lungch'uan (Longchuan)	Drachenboot	auf Flüssen	68
Mayangpakan-(Mayangbagan-)	F, Handel	Fluß Yüan (Yuan)	67
Mayangk'uatzu-(Mayangkuazi-)	F, Handel	oberer Abschnitt Ch.	85
Mayangtzu-(Mayangzi-)	F, Handel	um Ich'ang (Yichang)	61
Nanching-(Nanjing-)	F. Handel	Ch., Großer Kanal	49
Ningpo-(Ningbo-)	S, Handel	Ostchin. Meer	96
Ningpo-(Ningbo-)	K, Fischerei	Ostchin. Meer	98
P'ao-(Pao-)	F, Polizei	Ch.	72
Patunghsiaohohuatzu-(Badongxiaohehuazi-)	Sampan, Transport	Pr. Hupei (Hubei)	81
Pientzu-(Bianzi-)	F, Handel	Hanshui, mittlerer Ch.	76
Pienhohuatzu-(Bianhehuazi-)	F, Handel	um Shashih (Shashi)	75
Peichihli-(Beizhili-)	S, Handel	Pohai- (Bohai-) und Ostchin. Meer	29
Restaurant-	F, Gaststätte	Hafengebiete	128
Santuao-(Sanduao-)	S, Handel	Str. v. T'aiwan (Taiwan)	100
Shant'ou-(Shantou-)	K, Fischerei	Südchin. Meer	111
Shihtao-(Shidao-)	S, Handel	Gelbes Meer	38
Shanghai-	F, Handel	Ch'angchiang (Changjiang)	45
Shanghai-	F m. Motor, Handel		46
Shanghai-	Kutter, Fischerei	Ostchin. Meer	47
Shanghai-	Kutter, Fischerei		47
Shouk'oumayangtzu-(Shoukoumayangzi-)	F, Handel	oberer Abschnitt Ch.	83
Shouk'oumayangtzu-(Shoukoumayangzi-)	F, Handel		85
Shuishangchünin-(Shuishangjunin-)	F, Wohnboot	Flußmündungen Südchina	124
T'angku (Tanggu)	K, Fischerei	Pohai- (Bohai-)	31
Tungchingwan-(Dongjingwan-)	Gaffelsegler, Handel	Südchin. Meer	132
T'opientzu-(Tuobianzi-)	F, Handel	Ch. um Ich'ang (Yichang)	76
Waip'iku-(Waipigu-)	F, Handel	oberer Abschnitt u. Schluchten Ch.	87
Wênchou-(Wenzhou-)	K, Fischerei	Ostchin. Meer	99
Wuchiangtzu-(Wujiangzi-)	F, Handel	Tungt'ing-(Dongting-) See	59

Bezeichnung der Dschunke	Verwendung	Verbreitung	Seite
Wupan (Wuban)	Wupan (Wuban), Transport	oberer Abschnitt um Wushan Ch.	55
Wushanch'ênpotzu-(Wushanchenbozi-)	F, Handel		87
Yent'ai-(Yantai-)	K, Fischerei	Pohai- (Bohai-) Meer	37
Yent'ai-(Yantai-)	S, Handel	und Gelbes Meer	37
Yuchêng-(Youzheng-)	F, Transport	oberer Abschnitt Ch.	86

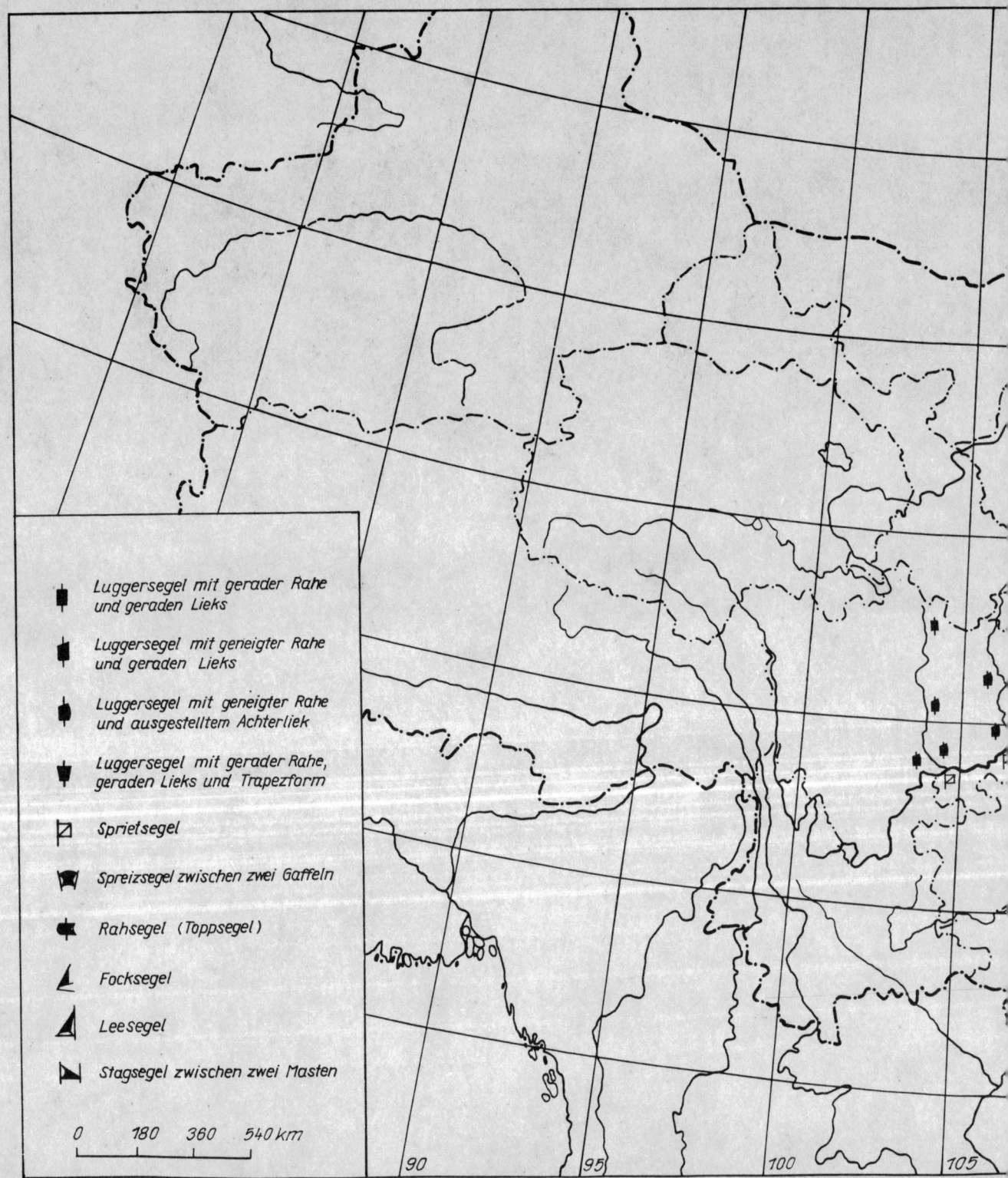

Zeichenerklärung (Legende):

- Luggersegel mit gerader Rahe und geraden Lieks
- Luggersegel mit geneigter Rahe und geraden Lieks
- Luggersegel mit geneigter Rahe und ausgestelltem Achterliek
- Luggersegel mit gerader Rahe, geraden Lieks und Trapezform
- Sprietsegel
- Spreizsegel zwischen zwei Gaffeln
- Rahsegel (Toppsegel)
- Focksegel
- Leesegel
- Stagsegel zwischen zwei Masten

0   180   360   540 km

90   95   100   105

Verwendete Segelformen an der chinesischen Küste und auf den Flüssen.